Esta colecção
tem como objectivo proporcionar
textos que sejam acessíveis
e de indiscutível seriedade e rigor,
que retratem episódios
e momentos marcantes da História,
seus protagonistas,
a construção das nações
e as suas dinâmicas.

1 – HISTÓRIA DOS ESTADOS UNIDOS DESDE 1865
Pierre Melandri
2 – A GRANDE GUERRA 1914-1918
Marc Ferro
3 – HISTÓRIA DE ROMA
Indro Montanelli
4 – HISTÓRIA NARRATIVA DA II GUERRA MUNDIAL
John Ray
5 – HITLER - PERFIL DE UM DITADOR
David Welch
6 – NICOLAU II
Marc Ferro

Nicolau II
O último Czar

Título original: *Nicolas II*

© 1990, 1991 Éditions Payot

Tradução de Maria Lígia Guterrez

Revisão de Pedro Bernardo

Capa de Madalena Duarte

Depósito Legal nº 187686/02

ISBN 972-44-1170-2

ISBN da 1ª edição (na colecção «Grandes Figuras»): 972-44-0857-4

Direitos reservados para todos os países de língua portuguesa
por Edições 70, Lda.

EDIÇÕES 70, Lda.
Rua Luciano Cordeiro, 123 – 2º Esqº – 1069-157 Lisboa / Portugal
Telefs.: 21 3190240
Fax: 21 3190249
e-mail: edi.70@mail.telepac.pt

www.edicoes70.pt

Esta obra está protegida pela lei. Não pode ser reproduzida,
no todo ou em parte, qualquer que seja o modo utilizado,
incluindo fotocópia e xerocópia, sem prévia autorização do Editor.
Qualquer transgressão à lei dos Direitos de Autor será passível
de procedimento judicial.

Marc Ferro

Nicolau II
O último Czar

edições 70

*A Martine Godet
e Annie Goldmann*

PRÓLOGO

1894. Assim que sabe que irá reinar, Nicolau não consegue reprimir as lágrimas; a vontade de Deus impõe-lhe aquilo que mais teme.

— Sandro, Sandro, serei incapaz de ser imperador! – comenta para Alexandre*, o primo e amigo de infância, recomeçando a soluçar.

O seu sonho foi ser marinheiro, fazer viagens, dar a volta ao mundo. Agora, porém, terá de assistir a conselhos de ministros, ler relatórios, tomar decisões, agir e governar.

Na qualidade de *czarevitch*, apreciou as cerimónias, as festas e as estreias na ópera, em suma, a vida mundana, na qual se sentia à vontade no seu ar impecável, discreto, jovial e encantador. Contudo, sempre se furtou a conversas sérias e, sobretudo, às discussões a propósito do estado em que o país se encontra – para tratar desses assuntos existiam os ministros. O seu único dever era conservar a grandeza da Rússia e manter intactos os poderes que Deus lhe confiara. Aliás, em família, durante as refeições presididas por Alexandre III, o pai, evitavam-se tais assuntos e, principalmente, não se discutia política.

Na sociedade russa que, após as reformas empreendidas por Alexandre II, acreditara em alguma mudança, mas a quem decepcionara profundamente a reacção insustentável que se seguira ao seu assassínio em 1881, fermentava uma exigência absoluta de política. Provavam-no a existência, durante essas décadas, de inúmeros projectos, de programas e de obras literárias, a constituírem todos eles sinais premonitórios e libelos de acusação. Bakunine, Belinski, Tolstoi, Mikhailovski, Tchernichevski, Dostoievski, e Plekhanov foram os mestres intelectuais desse movimento. E havia também os artistas. As suas ideias nutriram a geração do *czarevitch* Nicolau Alexandrovitch, nascido em 1868. Tinha treze anos quando Alexandre III, o pai, se tornara czar e vinte e seis à data da morte deste. Na Europa, o primo Guilherme II

---

* Para facilidade de leitura, os nomes próprios serão aportuguesados; assim, por exemplo, escrever-se-á Trotski e não Trocij ou Tchekov e não Chekov ou Cexov [Nota do Editor].

tinha mais nove anos do que Nicolau e o príncipe de Gales, o futuro Jorge V, menos três.

O novo czar não se interessava pelo movimento de ideias que agitava o país. Entre ele e a sociedade culta instalara-se assim uma espécie de incompreensão fundamental, pois Nicolau sentia que os projectos desse sector não tinham por principal objectivo manter-lhe intactos os poderes.

O reinado, que se apresentava já como fatalidade do destino, transformou-se depois em pesadelo – o czar teve de fazer face a duas revoluções, houve dezenas de atentados contra a vida das pessoas que o rodeavam, presidiu a uma assembleia, a Duma, que não desejara instaurar e assistiu a sessões e a conselhos de ministros intermináveis. Além disso, viu-se envolvido em duas guerras, muito embora ambicionasse ser o apóstolo da paz. Após prolongado sequestro, morreu assassinado, quando afinal, tanto antes como depois de abdicar, a sua principal preocupação fora a saúde do seu filho e único herdeiro, hemofílico incurável.

Nicolau aparentava indiferença, preocupado na maior parte das vezes apenas com o uniforme que envergaria à noite, com a bailarina que dançaria *O Lago dos Cisnes* ou com quem o acompanharia nas caçadas... Retrataram-no subjugado por Rasputine, alheio ao destino do mundo, fraco e indeciso, destituído de força de carácter. Num texto célebre, Trotski compara-o a Luís XVI, embora menos inteligente.

Esta imagem só em parte é exacta. De facto, Nicolau II está bem presente ao organizar a conferência de paz em Haia ou quando o país entra em guerra com o Japão; está-o também após o «Domingo vermelho» – quando os militares disparam contra o grupo de peticionários que lhe vinha apresentar as suas reivindicações e «perdoa ao seu povo o facto de ter-se rebelado contra ele»; está ainda bem presente, no desencadear da guerra, apesar dos seus esforços para evitá-la; está igualmente presente ao ordenar as repressões, tanto de 1905 como de Fevereiro de 1917. Depois de abdicar, lamenta a circunstância de, havendo restabelecido a pena de morte, o governo provisório na realidade não fazer uso dela .

De 1894 até à data da morte, o seu comportamento revela um indivíduo conformista e tradicionalista. Em todos os actos, comentários e confidências, é visível o mesmo apreço pela ordem, pelo ritual e pelo cerimonial, identificados com a grandeza intangível da autocracia. Odeia tudo quanto possa miná-la: a *intelligentsia*, a modernidade, os judeus, as seitas religiosas. Face aos discordantes, o seu coração adquire a dureza da pedra, mas o seu olhar é doce e terno na presença de quem ama.

Dominado pela mulher, tal como Luís XVI, aquele a quem cognominaram de «sangrento» não é uma criatura sanguinária. Lamenta sinceramente os efeitos cruéis das medidas que põe em prática; apenas pensa estar a cumprir o seu dever; quando reprime fá-lo com alguns escrúpulos.

Limita-se a submeter-se aos acontecimentos sem jamais ser o seu instigador. A História não cessa de pressioná-lo. Julga-se no dever de se opor à mudança, deseja que o não importunem quanto aos projectos de uma constituição para o país e que o deixem viver tranquilo com a família.

Naquele dia do ano de 1917, dois deputados da Duma pedem-lhe que abdique para salvar a dinastia e, sem discutir, Nicolau II assina a acta da abdicação, após inúmeras recusas débeis ou obstinadas para modificar o funcionamento do regime. No cais da estação de Pskov, os oficiais da guarda pessoal, a par do caso, têm dificuldade em conter as lágrimas. Nicolau II saúda-os e, a passo decidido, sobe para a carruagem, dizendo: «Vou por fim poder descansar em Livadia». Uma testemunha ouve-o mesmo assobiar, como na ocasião em que o informaram do assassínio de Rasputine. A imperatriz desfaz-se em lágrimas; mas Nicolau parte satisfeito. Todos foram unânimes em dizer que sabia disfarçar os sentimentos.

«Ordeno que se acabe com essa agitação inadmissível em tempo de guerra», transmitia Nicolau, pelo telégrafo, ao saber dos acontecimentos revolucionários ocorridos em Petrogrado a 25 de Fevereiro de 1917. Depois do almoço escrevia uma carta à mulher, Alexandra*, a informar-se da saúde dela; em seguida, ordenava que parassem o comboio a fim de dar um breve passeio na floresta e colher cogumelos.

No entanto, certas passagens da sua correspondência provam que sabia ver, ouvir e julgar. No dia 2 de Março de 1917, observa no seu diário íntimo: «À uma hora, deixei Pskov de coração oprimido por tudo quanto se passou. À minha volta, há apenas traição, cobardia e perfídia».

Personagem enigmática, Nicolau II é um desses indivíduos com um destino, que assumem como dever definitivo e inalienável, dever que os dissocia do mundo em vias de transformar-se sob os seus olhos. Nicolau não é cego face a esse mundo, mas julga-se na obrigação de apenas manifestar respeito pelo passado e humildade perante Deus, sem ceder nenhum dos poderes que detém, a não ser que o constranjam a fazê-lo, como em 1905. Prefere abdicar a fazer cedências.

Através dos tempos, a História assinala figuras que, em nome da fé pessoal, permanecem alheias às advertências da História. Para Nicolau II e para os seus, o inimigo é representado, antes de mais, pelos terroristas e pelos niilistas, assim como pelos que os compreendem e apoiam; em resumo, por todos aqueles que, em maior ou menor grau, partilham as novas ideias e advogam a mudança. Entre socialistas, que se situam a grande distância dele, e liberais, um pouco mais próximos, Nicolau II não estabelece a mínima diferença. Recusa-se a escutar con-

---

* Alice de Hesse-Darmstadt, noiva de Nicolau, converteu-se à religião ortodoxa em 22 de Outubro de 1894, tornando-se a grã-duquesa Alexandra Fedorovna. Casou com o czar em 14 de Novembro de 1894.

selheiros e ministros que, a fim de neutralizar esses grupos contestatários, propõem que se elabore uma constituição.

Quando, em 1905, a conselho do primeiro-ministro Witte, Nicolau «outorga» a Duma a fim de acalmar os espíritos e, a despeito de tal concessão, as greves estalam com maior ímpeto, o czar exclama: «Como é possível que um homem considerado tão inteligente se engane a tal ponto!?» Resiste à proposta de Stolipine, outro ministro de grande relevo, conhecido pela sua firmeza, que recomenda o diálogo com a Duma.

«Já só confio em minha mulher», confidencia o czar em 1916 ao primo e amigo de infância, Sandro. E a imperatriz não deixa de repetir-lhe que ele é um autocrata e que, por definição, não lhe cabe partilhar o poder.

Sendo um homem comum, Nicolau II carregava aos ombros um fardo que o esmagava. Não é estranho a isso o enigma da sua morte.

«Foram queimados os cadáveres com as rodas, os instrumentos do morticínio, e os próprios trenós que serviram para o transporte dos condenados. Nada deveria restar deles. A casa onde morava foi reduzida a cinzas. O seu nome desapareceu. O próprio rio da vizinhança mudou de nome. E, para apagar a lembrança das execuções, realizaram-se posteriormente, nesse mesmo local, grandes festejos de regozijo pela paz acabada de concluir se».

O trecho acima referido não descreve a morte de Nicolau II em 1918, mas sim a de Pugatchev, executado em 1782, não deixando, porém, de produzir estranhas ressonâncias na memória. De facto, cento e quarenta anos depois, em Ekaterinburgo, a história repetia-se, se não exactamente, pelo menos quase nos mesmos moldes.

Não subsistem vestígios dos mortos. Uma forma de negar-lhes a existência? Para impedi-los de ressuscitar? Mas estarão eles verdadeiramente mortos e terão todos eles morrido?

Na encruzilhada onde a lenda se cruza com a crónica dos acontecimentos, onde o regime bolchevista reproduz os gestos da Santa Rússia, tal como se verá, a dúvida subsiste.

I
A SOCIEDADE CONTRA A AUTOCRACIA
NICOLAU, «O DESAFORTUNADO»

Primeiro encontro com a História

O jovem Nicolau tem treze anos quando assiste à agonia e morte do avô, Alexandre II, com as pernas esfaceladas pela bomba de um niilista. «Era horrível o aspecto do czar. Os médicos agitavam-se em redor dele, verdadeiramente impotentes. Peguei na mão de Nicolau. A camisa azul de marinheiro contrastava-lhe com o rosto mortalmente pálido. A mãe segurava ainda os patins que tinham acabado de tirar-lhe. O czar moribundo fixava em nós os olhos, privados de qualquer expressão», relata o grão-duque Alexandre, primo de Nicolau.

Foi este o primeiro encontro de Nicolau com a História.

Nesse dia 1 de Março de 1881, todos se achavam junto do moribundo, incluindo o filho, Alexandre Alexandrovitch, futuro Alexandre III, e o neto Nicolau Alexandrovitch, futuro Nicolau II.

Quando Alexandre II subira ao trono, o pai, Nicolau I, dissera-lhe antes de morrer: «Não vos entrego o comando do império nas circunstânciass favoráveis em que gostaria de fazê-lo. Lego-vos muitos perigos e preocupações».

Na verdade, o reinado de Nicolau I (1825-1855) iniciara-se por uma espécie de revolução abortada – a revolta dos dezembristas, jovens oficiais da nobreza permeáveis às ideias da Revolução Francesa – concluindo-se por um fracasso, isto é, a derrota na Crimeia, desaire que todos, e em especial o czar, atribuíram a um sistema absolutista que iludira muita gente, mas que revelara os seus próprios limites.

«Polícia da Europa» durante um quarto de século, o czar encarnara a Santa Aliança mais do que qualquer outro soberano. No florilégio dos feitos conseguidos, contava-se o aniquilamento da insurreição polaca de 1831, de onde a célebre frase «a ordem reina em Varsóvia»;

e depois, em 1848, o esmagamento da revolta dos Húngaros, «serviço» prestado ao primo e imperador da Áustria.

No seio do país, compreendendo que as ideias dos dezembristas, emanadas do arsenal das Luzes, se haviam propagado graças às conquistas napoleónicas, Nicolau I esforçara-se por fechar a sete chaves as portas do Império. Por isso lhe chamaram o Dom Quixote do absolutismo. As leis de ferro que promulgou tiveram por efeito precipitar o desenvolvimento da tendência revolucionária.

Enquanto no resto da Europa o espírito revolucionário era apenas republicano ou democrata, na Rússia, esse mesmo espírito adquiriu um cariz niilista e terrorista. Esta corrente extremista grassou com tanto maior ímpeto quanto é certo que a essência das reformas de Nicolau visava apenas o património fundiário imperial, sector em que o czar tomou certas medidas para melhorar a vida dos camponeses. Mas a grande massa dos mujiques – os que não dependem da coroa – ressentiu-se com mais amargura ainda do abandono a que a votavam. Uma caricatura da época representa os *pomiechtchiks* (proprietários de terras) a jogar às cartas apostando as botas dos servos, atadas como molhos de espargos. No livro *Almas Mortas*, Gogol descreve esses servos enredados numa burocracia de tal ordem que, mesmo antes que o óbito seja registado, são vendidos por proprietários fraudulentos a especuladores que, por seu turno, os revendem.

O mujique, «mais pobre que um beduíno, mais mísero que um hebreu, nada tem que lhe sirva de consolo» – segundo a expressão de A. Herzen. «Reside nisso o segredo da sua vocação revolucionária» – acrescenta o pai do niilismo. Transforma-se assim em presa disputada, tanto pelo czarismo como pelos revolucionários.

Como sucessor de Nicolau I, Alexandre II (1855-1881) percebe perfeitamente esta situação e consegue que os *pomiechtchiks* entendam «que há interesse em que as reformas provenham de cima e não de baixo». Por meio do *ucasse* (decreto) de 1861 dá por abolida a servidão, tanto por humanitarismo como para impedir nova revolta do campesinato, como acontecera na época de Pugatchev. Através desse decreto, os camponeses podiam tornar-se detentores efectivos das terras que cultivavam mediante o seu pagamento gradual ao Estado, que indemnizaria directamente os respectivos proprietários. Para os camponeses, tratou-se de um chão que não deu uvas. Mas nem por isso Alexandre II deixou de ser o «czar libertador».

Fez também certas concessões à sociedade culta: deu alguma liberdade à imprensa, desenvolveu o ensino e concedeu um esboço de autonomia às assembleias representativas, os *zemstvos*, na Rússia propriamente dita, com a condição expressa de esses *zemstvos* se ocuparem apenas de problemas locais.

Comparativamente ao que acontecera no passado, isso constituiu um considerável avanço.

A Rússia, primeiro Estado policial da História*

Tais medidas nada representavam, porém, face às expectativas da sociedade culta, isto é, a nobreza, os burocratas e a *intelligentsia*. Com efeito, essa sociedade educada podia comparar o seu destino com o dos povos do Ocidente onde, apesar das reacções ocorridas nos anos de 1815 a 1830 e de 1850 a 1870, os cidadãos de França ou da Inglaterra, da Prússia ou do Piemonte dispunham de parlamentos e beneficiavam de liberdades políticas. É certo que as reformas introduzidas por Alexandre II conduziriam porventura a um modo de representação popular não limitado à gestão dos assuntos locais. Isso não sucedeu, porém, uma vez que a coligação de oposição – constituída pelo partido aristocrático, hostil às reformas, o novo levantamento da Polónia, a resistência de alguns ministros e as hesitações do próprio czar – interrompeu tal evolução.

As classes cultas impacientavam-se. No livro *Pais e Filhos*, Turgueniev descreve essa espera intolerável para os jovens, arredados do futuro do país e que acusavam os pais de se submeterem à situação sem reagir. Dostoievski, que conheceu as prisões da Sibéria, também analisou as exigências dessa geração de niilistas que tudo punha em causa – o Estado, a família e os costumes – e fá-lo através da personagem de Stavroguine, mais genuína que a própria Natureza. Dentro em breve, Pissarev, Bakunine e outros irão inspirar um movimento revolucionário extremista, que utilizará o terrorismo para derrubar o regime aviltante.

É verdade que Alexandre II foi «auxiliado» pela polícia, a famosa Terceira Secção da Chancelaria privada de Sua Majestade. Este organismo dispunha de ramificações por toda a parte e, às ordens do seu chefe máximo, violava correspondência, infiltrava-se nas próprias alcovas, tornando-se odiosa e transformando os niilistas em terroristas. A sua omnipotência fez dele um mecanismo temível que ceifou vidas humanas com uma discrição sem paralelo na História. Mais tarde incorporada no Ministério do Interior e transformada na Ocrana, a sua eficiência chegou ao ponto de fazer da Rússia o primeiro estado policial da história do Ocidente.

> «Dispunha de numeroso corpo de polícias, auxiliados por uma multidão de agentes secretos, permanentes ou eventuais. Espiões uniformizados vigiavam os oficiais. Todos os prédios citadinos dispunham de porteiros que se encontravam ao serviço da polícia, elaborando relatórios diários. Ninguém podia confiar na discrição mesmo dos amigos mais chegados. Nem as cartas da imperatriz escapavam à vigilância do gabinete odioso. Do Niemen

---

* Será mais justo dizer que a Rússia foi o primeiro Estado policial do Ocidente, porque a Índia dos Máurias e dos Guptas o foi também desde o século IV antes de Cristo.

ao Pacífico, envolvia a população numa rede apertada de tirania minuciosa.

Cerca de um século de vida sob o mesmo sistema suscitou nos Russos o espírito da desconfiança, da suspeita e da resistência. Certo dia, no Mónaco, conversava com um nativo das margens do Don acerca da sua pátria. Estávamos sozinhos, mas aproximou-se de nós um desconhecido e logo o russo mudou o tema da conversa, passando a falar de teatro e de concertos; julgara reconhecer um compatriota.»

Esta cena narrada por A. Leroy-Beaulieu num livro que constitui sem dúvida o mais belo quadro do Império Russo da época não se situa nem na Rússia de Estaline nem na de Lenine, mas sim no início do reinado de Nicolau II.

Tal como em França os excessos do *ancien régime* haviam promovido o espírito revolucionário, também na Rússia a polícia estimulara o pensamento niilista. Foi tão odiada que, quando em 1878, Vera Zassulitch disparou contra o general Trepov, que mandara açoitar um prisioneiro político, o tribunal libertou a jovem debaixo das aclamações populares. Atravessou-se nesse instante uma fronteira: a ruptura entre o regime e a sociedade. De certo modo assim encorajados, os niilistas e os terroristas visam então o czar. Após quatro tentativas goradas, atingem por fim Alexandre II.

O atentado de 1881 abre profundo golpe no vínculo «sagrado» que ligava o czarismo à sociedade culta – os «filhos» haviam ousado atentar contra a vida do «pai», não do czar tirano Nicolau I, mas sim do czar «libertador»! Era prova de que se atingira uma situação irremediável.

Alexandre III, seu filho, propunha-se ser tolerante e reformador. Mas a sorte reservada ao pai abalou-lhe as convicções e, durante treze anos (de 1881 a 1894), governou a Rússia por meio do chicote, a *nagaika*. É certo que o seu preceptor (que o seria também do futuro Nicolau II, o filho), Constantino Pobiedonostsev, procurador-geral do Santo Sínodo, contribuiu muito para o desvio que há muito se preparava. O atentado bombista de 1881 foi mais o pretexto do que a verdadeira causa.

As ideias emanadas da Europa não convinham à Rússia – argumentavam os ministros. O imperador deveria governar a bem do povo, com o apoio dos camponeses e revificar o mito do Czar-*Batiuchka*, o «Paizinho» protector que acabava de ser assassinado «pelos niilistas e pela lepra judaica». Os *pogroms* que se seguiram ao atentado de 1881 não terão sido fomentados pela Sviatchtchenaia Drujina («Santa Companhia») fundada em 1881 e ligada à Ocrana? Aquela foi no entanto dissolvida, não em resultado dos excessos cometidos, mas apenas porque, no parecer dos integristas da autocracia, o czar não tinha necessidade de guarda pessoal secreta para protegê-lo, respondendo aos atentados por meio de outros atentados; para tanto, bastava o Estado. Alexandre III devia apresentar-se como czar russo e não como imperador europeu, papel que lhe servia como uma luva.

«Um pai incomparável...»

Apesar de tais reformas, resistências e projectos postos em prática ou abandonados, dir-se-ia que, em 1881, se chegara às vésperas de um novo 1789.
Os meios revolucionários encontravam-se em efervescência. Que fazer em caso de levantamento popular? Seguir as massas? Os populistas afirmavam que sim. Ou seria preferível antecipar-se-lhes e agir em nome delas para evitar os desvios ocorridos na Revolução Francesa, ou seja, o Terror, o Termidor e depois Bonaparte? Partidários e adversários do terrorismo individual discutiam os meios mais adequados ao derrube do regime.
Visto que os niilistas se propunham agir pela violência contra os Romanov, seriam os Romanov que usariam essas mesmas armas contra eles, decidiu Alexandre II.
Antes de ser assassinado em 1881, Alexandre II, em conjunto com os ministros Abaza e Loris-Melikov, ocupara-se do projecto da constituição, tão ansiosamente aguardado pelas classes cultas. Mas depois, com teimosia e paciência, K. Pobiedonostsev conseguira que Alexandre III dele se desinteressasse. Executando uma espécie de golpe de Estado em miniatura, Pobiedonostsev inverteu por completo a posição do herdeiro, de modo que os dois ministros de Alexandre II, os quais, pela manhã, se julgavam já ministros «constitucionais», constataram à noite ser apenas antigos ministros.

Alexandre III governou a Rússia por meio do terror. Saiu-se bastante bem, graças à habilidade do director do departamento da polícia, Plehve (que consagrou o império da arbitrariedade, o da Ocrana). A partir de 1883, o país encontrava-se assim em «estado de protecção reforçada»: podiam ser suspensas todas as liberdades individuais e as causas civis apresentadas a tribunais militares, os cidadãos podiam ser submetidos a residência fixa ou ao exílio por simples decisão administrativa e podiam mesmo ser proibidas todas as publicações consideradas perigosas. Esta lei «provisória» foi prorrogada ano após ano. Quando Nicolau II subiu ao trono, em 1894, cinco mil e quatrocentas pessoas haviam sido exiladas ou metidas na cadeia. As jovens eram objecto de vigilância especial; com efeito, entre os culpados de atentar contra a vida do czar, figuravam, à data, cento e cinquenta e oito raparigas, ou seja, um quarto da totalidade (relatório Pahlen).
Ao policiamento dos espíritos, aliava-se uma reacção da grandeza russa e religiosa: tornou-se obrigatório o emprego da língua russa nas

universidades polacas e bálticas, o mesmo sucedendo na Finlândia. Animada por K. Pobiedonostsev, a recrudescência da ortodoxia exprimiu-se numa política anti-semita oficial e declarada: em 1887 instituiu-se um *numerus clausus* a fim de restringir o número de judeus matriculados nas universidades. «Não esqueçamos que foram os Judeus que crucificaram Jesus» – costumava dizer Alexandre III, frase que registou pelo seu próprio punho no documento do decreto.

Eram objecto de vigilância tanto o catolicismo na Polónia como o protestantismo nos países bálticos, pois tornavam-se suspeitos tais credos, o que é testemunhado pela expressão usada para designá-los: «confissões estrangeiras» (*Inostrannija Ispovedenija*). Na Rússia, era livre o exercício dos diferentes cultos cristãos, mas o proselitismo constituía apanágio da Igreja Ortodoxa. Sob Alexandre III, a Aliança Evangélica queixou-se desse facto, solicitando inteira liberdade para todas as confissões cristãs. Pobiedonostsev afirmou haver liberdade, «salvo a da propaganda ilimitada»: «Tendo a Rússia baseado o seu princípio vital na fé ortodoxa, torna-se necessário garantir a segurança desta Igreja. As confissões do Ocidente, longe de estarem isentas de propósitos de domínio, encontram-se sempre dispostas a virar-se, não só contra o poder da Rússia, mas também contra a unidade da nossa pátria. A Rússia jamais permitirá que roubem os seus filhos à Igreja Ortodoxa para alistá-los em confissões estrangeiras».

Nos países do Báltico, era preferível laicizar para depois russificar mais facilmente. Como é natural, esta vigilância inquieta aplicava-se também à Igreja Uniata da Ucrânia e à Igreja Arménia, vigilância considerada atentória da identidade nacional.

A reacção religiosa visou igualmente os cismáticos, tais como os Velhos Crentes e as seitas, como a dos Dukhobors, seita racionalista que condenava o excesso de ritualismo presente na maioria das cerimónias, assim como os sacramentos ortodoxos. Os sectários autodenominavam-se «cristãos espirituais», distinguiam-se pelo desprezo votado às formas tradicionalistas do culto e não reconheciam o sacerdócio. «Os cismáticos são condenados por se benzerem com dois dedos; nós não nos persignamos nem com dois nem com três dedos, mas procuramos um melhor conhecimento de Deus». Atribuía-se aos Dukhobors a máxima de que os governos eram feitos apenas para os maus; eles próprios só deviam obediência à lei eterna escrita por Deus nas tábuas dos seus corações. Preconizavam a resistência à injustiça por meios não violentos.

Descobrem-se também estes conceitos simples na obra de Leão Tolstoi, que busca igualmente a Verdade nos Evangelhos e que anuncia, em palavras de amor, a revolução esperada. Lança um apelo ao novo czar, Alexandre III, para que poupe os assassinos do pai. «Para combatê-los, devereis defrontá-los no terreno da ideias. O ideal que perfilham é o do bem-estar universal, da igualdade e da liberdade. A fim de derrotá-los, devereis propor outro ideal, superior ao deles, maior e mais generoso».

Mas Tolstoi não é escutado. Nem sequer é ouvido, pois o czar Alexandre III, – tal como depois acontecerá com Nicolau II – constitui o centro de um círculo composto pela família, a corte e a administração pública, que o isola do resto do mundo. É assim fictícia, em parte, a omnipotência do imperador. O príncipe Trubetskoi escreveu, em 1900: «Existe a autocracia da polícia, a dos governantes e depois a dos ministros. A autocracia do czar é inexistente, pois ele só toma conhecimento daquilo que um complicado sistema de filtros lhe permite saber. Em boa verdade, devido à ignorância em que permanece da situação real do país, este czar autocrata tem poderes bem mais limitados do que um monarca em contacto directo com os eleitos da nação».

A autocracia, devido ao seu imobilismo, segregou deste modo tanto o terrorismo como a não violência. Sob o reinado de Alexandre III, a Ocrana, a polícia política, recusou-se a estabelecer a diferença entre essas duas atitudes. Tanto terroristas como pacifistas foram condenados, excomungados ou enviados para as prisões siberianas. Visto deste ângulo, o poder da autocracia dir-se-ia ilimitado.

Sob a influência do respectivo mentor, K. Pobiedonostsev, Alexandre III mostra-se sensível a tudo quanto possa corromper o princípio autocrático. O inimigo foi designado: é constituído por todos os publicistas e escritores que, contaminados pelas ideias liberais vindas da Europa Ocidental, delas adoptaram as formas extremistas – o niilismo e o socialismo – aliando-as a práticas à moda da Rússia – o terrorismo. Tais ideias infiltraram-se na própria burocracia, essa outra faceta da nobreza, tal como a entendia o reformador I. Samarine: «O burocrata é sempre um nobre uniformizado; e o nobre um burocrata vestido de roupão». O veneno atingira a burocracia desde que Alexandre II, avô de Nicolau, promulgara as «reformas».

Em 1881, no ano em que Alexandre II é assassinado, publica-se o dicionário de V. Dahl, um lexicógrafo erudito, isento de compromissos particulares, que introduz na obra o termo «liberal». É aí definido como «livre-pensador em matéria de política; aquele que deseja grande liberdade para o povo e uma forma de autogovernação». Esta definição constitui o significado exacto de «subversão», tanto para Alexandre III como para os teóricos da autocracia ameaçada: K. Pobiedonostsev, o conde D. Tolstoi, N. Katkov e V. Mechtcherski. Com essas reformas, as ideias liberais penetraram no aparelho burocrático, nomeadamente no Conselho do Império, que foi delas verdadeiro alfobre e cujos elementos eram escolhidos pelo soberano. Na hierarquia das instituições, este Conselho era o organismo pelo qual transitavam as propostas de lei submetidas ao czar e também as que ele aprovava. Constituía uma espécie de fórum no qual necessariamente se debatiam todos os problemas do Estado com conhecimento de causa – quarenta e seis por cento dos elementos que o formavam tinham estudos superiores.

Alexandre III considerava gangrenado todo o sistema, visto as instâncias que lhe eram mais familiares costumarem discutir e degladiar-se a propósito de tudo e de nada. «Será necessário um jornal único que diga o que é preciso pensar» – ironizava Kozma Prutkov, personagem criada por Alexis Tolstoi. De facto, o regime caíra na armadilha da sua própria definição de autocracia.

O soberano autocrata, na essência, é senhor de si mesmo, tal como Deus o instituiu. Como chefe da Igreja, não tem de prestar contas a esta, ao contrário do soberano católico; também as não presta à nobreza. De certa maneira, o Estado é sua propriedade pessoal e o czar garante o seu bom funcionamento a bem do povo russo. Se vai além disso, é um déspota como Paulo I. Restringir os seus próprios poderes? Mesmo que pensasse fazê-lo, nunca seria por imposição alheia. Fá-lo-ia porventura em teoria, tal como Alexandre II estivera prestes a fazer.

Mas Nicolau II cingiu-se escrupulosamente aos princípios autocráticos e nunca tomou a iniciativa de limitar os seus poderes. Se o fez em 1905, coagido a isso, em 1917 preferiu abdicar a ceder de novo.

Para o jovem Nicolau, Alexandre III, esse pai rude e brusco, era «um pai extremoso». Enquanto a mãe se limitava a ter com o filho as relações exigidas pelo protocolo, o «urso» Alexandre ia às escondidas acarinhá-lo ao quarto. Nicolau adorava esse pai irrequieto que se levantava às sete horas, tomava banho em água gelada, bebia uma chávena de café e envergava camisas de camponês; um verdadeiro russo. E que força a daquele gigante! Com o polegar imperial dobrava um rublo de prata; e, certa vez, sustentara nos ombros o tecto da carruagem-restaurante que abatera em consequência do descarrilamento de um comboio, provocado por um atentado revolucionário. Salvara assim os filhos e demais familiares, não parecendo nada impressionado com o feito.

Para o *czarevitch*, Alexandre III constituíra sempre um «exemplo de pai incomparável». Nicolau acabara de completar vinte e seis anos em 1894, quando ele morreu vítima da nefrite que o levou em poucos meses.

Uma paixão: a ópera. Os primeiros amores

Nicolau fora educado à inglesa: desporto e línguas vivas; desporto, boas maneiras e civilidade; desporto, dança e equitação. Corpo bem proporcionado e crânio não muito cheio. Kliutchevski, sem dúvida o mais famoso historiador russo, ensinara-lhe a história dos antigos czares, mas esse passado lendário não se relacionava com os assuntos da Rússia de então. Não estava familiarizado com a literatura, só se interessando pela matéria mais tarde. Teve uma educação de príncipe, mas nada aprendeu das funções de rei.

A experiência de adolescente iniciou-se ao ser elevado à categoria de chefe de esquadrão dos *Preobrajenski*, regimento de escol adstrito à guarda pessoal do czar. Todos os oficiais desse regimento ilustre estavam destinados às honrarias mais elevadas. Segundo o historiador Grunwald, biógrafo de Nicolau II, que pertenceu a essa guarda, a diferença entre os *Preobrajenski* e outro célebre regimento, o dos prestigiosos hussardos, consistia no facto de as bebedeiras daqueles serem menos famosas; os *Preobrajenski* dedicavam-se sobretudo a cavalos e mulheres e eram considerados os mais meticulosos no cumprimento das regras de serviço e também os mais impecáveis nas paradas.

Nicolau sentia-se perfeitamente à vontade nesse meio. Participava em todas as ceias em que o champanhe corria a rodos e das quais regressava com a *bachka*, a boca encortiçada. Na companhia de oficiais, assistia muitas vezes a espectáculos de ópera ou de bailado, a que os pais o levavam desde muito novo. Tornara-se assim verdadeiro conhecedor.

Na adolescência, teve como professor César Cui, um dos compositores do *Grupo dos Cinco*, que ensinava na Escola de Artilharia e que transmitia aos alunos a sua paixão pela harmonia. O pai de Nicolau II encorajara o desenvolvimento da ópera de raízes russas, homenageando Tchaikovski, que teve honras nacionais, e mandara também erguer um monumento a Glinka. Aumentara assim o enorme interesse pela ópera manifestado pelo filho durante os verdes anos; em 1890, actuavam na Rússia mais de sessenta companhias.

O jovem Nicolau retirava desses espectáculos uma certa imagem da monarquia, da sua própria autoridade soberana, da grandeza da nação russa e do patriotismo dos camponeses. Por exemplo, em *A Vida pelo Czar*, de Glinka, ópera a que Nicolau assistiu por diversas vezes, a acção situa-se em 1633. Os mujiques conseguem desorientar na floresta um príncipe polaco e respectivo exército ao adivinharem-lhe os propósitos, ou seja, instalar-se no trono dos Romanov a pretexto de defendê-los.

O *czarevitch* adorava Glinka, Tchaikovski, Mussorgski; o *Diário*** por ele mantido até abdicar, testemunha a sua paixão pela ópera. De acordo com as suas anotações, só no mês de Janeiro de 1890 foi dezasseis vezes à ópera, assistido sucessivamente a *O Revisor, A Bela Adormecida, Ruslan e Ludmila , Mademoiselle Ève, Boris Godunov, Eugénio Oneguine, Mefistófeles*, de novo *A Bela Adormecida* e ainda *A Revoltosa, Lena*, etc.

Os espectáculos de bailado eram tão do apreço de Nicolau como de um público iniciado nos mínimos segredos dessa arte. A qualidade dos

---

* Mais do que um diário, trata-se na realidade, de uma espécie de agenda redigida mais tarde, cuja inconsistência bastante contribuiu para compor a imagem de fraqueza e de indiferença do imperador.

silêncios e dos murmúrios dos espectadores do Teatro Maria de São Petersburgo transformaram o local no centro mágico onde a escola russa afirmou o seu primado.

Deveu-se isso em grande parte a Marius Petipa, que foi ímpar na arte do bailado até ao aparecimento de Diaguilev e de Isadora Duncan, em 1908. Soube transmitir à Rússia a herança da tradição académica e o virtuosismo da escola italiana, que fascinaram o público em bailados tão díspares como *A Bela Adormecida*, *O Lago dos Cisnes* e *Copélia*. Muda de prazer, a alta sociedade assistia às criações de Petipa e Nicolau aos seus ensaios.

«Quando Petipa chegava para os ensaios, tudo estava já perfeitamente a postos, pois não admitia improvisações. Sem olhar os bailarinos, indicava-lhes movimentos e passos por meio de gestos, acompanhados de um russo impossível: "Vós com eu, ela com vós, eu com vós". Em dez anos, era tudo quanto sabia dizer na língua de Tolstoi. Contudo, antes de distribuir os papéis, inteirava-se da vida privada dos bailarinos e das bailarinas. "Já alguma vez amou?" – inquiriu em certa ocasião a uma delas. "Sim" – replicou a jovem, corando. "E sofreu?" "Não" – disse a inquirida, rindo. "Então, não dançará a Esmeralda; é necessário ter sofrido por amor para interpretar bem esse papel"».

Uma das galas mais brilhantes foi a que Nicolau II mandou montar a Petipa durante uma estada de Guilherme II. Efectuou-se em Peterhof, a Versailles em miniatura, junto à água. A orquestra ficava a certa distância, dentro de uma enorme gaiola doirada. Os bailarinos surgiam de uma gruta construída numa ilhota rochosa situada um pouco mais longe. Os convidados chegavam em barcas iluminadas por lâmpadas eléctricas, o que conferia à cena um aspecto feérico. Na abertura de *Tétis* e *Peleu* de Delibes e Minkus, quando os bailarinos saíam da gruta, um jogo de espelhos transmitia a ilusão de dançarem sobre as ondas. Um espectáculo maravilhoso!

Foi em outra representação do género que Nicolau conheceu o primeiro amor. Na companhia dos pais e dos tios, assistia à prova livre de um concurso realizado em 23 de Março de 1890. A candidata mais encantadora chamava-se Matilde Kchessinskaia, pertencente a uma família de artistas. Escolhera o *pas de deux* do bailado *A Jovem Mal Guardada*, obtendo grande sucesso. Concluída a prova, exigia a tradição que os membros do júri fossem apresentados ao imperador, seguindo-se-lhes os professores e depois os alunos. Porém, assim que Alexandre III chegou ao átrio, inquiriu em voz tonitruante: «Onde está a Kchessinskaia?» Esta relata assim o episódio: «Disseram-lhe onde, saudei-o e, como mandam as boas maneiras, beijei a mão da imperatriz. O imperador exclamou então: "Seja a glória e a jóia do bailado russo!" Nesse momento, diga-se a verdade, tomei tais palavras como uma ordem, mais do que como cumprimento e curvei-me de novo numa vénia». Quando passaram à mesa, o imperador chamou-a, desalojou do respectivo lugar o elemento do júri sentado à esquerda e disse à jovem bailarina que se instalasse a seu lado. Depois chamou o *czarevitch* e fê-lo ocupar o assento à esquerda de Matilde Kchessinskaia, comentando: «Tenham juízo, nada de loucuras!»

Os jovens apaixonaram-se de imediato. Durou alguns anos o idílio, depois veio a separação; o herdeiro deveria desposar uma princesa da sua categoria. O *czarevitch* disse então a Matilde: «Poderás continuar a ver-me e a tratar-me por tu. E, acima de tudo – acrescentou, de lágrimas nos olhos – poderás recorrer a mim sempre, em caso de necessidade. Seja o que for que aconteça, os dias que contigo passei constituem as recordações mais felizes de toda a minha vida».

Na Rússia, a cena da despedida é um momento ímpar, uma lembrança preciosa. «Para nos despedirmos – testemunha Matilde – combinámos encontro na estrada de Volkomski, numa granja situada a certa distância do caminho. Cheguei de carruagem, ele a cavalo e não conseguimos falar, a voz estrangulada na garganta. Depois fiquei a vê-lo partir até desaparecer sem se voltar para trás».

Outras paixões: a caça e as paradas

A fim de quebrar os laços que os prendiam e de dar a conhecer o mundo a Nicolau, Alexandre III proporcionou-lhe uma prolongada viagem através da India e até ao Japão. Mas um atentado pôs fim ao périplo do *czarevitch*; um fanático desfechou-lhe no crânio um golpe de sabre. Inquietos, a imperatriz e Alexandre III esperavam com impaciência notícias do filho. Assim que este regressou, porém, correu a casa da amante. No entanto, no Japão quase a esquecera. Segundo relatórios da polícia japonesa, o *czarevitch* e respectivo séquito passavam as noites nos locais «habitualmente frequentados pelos marinheiros». Nicolau aprecia também as alegrias simples. Em Darmstadt, por exemplo, onde se desloca em viagem oficial, passa o dia com o príncipe de Hesse, sentado em frente da janela aberta, a atirar maçãs à populaça. Ou então, durante uma manhã inteira ensina os cães a apanhar paus. Mas, acima de tudo, gosta de caçar. Radzig, o fiel criado de quarto, procura dissuadi-lo de entregar-se a tal actividade por vezes durante semanas a fio – o trabalho espera e os relatórios do ministro do Interior vão-se acumulando sem que os leia. Certo dia de 1901, Nicolau parte para a caça na companhia do ministro Sipiaguine e ambos se esquecem da reunião do Conselho. Nicolau é infatigável nestas suas actividades venatórias; observa no *Diário*:

«Às oito horas, parti de trenó com Sérgio, para irmos ao encontro dos convidados para a caçada. O tempo estava o mais propício possível: o termómetro marcava zero graus e não havia vento. Principiámos pelos faisões, por detrás das estrebarias, onde houve um tiroteio terrível. Percorremos todas as coutadas até ao pavilhão de Lícia Bugri, onde almoçámos. A batida terminou na floresta de Gorwitz, às três horas. Nunca vi pilhas tão grandes de tetrazes, com oitenta a cem peças. Dispararam-se mil quinhentos e noventa e seis tiros para um total de seiscentas e sessenta e sete peças de caça abatidas. Pela minha parte, recebi dezassete aves e vinte lebres. Regressámos a casa e tomámos chá. A mamã foi a Pavlovsk, de onde voltou às seis e meia. Recebemos para jantar os Cheremetiev, Mademoiselle de Lescailles, Kutuzov e T. Tcherevanine».

As caçadas imperiais efectuavam-se na floresta de Pussca ou Beloveskaja Pussca, do domínio público. Segundo uma tradição datando da época em que a área pertencera aos reis da Polónia, essa floresta era intocável; por ucasse de 1803, Alexandre I proibira que nela se utilizasse o machado. Em 1860, Alexandre II mandara aí construir um pequeno palácio. Em 1889, a fauna local fora regenerada. Para a introdução de sangue novo, trouxeram-se veados da Sibéria; mas os alces desapareceram por não suportarem o cheiro daqueles.

O palácio estava decorado com cabeças de auroques abatidos pelos imperadores. Chifres de veado enfeitavam a casa de jantar, prevista para cento e cinquenta comensais; a armação mais sumptuosa tinha vinte e oito galhos e pertencera a um cervo morto numa caçada imperial.

«Quando os soberanos chegavam ao palácio, os serviçais apresentavam ao czar o pão e o sal e depois, de acordo com a tradição, a imperatriz, munida de um diamante, gravava a data da chegada nos vidros da varanda. Os aposentos compunham-se de quarenta quartos, luminosos no Verão, mas lúgubres e assustadores a partir do mês de Outubro; chegavam até eles os bramidos dos veados e os uivos de inúmeros animais de outras espécies, que apavoravam até os mais calejados residentes. O imperador aparecia em geral no mês de Setembro, em veículos puxados a dois cavalos, acompanhado pelo general ajudante-de--campo, o sereníssimo príncipe Galitzine e o monteiro-mor. Mais tarde, Nicolau II vinha de automóvel.»

«Percorria-se um caminho florestal até à linha de fogo, onde cada caçador ocupava o seu posto, no respectivo local numerado. O imperador tomava lugar na porta do meio, enquadrado pelos dois melhores atiradores, tendo atrás deles criados com as espingardas.»

A dado momento, o chefe da caçada emita a ordem ao som estrídulo da corneta. E logo a floresta se enchia de gritos, de estalidos e de sons diversos, os batedores seguiam em frente e os monteiros a cavalo zelavam pelo bom andamento das operações. O ruído aproximava-se enquanto os guardas agitavam cordas próximo das bandeirolas. Pouco a pouco, acuados, os animais precipitavam-se assim para os caçadores. Nesse dia, foram os veados os primeiros a surgir em tropel, tudo derrubando à passagem. Seguiram-se-lhes os javalis, em fila indiana, resfolegando com ruído.

«Depois ouviu-se um som inusitado e um auroque solitário atravessou a linha como uma flecha, de cabeça baixa e cauda erguida; depois mais dois e em seguida três. Não disparámos devido à epidemia que grassava entre os animais, havendo ordem de poupá-los.»

Os caçadores mataram veados e javalis. Nicolau II, bom atirador, abateu cinco veados. À noite, depois de um copo de vinho da Madeira, dispuseram-se todos os chifres, rodeando-os de verdura. Em seguida, lançou-se fogo a pez contido em recipientes e uma fanfarra executou uma peça de música por cada espécie animal – ligeira em homenagem às lebres, imponente em honra dos auroques e graciosa celebrando os veados.

Para garantir o êxito das estadas em Spala, uma outra área reservada, deslocava-se até ao local um destacamento militar formado por um regimento de lanceiros da guarda, por hussardos do regimento de Grodno, por uma centúria de cossacos de Kuban e por um batalhão da 3.ª Divisão de Infantaria da Guarda, desempenhando os soldados o papel de batedores. Nunca ninguém teve coragem de insurgir-se contra uma tal movimentação de efectivos militares; cairia em desgraça de imediato.

Tal como não perdia uma caçada, também o *czarevitch* não faltava às paradas militares; fascinado, assistia aos desfiles organizados pelo pai. Um certo tenente recorda como as coisas se passavam:

«A música anuncia a chegada do czar. Vemos aproximar-se um grupo sumptuoso. A cabeça desse grupo caminha o imperador, figura de compleição imponente. Em conjunto com a montada esplêndida forma apenas um corpo. Eis a força da Rússia! Ei-la, a Rússia grande e poderosa!

«O imperador acha-se a alguns passos de nós. Olha-nos nos olhos com o seu olhar claro e luminoso e dirige-nos um sorriso que é como uma carícia inestimável. Ficamos tão felizes que essa felicidade quase se transforma em vertigem. Ouvimos gritar *Zdravstvouïtie Pavlovtsi* – Vivam os Pavlovtsi! – Respondemos com entusiasmo e sai-nos do peito um «hurra!» retumbante. A banda toca «Deus proteja o czar.» Gritamos, gritamos até ao paroxismo do êxtase. As outras unidades repetem a nossa aclamação. O imperador poderia ter-nos pedido fosse o que fosse, pois um entusiasmo indescritível se apodera de nós; lançar-nos-íamos ao Neva, se ele nos ordenasse que o fizéssemos.

«Não creio que nesse dia tenha havido alguém mais feliz do que nós».

Ao tornar-se czar, Nicolau dará novo brilho e esplendor às paradas. Na tradição russa, tais cerimónias perpetuavam a comunhão entre o czar e o seu povo, constituindo a defesa do solo pátrio e o carácter sagrado da Igreja a dupla consagração da legitimidade do soberano.

A identificação do czar com o Exército tinha sem dúvida a sua contrapartida, tal como a tinha a identificação do patriotismo com o amor ao czar. De facto, os desaires militares poderiam levar a que tal ideia fosse posta em causa e conduzir à revolução. Além disso, o ódio dos camponeses pelo serviço militar, tão prolongado e tão duro, podia virar-se igualmente contra o imperador. Durante os reinados de Alexandre II e de Alexandre III, todos os pretextos serviram para escapar ao cumprimento desse dever, até mesmo a amputação do indicador direito, dedo que prime o gatilho. Ano após ano, crescera o número de infelizes mutilados, muito embora se não desconhecessem as consequências de tais actos: o presídio ou os trabalhos forçados.

Em *Polikouchka*, livro que depois deu origem a uma das primeiras grandes películas cinematográficas surgidas no regime nascido da revolução de Outubro, Leão Tolstoi descreve esses mujiques recrutados.

Foca o destino infeliz dos servos, a partida destes para o serviço militar, vivida por toda a aldeia como a caminhada para a morte. «Largas são as vias que conduzem à morte, estreita é a vereda do regresso» – diz o provérbio. No começo do reinado de Nicolau II, o recrutamento continua a ser vivido como catástrofe natural, uma espécie de doença que, à semelhança das pestes, constitui um castigo de Deus.

Mas, para o imperador, o Exército desfilando representa um testemunho de orgulho. Quem poderá imaginar que esse Exército explodirá, que as imagens dos poderosos batalhões marchando em parada serão substituídas da noite para o dia por essas outras imagens dos acontecimentos de Fevereiro de 1917, captadas pela Pathé-Cinema, nas quais se manifesta o regozijo pela liberdade? Esse quadro esmaga definitivamente o símbolo da águia imperial, a união entre o Exército e o czar.

Em 1895, porém, que soberano pensaria em tal coisa? A nobreza disputa os altos cargos do Exército e, em 1914, oitenta e sete por cento dos generais provêm ainda da aristocracia, apesar dos esforços da Academia Militar para acolher no seu seio os oficiais mais capazes independentemente da origem social. Durante o reinado de Nicolau II, a proporção de oficiais oriundos da nobreza passou de setenta e dois para cinquenta e um por cento; mas em 1914 essa reforma não atingiria ainda os escalões cimeiros da hierarquia militar, pois, por influência do círculo que o rodeava, o imperador travara tal movimento. Um dos vários efeitos dessa mudança foi o de uma parte do oficialato perfilhar ideias liberais, o que não deixou de ter também as suas consequências.

Nicolau adora divertir-se, caçar, assistir a paradas militares – dezasseis num só mês e jantar em boa companhia. Mas os rumores avolumam-se e os boatos correm: o pai ter-lhe-á fixado residência em Livadia devido ao seu excessivo interesse por bailarinas. Diz-se também não querer casar nem reinar; afirma-se ainda que o pai pensa substituí-lo pelo irmão mais novo, o grão-duque Miguel. Diz-se... diz-se... mas que não se dirá? No reinado de Luís XVI, muitas coisas se disseram também. E contavam-se episódios picantes e escabrosos, fazendo dos cônjuges reais, bem como do conde de Artois, os protagonistas felizes e desonrosos dessas histórias brejeiras. Era sinal de que a monarquia deixara de inspirar respeito. Do mesmo modo, aquando do regresso do *czarevitch*, do Japão, correra o boato de que o homem que o agredira a sabre era um marido ultrajado pela corte incessante que Nicolau fazia à sua jovem esposa.

Alexandre III: «Nicolau?! Não passa de uma criança...»

No dia 25 de Fevereiro de 1 892, Nicolau anota no *Diário*:

«Fui nomeado membro da Comissão Financeira há dois dias; *muita honra mas pouco* proveito. Antes do conselho de Ministros, recebi cinco elementos deste organismo. Confesso que nunca suspeitei da sua existência. Reunimo-nos durante muito tempo, até às três horas e três quartos. Atrasei-me por causa disso e não pude ir à Exposição».

Escreve também: «Manhã insuportável. Recebi o ministro da Suécia e o macaco japonês». O «macaco japonês» é o representante do Micado. Com efeito, Nicolau chama macacos aos Japoneses. Desconfia dos Polacos, despreza os judeus, mas confia na fidelidade dos muçulmanos.
S. Witte, o ministro de Alexandre III que principiara a modernizar a economia do país, propôs ao czar que contribuísse para a formação do *czarevitch* nomeando-o presidente da comissão encarregue da construção do Transiberiano.

— Mas como?! – admirou-se Alexandre III. – Conheceis bem o *czarevitch*. Alguma vez tivesteis com ele uma conversa séria?

— Não, Sire. Nunca tive o prazer de ter com o herdeiro esse género de conversa.

— Não passa de uma criança e o seu raciocínio é pueril. Como pode presidir à Comissão?

Gustave Lanson, autor da *História da Literatura Francesa*, ensinou francês a Nicolau durante certo tempo, sem ter razões de queixa do aluno, muito pelo contrário. O *czarevitch* apreciava os autores clássicos, sobretudo Molière, La Fontaine e Mérimée. No entanto, as qualidades e a obediência imprescindíveis ao domínio das línguas estrangeiras – e Nicolau mostrava grande pendor para o francês, o inglês e alemão – não contribuem necessariamente para a inteligibilidade do mundo que nos cerca. Quanto a isso, Pobiedonostsev era do mesmo parecer que Alexandre III.

Quando Pobiedonostsev procurava explicar ao *czarevitch* o funcionamento da máquina do Estado, «este punha um cuidado meticuloso na acção de esgaravatar o nariz». Todos os testemunhos concordam que, quando se abordavam assuntos governamentais, Nicolau, tal como Luís XVI, era assaltado por súbito e indizível torpor. Contudo, pondo nisso grande empenho, Pobiedonostsev conseguiu que algumas das suas ideias entrassem na cabeça de Nicolau II, sobretudo a que o dever do czar autocrata era o de transmitir *intactos* todos os poderes ao herdeiro.

É impressionante o contraste entre o *czarevitch* bem parecido, civilizado, deslumbrante e impecável e esse procurador, sempre vestido de negro, usando óculos de aros, gravata de laço, personagem que parecia ter saído directamente de um romance de Dostoievski. A chama da autocracia jamais se extingue nele. Argumenta com um talento e uma verbosidade que conferem brilho à sua faceta austera e lhe inflamam o olhar.

Pobiedonostsev a Nicolau: «A França demonstra aonde conduz a democracia».

Os argumentos de Pobiedonostsev eram suficientemente fortes e coerentes para que qualquer aluno, mesmo tão pouco atento como o *czarevitch*, deles conservasse o esboço na memória.

O ministro deturpava o sentido dos que falavam do atraso em que a Rússia vivia e que afirmavam não haver o país amadurecido ainda para a democracia. Segundo ele, pôr em execução práticas democráticas constituiria, na realidade, um recuo. Por outras palavras, Pobiedonostsev não contestava a oportunidade de uma reforma, mas sim o próprio princípio desta.

Criticava, acima de tudo, o regime parlamentar, «a maior mentira da nossa época», pois «as belas ideias dos tempos de Luís XVI foram expressas por um escol, mas, com o sufrágio universal, a sua aplicação depende de uma maioria inculta e grosseira». Exemplo disso era o parlamento francês, na altura do escândalo do Panamá, demonstrando que «o bem público, ao qual supostamente se consagram os eleitos pelo povo, não passa de alibi de deputados concussionários e irresponsáveis». Além disso, o parlamentarismo conduzia à eleição não dos melhores, mas sim dos mais demagógicos. Um terceiro argumento adequava-se ao caso da Rússia: num país de múltiplas nacionalidades, os representantes eleitos defenderiam os interesses da respectiva comunidade, cada um por si, enquanto o monarca, uma pessoa singular, encarnava o interesse geral.

Numa época em que a imprensa de opinião evoluía a um ritmo vertiginoso, Pobiedonostsev estigmatiza os jornalistas, a quem censura o desplante de falarem em nome da opinião pública; a coberto do interesse geral, esse sector procurava valorizar-se a si mesmo, com risco de desestabilizar a sociedade, o que pouco lhe importava. Os jornalistas agiam assim com irresponsabilidade, tal como o faziam os deputados e os professores que, em vez de ensinarem a ler e a contar, «não desempenham a sua função e se esquecem de transmitir aos alunos o amor à pátria, o temor a Deus e o respeito pelos pais».

Teórico desconhecido do mundo ocidental, Pobiedonostsev é um dos pais das ideias reaccionárias ou tradicionalistas, ideias que reagrupou à volta de dois ou três temas.

Nicolau familiarizara-se com as ideias que Pobiedonostsev lhe incutira na mente, e interiorizara-as a ponto de fazerem parte da sua concepção do mundo. O poder do czar era sagrado por provir de Deus. O povo russo era fundamentalmente bom; mas a *intelligentsia* insuflava-lhe o Mal, que aos pouco tomava conta de tudo.

O amor transfigura o inconstante Nicolau

Dois ou três anos antes da nefrite que lhe provocou a morte, o czar Alexandre III teve uma violenta querela com o filho. Nicolau apaixonara-se pela irmã de Guilherme II, que o czar detestava. Este pretendia que o *czarevitch* desposasse a duquesa Alice de Hesse. O herdeiro, porém, mostrava-se relutante; Alice era mais alta do que ele e Nicolau sentia algum complexo devido à estatura, pequena apenas em comparação com a de certos colossos que o rodeavam, pois media um metro e setenta centímetros. De súbito, o seu humor mudou, apaixonando-se pela alta duquesa. Contudo, uma dificuldade subsistia: Alice era protestante e ainda por cima muito devota; para contrair matrimónio com Nicolau, teria de converter-se à fé ortodoxa, tal como o exigia a tradição. Guilherme II encorajou-a a fazê-lo, a trair a fé a que tanto se devotara. A sua intervenção foi bem sucedida. O *Kaiser* esperava receber os favores do herdeiro e renovar a aliança entre os três imperadores quebrada por Alexandre, anulando assim os acordos franco-russos assinados em 1891 por Alexandre III e Félix Faure. Por fim, não sem certas reticências e alguma resistência protocolar, Alice concordou com o casamento.

Este conjunto de frivolidade e de pudicícia transformou o inconstante Nicolau em apaixonado fiel. No dia do noivado, 8 de Abril de 1894, escreve no *Diário*:

«Dia maravilhoso e inovidável na minha vida! É o dia dos meus esponsais com a minha incomparável Alice. Chegou a casa da tia Miechen depois das dez e, após ter conversado com ela, justificámo-nos. Senhor, que peso tirei dos ombros! E que nova satisfação proporciono a meus queridos pais! Todo o dia me pareceu viver um sonho, não tomando plena consciência do que me sucedia.

«Guilherme estava na sala contígua, aguardando que terminássemos a conversa com tios e tias. Visitei em seguida a rainha (da Dinamarca) e depois do almoço celebrou-se um *Te Deum*. No dia seguinte de manhã, os dragões da guarda da rainha executaram todo um programa por baixo das minhas janelas, atenção que muito me sensibilizou.

«As dez horas, apareceu a minha magnífica Alice e ambos tomámos o café em casa da rainha. Seguimos depois para Rosena num pequeno carro conduzido por mim. Que alegria!»

Quando Alexandre III ficou mortalmente enfermo, Alice foi chamada à sua cabeceira, na qualidade de princesa herdeira. Para a circunstância, o imperador quis envergar pela última vez o seu belo uniforme, mas a princesa Obolenskaia e a condessa Vorontsova receberam friamente a alemã... Alice sentiu-lhes a hostilidade, sobretudo a da imperatriz-mãe, Maria. Confidenciou depois que, triste e solitária, pedira a Deus que a aproximasse da sogra.

Após a morte do czar, efectuou-se a interminável viagem de acompanhamento do féretro de Livadia, na Crimeia, a São Petersburgo, e também os serviços fúnebres, repetidos em todas as cidades onde se prestava homenagem ao defunto. «Ave agoirenta!» – diziam os Russos, benzendo-se, ao verem pela primeira vez a noiva do futuro imperador, seguindo o caixão toda vestida de negro.

«Foi assim que entrei na Rússia – comentava Alice – E o meu matrimónio, celebrado logo a seguir, pareceu-me o prosseguimento das exéquias a que acabara de assistir».

O casamento do czar

As cerimónias do casamento e da sagração obedeceram ao rito a que Nicolau se submeteu com a maior docilidade, rito várias vezes secular, cuja descrição, feita por Gregório Kotochikhine* em 1666, continuava a ser seguida em 1894; com a única diferença de, após o acto sacramental, não ter havido recepção por causa do luto observado pela morte de Alexandre III.

---

* Este subsecretário do *Prikaz* das Embaixadas na época de Alexis, o segundo Romanov (1645-1676), emigrou depois de o czar ter mandado chicoteá-lo devido a um erro cometido ao redigir um dos títulos do imperador.

«Aquando da coroação do czar, este é ao mesmo tempo ungido com os santos óleos, passando a ser assim o *Ungido* do Senhor. Em seguida, os boiardos, os gentis-homens da Câmara e as pessoas de categoria apresentam-lhe cumprimentos. Os metropolitas, os bispos e outros membros do clero abençoam então o czar com os ícones, oferecendo-lhe pães, veludo, chamalote, cetim, seda doirada ou seda simples, zibelinas e baixelas de prata. O imperador tem de pensar nos preparativos para o casamento, na escolha das pessoas que a ele assistirão e nos cargos a atribuir-lhes: os pais substitutos, os amigos de núpcias, as alcoviteiras, porta-círios, os porta-pães, os escudeiros, os *dapifers**, etc. Depois de redigido o programa, os escriturários rubricam-no e, em seguida, através de um ucasse, ordena-se que, no dia aprazado para os festejos, as pessoas escolhidas compareçam para desempenhar as funções que lhes foram destinadas. E se alguém, valendo-se da respectiva categoria, originar confusões no dia das núpcias, que seja condenado à pena de morte e se lhe confisquem os bens e o património. Do mesmo modo, após o casamento, ninguém deve dirigir censuras a qualquer outra pessoa pela maneira como desempenhou a tarefa ou tão-pouco vangloriar-se de superioridade, pois isso resultará em grande desfavor e castigo da parte do czar (...).

«As funções desempenhadas pelos diversos assistentes às núpcias são as seguintes, da parte do czar: primeiro, o pai e a mãe substitutos, que actuam como pais autênticos; em segundo lugar, os 'companheiros': um arcipestre portador da cruz e um mordomo que é a figura principal do cortejo; em seguida sentam-se à mesa em lugar mais elevados que todos os outros. O 'amigo de núpcias' tem por incumbência convocar os convidados e, no casamento profere um discurso em nome do czar, distribuindo depois as prendas. As 'as amigas de núpcias' encarregam-se de vestir e guardar a czarina, de pôr e tirar-lhe os ornamentos. Quando a czarina se veste, está presente o porta-círios, enquanto o porta-pães transporta o pão num tabuleiro forrado de veludo doirado e coberto de tecido bordado e de pele de zibelina. São convidados para o festim doze boiardos do sexo masculino e doze do sexo feminino, mas não vão à igreja com o czar. O *dapifer* posta-se junto da credência** onde estão as iguarias e as bebidas.

«Na manhã do dia em que se realiza o matrimónio, o czar desloca-se à catedral, onde é abençoado com a cruz e aspergido com água benta. Depois dirige-se a outra igreja, na qual jazem os imperadores defuntos, a catedral de São Miguel, no Kremlin.

«Para a cerimónia, o palácio é forrado a veludo, estendendo-se grandes tapeçarias turcas e persas, e preparam-se os lugares que o czar e a czarina ocuparão diante da mesa provida do pão e do sal. O

---

* *Dapifer:* chefe dos despenseiros.
** Credência: pequeno aparador portátil.

czar enverga o fato da cerimónia da coroação, o mesmo fazendo a czarina – excepto a coroa – pondo na cabeça o diadema dos esponsais. Assim preparados, o pai e a mãe da czarina acompanham a filha e instalam-se.

«Os circunstantes aguardam então a chegada do czar. Quando este é informado de que toda a gente ocupa o respectivo lugar, diz ao arcipreste que é hora de ir. O confessor reza uma prece, o czar e os convidados rezam também perante os ícones. O czar e o confessor penetram então no palácio, ficando a czarina de pé com os convidados. Ora-se de novo e, em seguida, o czar e a czarina sentam-se sobre a mesma almofada, enquanto se distribuem cinco pratos de cada serviço. Quando todos estão servidos, o confessor ergue-se, diz um padre-nosso e os convidados sentam-se. Os mancebos de honor pedem a bênção aos pais da noiva para pentear a trança desta última. Depois, o arcipreste principia a comer, não para saciar-se, mas sim para cumprir o ritual. Colocam-se as iguarias diante do czar, trincham-se e salgam-se; não são comidas, porém, enquanto a trança não estiver penteada. Entrementes, o czar e a czarina foram envolvidos por um véu, que os portacírios sustentam.

«Uma vez concluído o penteado da noiva e colocados nos pratos os presentes, borda-se no véu uma cruz e retira-se o diadema com cuidado. Depois de penteada a noiva, durante o terceiro serviço, o arcipreste ergue-se e profere uma prece de agradecimento. Os amigos de núpcias pedem então a bênção do pai e da mãe e acompanham os noivos à igreja onde serão abençoados. Os pais abençoam então o czar e a czarina com ícones enfeitados de oiro, pérolas e pedrarias; depois, levando a filha pela mão, entregam-na ao czar e despedem-se.

«À saída da igreja, os sinos repicam e em todos os outros templos de Deus ora-se pela saúde do czar e pela sua união num matrimónio legítimo.

«Em seguida, todos se sentam à mesa.

«À noite, quando o czar e a czarina se recolhem, um escudeiro percorre a cavalo as imediações do palácio, de espada em punho, e a ninguém é permitido avizinhar-se do local; o escudeiro cavalga assim durante toda a noite até ao alvorecer.

«O amigo de núpcias vem então informar-se da saúde do casal e o czar responde-lhe estar de boa saúde, pois tudo se passou como deve ser... (se não, dir-lhe-á que regresse mais tarde).

«Os convidados chegam então para felicitá-lo. O czar e a czarina tomam uma refeição leve. Depois, um de cada vez, dirigem-se ao banho e a czarina exibe às casamenteiras a camisa de noite como prova de virgindade até ao casamento. Estas, por sua vez, mostram-na à mãe do czar e retiram-se então as camisas de noite e os lençóis, guardando-os em local escondido. O czar oferece à czarina outras camisas; e esta retribui-lhe com umas ceroulas.

«Comparecem na igreja, celebra-se um *Te Deum* e beijam os ícones. Amnistiam-se os ladrões, que são soltos.
«Principiam então os festejos...»

A sagração em Moscovo, rejeitando-se São Petersburgo

Para um príncipe tão crente como Nicolau, a sagração – as suas núpcias com a Rússia – tinha uma importância fundamental. Nele, a piedade era não só inata, como fazia parte dos seus atributos. Não podendo ser santo, como o haviam sido os primeiros príncipes russos, teria de ser piedoso, pois, tanto para ele como para todos os Russos, o mal media-se pela bitola da devoção. A sagração, antigo costume herdado de Bizâncio, purificava-o de todos os pecados.

A cerimónia realizou-se em Moscovo, o que perpetuava a preeminência da «Terceira Roma» sobre São Petersburgo. Esta última cidade, a porta do Ocidente e nova capital, não constituía o coração da Rússia. É certo que Pedro, *o Grande*, fizera dela a imagem do poderio do Império, mas a Santa Rússia não se sentia em casa no meio de tantos palácios venezianos. Além disso, a cidade quebrara o elo de amor filial que a ligava à monarquia, pois nela morrera assassinado o czar Alexandre II. Alexandre III repudiara-a então, preferindo Moscovo. Nicolau II não se sentia à vontade em São Petersburgo e só frequentava com prazer as instalações militares de Krasnoie Selo.

Era em Moscovo que, com a cerimónia da sagração, se exprimiria o vínculo entre o soberano, o Estado e a Igreja. E também nela se encontravam depositados os corpos dos czares falecidos. Durante o seu reinado, Nicolau II manifestou várias vezes o desejo de passar a Semana Santa em Moscovo e aí comemorou a vitória sobre os Tártaros, bem como a de Borodino, sobre Napoleão. Durante a sagração e, mais tarde, em 1913, aquando do tricentenário da dinastia, o fervor dos Moscovitas para com o seu príncipe justificou o sentimento que nutria pela cidade.

Tal preferência tinha um significado político: Moscovo consubstanciava a tradição, a *Rous* (a antiga Rússia) e não *Rossia* (o Império). Pobiedonostsev, que não se iludia quanto a isso, dera o título de *Moskovski Sbornik* («Colectânea de textos moscovitas») à sua obra de pensamentos políticos, designação que nada teve de fortuito.

Em Moscovo, quando se faziam os preparativos para os festejos do casamento, não foi por acaso que Nicolau II e Alexandra se recolheram para orar no Palácio de Pedro, fora das portas da cidade, numa espécie de retiro purificador. Quando lhes nascesse o herdeiro, chamar-se-ia Alexis, tal como o czar mais piedoso da dinastia Romanov.

Nicolau II preferia Moscovo a São Petersburgo porque a velha cidade encarnava o passado e a segunda, pelo contrário, representava o modernismo, as Luzes, o ateísmo. Todo este conjunto não estava explicitamente formulado no espírito do imperador, mas existia nele uma coerência óbvia entre opiniões, comportamento e acção política. Como isso se não exprimia sob a forma de ideias ou de conceitos, Nicolau foi tido por soberano de cabeça vazia, fraco e influenciável, dominado primeiro pela mãe e depois pela mulher. Afirmava-se também ter sempre a última palavra a dizer o conselheiro cujo opinião o imperador ouvisse em último lugar. Na realidade, a palavra decisiva pertencia àquele cujos pareceres coincidissem com os seus. Senão, cedia sem uma palavra e sem pestanejar

Sempre que podia, Nicolau vestia trajes russos e falava a língua de origem; só em família utilizava o alemão e o inglês. Gostava da língua materna e comprazia-se em citar Puchkine. De entre os escritores russos, apreciava sobretudo Gogol, para quem, precisamente, «em São Petersburgo, tudo respira falsidade. A avenida Nevski ilude totalmente, sobretudo quando a noite se instala sobre ela em massa compacta... cidade por demais incaracterística. Os estrangeiros que nela enriqueceram já não parecem sê-lo; os Russos, por seu turno, assemelham-se aos estrangeiros, não sendo nem uma coisa nem outra».

Além disso, Nicolau II não gostava de Pedro, *o Grande*, apesar de Kliutchevski, o professor de História, se não mostrar hostil ao fundador da nova capital. «Teve grandes méritos – confidenciou Nicolau ao seu médico – mas é dos meus antepassados aquele que menos me atrai. Admirou excessivamente a cultura europeia. Espezinhava os nossos velhos costumes, a herança da nação».

Nicolau prefere Alexis, *o Piedoso*, pai de Pedro, *o Grande*. Alexis é o mais tradicionalista de todos os príncipes reinantes russos (1645-1676). O modelo escolhido por Nicolau II foi um homem sedutor, mas fraco perante a família. Os conselheiros exploravam-no, mas o povo sublevou-se, livrando-o deles. Alexis venceu os rebeldes, nomeadamente Stenka Razine, uma espécie de chefe cossaco que se dedicava à pilhagem nos confins do mar Cáspio e semeava na região um vento revolucionário, incitando os camponeses contra os proprietários de terras e contra os funcionários do czar. Preso em 1671, morreu na forca. Outro êxito de Alexis: foi durante o seu reinado que se verificou a opção «histórica» dos Ucranianos, na assembleia de Pereiaslav; tendo de decidir qual a suserania que escolheriam, se de Turcos se de Polacos, os Ucranianos optaram pela Santa Rússia.

Alexis era um príncipe muito piedoso, tal como Nicolau, e, em 1903, este último organizou em sua homenagem o maior baile de máscaras de todo o reinado, com os cortesãos mascarados de forma a recriarem a atmosfera e os costumes da época daquele imperador. Apreço pelo passado e conservantismo estão presentes em todas as preferências de Nicolau, no gosto pelos ícones antigos, por exemplo, ou na fidelidade à ortografia tradicional. Com efeito, projectara-se rejuvenescê-la, suprimindo o sinal mudo colocado no fim de grande número de vocábulos e destituído de função particular, um pouco como sucede com alguns acentos da língua francesa. A controvérsia dividiu escritores, gramáticos e educadores, transformando-se em assunto de Estado. «Quanto a mim», comentava Nicolau dirigindo-se ao doutor Botkine, «jamais depositaria confiança em alguém que não colocasse acentos mudos no fim das palavras. Nem tão-pouco lhe confiaria funções de responsabilidade».

As cerimónias da coroação. A catástrofe

Antes da sagração, a cidade conheceu um entusiasmo inusitado durante várias semanas, pois os festejos durariam cinco dias e eram esperados mais de setecentos visitantes para assistirem às diversas cerimónias organizadas para a circunstância. Os que queriam ver os festejos chegavam a pé de toda a Moscóvia. Distribuir-se-iam milhares e milhares de presentes.
Nicolau seria proclamado imperador e autocrata de todas as Rússias.

«Nós, pela graça de Deus, Nicolau Alexandrovitch, Senhor, Imperador e Autocrata de todas as Rússias, Czar de Moscovo, Kiev, Vladimir, Novgorod, Kazan, Astrakã,
Czar da Polónia, da Sibéria, de Quersoneso Táurico,
Czar da Geórgia,
Senhor de Pskov,
Grão-Duque de Smolensk, da Lituânia, da Volínia, da Podólia e da Finlândia,
Príncipe da Estónia, da Livónia, da Curlândia e da Semigália, da Samogócia, do Bialistok, da Carélia, de Tver, da Iugúria, de Perm, de Viatka, da Bulgária e de outros países,
Senhor e Grão-Duque da Baixa Novgorod, de Tchernigov, de Riazan, de Polotsk, de Rostov, de Iaroslav, de Belorozo, de Udúria, de Obdória, de Côndia, de Vitebsk, de Mstislav e de toda a Região Setentrional,
Senhor e Soberano de todas as regiões da Ivérica, da Cartalínia, da Cabardínia e das províncias da Arménia,
Soberano dos príncipes circassianos e dos príncipes da Montanha,
Senhor do Turquestão,
Herdeiro da Noruega,
Duque do Sleswig-Holstein, de Storman e de Ditmat,
Duque de Oldenburgo,
e Soberano de muitos outros lugares.»

Na sua estreia na História, a câmara cinematográfica fixou para a posterioridade esses momentos de fausto. As imagens mostram, em primeiro lugar, a chegada solene de Nicolau a Moscovo, a 6 de Maio de 1896. Atrás do seu corcel branco, segue o cortejo de notáveis a cavalo e depois a extensa fila de convidados: Henrique da Prússia, irmão de Guilherme II, o príncipe de Connaught, filho do rei de Inglaterra, Nicolau do Montenegro, o príncipe herdeiro da Grécia, o da Roménia, três grão-duques, uma rainha, dois monarcas reinantes, doze príncipes herdeiros e dezasseis outros príncipes e princesas. Na catedral da Assunção, perante os altos dignitários do clero ricamente paramentados, o metropolita Sérgio lê a mensagem ritual. Ao subir os degraus do altar, a sua pesada corrente da Ordem de Santo André desliza-lhe pelos ombros e cai. Ninguém se apercebe da ocorrência excepto aqueles que o seguem, mas não revelam o sucedido, pois seria tomado à conta de mau presságio. Depois de receber a coroa, Nicolau II coloca piedosamente a sua na cabeça da imperatriz e os sinos das cento e uma igrejas moscovitas principiam a repicar em uníssono. Começam assim os festejos que terminarão em catástrofe.

Dados por concluídos os desfiles, o povo proveniente de todos os cantos da Rússia aglomera-se nos Campos da Khodinka, comprimindo-se sobre as plataformas à espera da tradicional distribuição de presentes. Desde as seis da manhã que todos procuram obter os melhores lugares. De súbito, a multidão precipita-se como se o fogo a perseguisse. As últimas filas de gente caem sobre as primeiras numa barafunda indescritível e milhares de vítimas são espezinhadas e sufocadas. Instantes depois, quando o público recupera a calma, nada há a fazer: no solo jazem mil duzentos e oitenta e dois cadáveres e entre nove mil e vinte mil feridos.

O governo tomou à sua conta as exéquias das vítimas e distribuiu mil rublos por cada família enlutada, para enorme espanto do embaixador da China, Li Xun Chan, convidado para os festejos e que assistiu à catástrofe. Tal como afirmou, nenhum imperador do seu país chamaria a si a responsabilidade de semelhante desastre.

O czar agradeceu ao povo o entusiasmo que este lhe manifestara durante as festas da coroação, «comovedor consolo após esses dias de provação». Em tais acontecimentos, adivinhou-se um *presságio sinistro*.

Dias depois, uma tempestade de granizo nunca antes vista caiu sobre Nijni-Novgorod, na altura em que Nicolau II se encontrava na cidade para inaugurar a grande Exposição Industrial russa. A desgraça encarniçava-se contra o país.

Mas, tal como observava Bernard Pares, diplomata recentemente colocado na Rússia, a indústria russa podia muito bem suplantar as *factories* inglesas e as fábricas alemãs. Produzia armamento sofisticado, assim como pólvora, a partir dos algodões do Turquestão. Havia mostrado o seu valor durante a campanha da Bulgária, em 1878. Em Nijni--Novgorod, pela primeira vez, a Rússia mostrava ao mundo o progresso industrial do país.

Um outro observador, Vladimir Ilitch Ulianov, mais conhecido por Lenine, fazia idêntico diagnóstico. Precisamente no ano de 1896, principiava a escrever uma das suas obras mais importantes: *O Desenvolvimento do Capitalismo na Rússia.*

Nicolau diz aos Russos: «Haveis formulado sonhos insensatos...»

Por altura da morte de Alexandre III, tal como *naturalmente* sucede no início de cada reinado, choveram os pedidos e as petições, em particular provenientes dos *zemstvos*. Essas assembleias administrativas locais fundadas por Alexandre III constituíam um esboço de regime representativo, apesar de estarem em grande parte dominadas pela nobreza e pela burocracia. Os *zemstvos* reuniam médicos, agrónomos, veterinários, professores, etc., em suma, todos os homens cultos da província russa. Constituindo os quadros e o núcleo de uma administração descentralizada, as suas competências haviam sido reduzidas com a subida ao trono de Alexandre III e mesmo antes disso, tal como afirma Khijiniakov, que presidiu a um dos *zemstvos*:

«O martirológio interminável prolongava-se há trinta anos. De facto, as petições recebiam respostas negativas ou, na sua maioria, ficavam sem resposta. Muitas vezes, a recusa era motivada pelo facto de as necessidades assinaladas nos pedidos se não justificarem visto outros *zemstvos* não haverem apresentado pedidos análogos. Ao mesmo tempo, todas as tentativas de concordância entre assembleias provinciais eram severamente reprimidas».

Os Russos aguardavam com impaciência a resposta do novo czar aos pedidos que reivindicavam o aumento de meios e de poderes. Mas todos desconheciam as ideias do czar sobre tal matéria. Foi clara a resposta deste:

«Informaram-me de que, nos últimos tempos, em certos *zemstvos*, se formulam *sonhos insensatos* quanto à participação de representantes destes no governo do país. Quero que se saiba que, consagrando todas as minhas forças ao bem do povo, manterei sem desvios o princípio da autocracia com a mesma firmeza que sobre a questão manteve o meu inesquecível pai».

Diz-se que, neste texto, atribuído a Pobiedonostsev, a expressão original não foi «sonhos insensatos», mas sim «sonhos sem fundamento». Se acaso houve erro ou lapso, a ideia corresponde bem ao pensamento do czar.

Esta *Mensagem* constituiu um desafio à opinião liberal e reavivou desde logo os meios radicais um tanto neutralizados pela polícia repressiva de Alexandre III. E, sobretudo, serviu para tirar as ilusões daqueles que haviam imaginado uma mudança de vida com o advento do novo czar e que novas possibilidades se abririam à sociedade russa. Tal desencantamento está bem patente no livro de Tchekov *A Gaivota*, criado precisamente em 1896. Em *As Três Irmãs*, *O Tio Vânia* e *O Cerejal*, escritos durante esses anos de desilusão, a sociedade culta da província, com um futuro sem horizontes, ao mesmo tempo inconsciente e sensível, exibe a sua intranquilidade face às ameaças veladas que se avolumam em redor: o campesinato que se agita, a capital mais indiferente do que nunca e a sua própria incapacidade de agir. As personagens dessas obras manifestam a sua impotência e indecisão quanto ao futuro que as espera.

Que a palavra «intelligentsia» seja banida dos dicionários...

À semelhança de Macha, a apaixonada desiludida de *A Gaivota*, sempre de negro, em luto perpétuo por uma existência triste e desesperada, também os Russos estavam de luto pela sua História. Enquanto sonhavam com uma vida diferente, tinham a impressão de que o tempo parara. Exprimiam então em voz alta a maneira como deveria pôr-se de novo em marcha a História, História que desejavam construir com as suas próprias mãos, mas da qual não participavam minimamente.

De facto, nada mudara, pois o Estado tinha por princípio o imobilismo. E eis que Nicolau II queria prolongar a suspensão decretada por Alexandre III da era das reformas! As novas gerações responsabilizavam a autocracia e nutriam-se do pensamento niilista. Herzen, Pissarev e outros tudo contestavam – a ordem política, claro, mas também a moral, a arte, a religião e o matrimónio. «Não se brinca com a História impunemente» – garantiam os que estavam atentos às mudanças ocorridas desde 1815, em França, na Prússia, na Itália e em Espanha. Tomavam por modelo o Ocidente e, para P. Struve ou para N. Petrunkevitch, a autocracia tornara-se um obstáculo ao desenvolvimento nacional; terminara a sua função histórica. Os marxistas pensavam do mesmo modo.

Pelo menos nisso os «ocidentalistas» concordavam com os «eslavófilos», que achavam que o génio russo se não conciliaria com reformas concebidas no estrangeiro. Tratava-se de uma velha polémica, já existente na época de Pedro, *o Grande* (1672-1725) e até mais antiga, pois, quando Adam Olearius, no ano de 1659 e A. de Mayerberg, em 1661, se deslocaram à Moscóvia, já dela ouviram falar.

Durante o reinado de Nicolau II, um desses eslavófilos, Sérgio Bulgakov, ex-marxista pertencente à nova geração de revolucionários contemporânea de Nicolau, como Lenine, Gorki e Martov, demonstrou o fosso que separava o czar, os seus prazeres, o seu cerimonial e os seus popes dessa *intelligentsia*, consagrada às ciências e à medicina e que procurava resolver as questões sociais, os problemas específicos da mulher e ainda muitos outros. A descrição que Bulgakov faz da *intelligentsia* permite-nos perceber a incompreensão existente entre dois mundos separados por barreiras invisíveis.

«Como bem se sabe, não existem intelectuais mais ateus do que a *intelligentsia* russa. O ateísmo é a fé em que se baptizaram e constitui uma particularidade tal que seria de mau gosto discuti-la. Um certo nível de cultura é sinónimo de indiferença pela religião e significa a negação desta. O ateísmo é uma espécie de fé, assumindo formas militantes, dogmáticas e pseudocientíficas. Além disso, a nossa *intelligentsia*, que se diz colectivista e comunitária, não é de facto cooperativista, mas sim individualista, pois contém em si mesmo uma superioridade pessoal tida por heróica; os seus membros pretendem desempenhar o papel de salvadores. Deste modo, trata-se apenas de uma variante do aristocratismo. E quem conviveu com ela conhece a arrogância de cada indivíduo, o desprezo por quem pensa de modo diferente. Visa objectivos supra-históricos e supõe que tal particularidade do espírito represente uma forma de heroísmo. A isto, acrescente-se o cosmopolitismo, pois os membros da *intelligentsia* consideram-se cidadãos do mundo, indiferentes à especificidade do país de origem; existe neles uma espécie de nacionalidade externa, alheia à própria nação. Os nossos marxistas dissolveram-na na luta de classes».

Nos *zemstvos* que dirigiam ao czar as petições havia *intelligenty* de todos os géneros: tanto tolstoianos como marxistas, tanto niilistas como eslavófilos, tanto heróis de Tchekov como de Dostoievski, sendo na grande maioria elementos da alta ou da pequena nobreza detentores de propriedade rural.

É reveladora a reacção de Nicolau II às pretensões dos *zemstvos*. Estes representavam a primeira experiência de «autogestão local». O escol da província que os constituía englobava famílias cultas e, ao mesmo tempo, rústicos enriquecidos, verdadeiros mujiques activos e empreendedores. As assembleias ocupavam-se apenas de problemas de gestão local ou regional; mais cedo ou mais tarde, porém, abordariam assuntos de carácter geral, tais como impostos, equipamento, etc., principiando a intervir na política.

Mas o imperador considerava que esse intervencionismo contrariaria a missão que Deus lhe confiara, ou seja, a de salvaguardar os direitos da autocracia. Parecia-lhe insensato que os assuntos do Estado pudessem interferir nos seus poderes pessoais. Arrepiava-o a ideia de que os *zemstvos* se transformassem em assembleias representativas, pois pressentia que, de degrau em degrau, acabariam por entrar em conflito com o Estado e com a burocracia. As ideias de Pobiedonostsev coincidiam assim com as suas.

Irritavam-no e fatigavam-no também as controvérsias entre ocidentalistas e eslavófilos – que divergiam quanto ao futuro do país e que se interrogavam se a Rússia deveria ou não incluir-se na Europa, mas expurgada dos males desta – o capitalismo, o individualismo e o egoísmo. Em boa verdade, esses temas não lhe interessavam de maneira nenhuma, mas sentia neles uma ameaça ao princípio autocrático. Detestava os mestres da palavra, os quais o isolavam do povo com quem dizia confundir-se.

Assim, Nicolau II exigiu que o vocábulo *intelligentsia* fosse retirado dos dicionários.

A oposição organiza-se e radicaliza-se

Após treze anos de reacção, a *Mensagem* provocou uma verdadeira onda de choque – o reinado de Nicolau II iria assim prolongar o de Alexandre III.

Desvaneceram-se todas as esperanças acalentadas pela «sociedade» russa. Por «sociedade» (*obscestvo*), entendia-se, na época, o conjunto de russos cultos que encarnavam a própria essência da nação, mas a quem a arbitrariedade autocrática retirara a possibilidade e o direito de trabalhar pelo seu progresso e engrandecimento.

Durante o reinado de Alexandre III, o regresso ao passado suscitara, como réplica a tal «reacção», o desenvolvimento de um movimento liberal no seio dos *zemstvos*. Os seus componentes aspiravam a que o czar fornecesse à Rússia uma constituição, mas «não queriam entrar em guerra com a autocracia. Preferiam a via pacífica, por fases sucessivas... uma evolução». Vasilii Maklakov, membro de um *zemstvo*, pensava, porém, que, com o desengano sofrido no início do reinado de Nicolau II, se modificariam os princípios do movimento liberal, sobrepondo-se à antiga estratégia a luta contra a autocracia. De facto, a chefia transferiu-se desde logo dos elementos dos *zemstvos* para as mãos dos políticos, ou seja, para uma *intelligentsia* radical.

Em boa verdade, havia tanto radicais no seio dos *zemstvos* como moderados na nova *intelligentsia*, mas aquelas assembleias, só por si, não podiam desempenhar a função que a sociedade delas esperava e, para conduzir a luta de modo radical, seria necessário criar organizações de um novo tipo: os partidos políticos. Surgiram todos eles logo após a *Mensagem*, entre 1896 e 1900.

O objectivo comum era a «libertação nacional», o libertarem-se da autocracia, entenda-se; depois disso, porém, cada um deles seguiria o seu próprio rumo. Impôs-se assim a ideia de uma união nacional que aglomerasse todas as tendências e todas as classes sociais, desde os liberais mais moderados dos *zemstvos* aos *Narodniki* (populistas) mais revolucionários.

Desde 1894 que o grupo *Narodnoïe Pravo* («Direito do povo») e a União da Libertação se propunham «unir todos os grupos opositores e organizar uma força activa que, valendo-se da energia moral e espiritual que os animava, triunfasse sobre a autocracia e garantisse a cada indivíduo os respectivos direitos de cidadão». Quando o czar rejeitou os pedidos dos *zemstvos* por meio do documento da *Mensagem*, muitos deles tomaram posições mais radicais. Pedro Struve, um dos chefes do movimento, considerava que, apesar disso, tais assembleias continuariam a constituir a forma de organização mais adequada por cobrirem grande parte do país. Convidava também os liberais a dialogar com os revolucionários – ele próprio o fez, encontrando-se com Lenine – pois, com o progresso industrial e o desenvolvimento da classe operária, os *zemstvos* continuavam a ser, sem dúvida, um campo privilegiado de acção política, mas tinham deixado de ser o único. Conquanto emanassem da sociedade, os *zemstvos* eram recrutados de acordo com uma norma censitária, e os imperativos da democracia exigiam bases sociais mais amplas, com apelo directo às forças populares. A urgência em criar partidos políticos à moda ocidental surgiu no preciso instante em que, tal como no Ocidente, estudantes e operários principiaram a existir e a manifestar-se.

Com efeito, tinham-se modificado os fundamentos da sociedade: as cidades transformavam-se e modernizavam-se, e desenvolvia-se o ensino primário, que alastrara às zonas rurais graças aos *zemstvos*. A política praticada por S. Witte aumentava a desgraça de um campesinato miserando, já endividado, que afluía às cidades industriais e que era aí objecto de terrível exploração antes de estalarem as greves selvagens. Para Lenine, por exemplo, a crise que melhor simbolizou a mutação em curso foi a greve nas fábricas Morozov, na província de Vladimir, em 1885. Lutando a indústria algodoeira com dificuldades, o proprietário esperava ultrapassá-las por meio do agravamento das multas, forma indirecta de reduzir os salários. Desencadeou-se então uma greve maciça, que a opinião pública aprovou, ao ponto de um júri ter absolvido os grevistas presos e levados a tribunal. Assim, pela segunda vez – depois da absolvição de Vera Zassulitch – um júri manifestava a sua independência; da primeira vez face às autoridades e, da segunda, face à abastança.

Foi claro o ensinamento político extraído de tais factos: contra o sistema e contra a «justiça» que o encarnava, existia uma união que Pedro Struve procurou estruturar. Não o conseguiu, mas pôs muitas coisas em movimento.

A ideia democrática prosseguiu assim espontaneamente e deu-se a aproximação entre os elementos liberais dos *zemstvos* – professores, médicos e agrónomos (*intelligentsia* rural) – e os elementos activos das cidades, consternados com a sorte dos operários. Foram idênticos os processos empregados por estes dois sectores: após a fome do ano de 1891, os primeiros esforçaram-se por reduzir a miséria dos camponeses e os segundos fizeram o mesmo em relação aos operários. A corrente populista dos campos encabeçada por Mikhailovski e militantes da *Terra e Liberdade* tais como C. Brechko-Brechkovskaia e V. Tchernov agruparam-se num partido socialista-revolucionário. Na mesma altura, a corrente urbana, afecta ao marxismo e animada pelo grupo *Libertação do Trabalho*, chefiado por Jorge Plekhanov e ao qual se associaram Vera Zassulitch, A. Axelrod, L. Martov, Lenine e Trotski, transformou-se no Partido Social Democrata. Por seu turno, a corrente liberal propriamente dita, a União da Libertação, organizou-se em Partido Constitucional Democrata (KD), sob a égide de Paulo Miliukov, Pedro Struve e Nicolau Berdiaev.

Assim, numa altura em que as condições da vida política russa se modificavam drasticamente, o czar anunciava, por seu turno, que em nada alteraria a ordem instituída pelos antepassados. Nesta altura, é claro que a política lhe era ainda estranha. E, depois da sagração, os seus interesses incidiram sobretudo nas relações mantidas com os tios, os verdadeiros coadjutores do Império. Tinha ainda de organizar a nova vida como imperador, marido e pai. Além disso, concentrava também a sua atenção nas relações com os países estrangeiros, nas quais funcionava um outro tipo de laços de parentesco.

Conflitos familiares

O desastre ocorrido durante as festas da coroação originou a primeira grande desavença familiar, no preciso instante em que o novo soberano acabava de ser entronizado. Opôs os três irmãos do grão-duque Sérgio, tio do czar, então governador de Moscovo – o qual, para minorar o efeito de uma catástrofe em que tinha responsabilidade pessoal, não queria alterar o programa dos festejos, a quatro outros grão-duques, os Mikhailovitch, filhos de Miguel – que mantinham com firmeza a opinião contrária. Por fim, cancelou-se a maioria das festividades que deveriam seguir-se, (excepto o grande baile na embaixada francesa, marcado para a noite da data da catástrofe), cancelamento que Guilherme II não deixou de reprovar com desprezo.

Na corte dos Romanov, eram frequentes os insultos e as disputas familiares. Os grão-duques tios do novo czar tinham sido sempre violentos e irrequietos, mas Alexandre III soubera contê-los. Porém, face ao jovem Nicolau II, o brando sobrinho de olhos de gazela, agiam sem constrangimento. Puderam assim trocar de esposas ou apoderar-se das mulheres que cobiçavam. Durante as semanas que se seguiram à coroação, o grão-duque Nicolau obteve o divórcio de Anastásia de Leuchtenberg; Miguel, irmão do anterior, roubou a mulher a um oficial do seu regimento; o tio Paulo assediou a futura condessa Palei; e o grão-duque Cirilo desposou a cunhada da czarina.

Na semana da coroação, quando o príncipe Iussupov, um dos Mikhailovitch, se achava à mesa com o pai, ouviram-se passos de cavalo numa sala contígua. De súbito, a porta abriu-se e surgiu um cavaleiro de porte imponente, o príncipe G. Wittgenstein, oficial da escolta de Nicolau II, homem sedutor por quem todas as mulheres da corte se apaixonavam. Tinha na mão um ramo de rosas, que arremessou aos pés da princesa. Depois saltou pela janela aberta e desapareceu.

Alexandra, puritana e austera, não suportava escândalos e estroinices desse género. Além disso, não se entendia de modo algum com Maria, a sogra, viúva de Alexandre III, sempre brilhante e mundana. Como Nicolau não tivesse ousado pedir-lhe as jóias inerentes à função imperial, a imperatriz-mãe conservara-as. Num outro caso, porém, Nicolau fez a vontade a Alexandra ao destituir os tios dos respectivos cargos por mais de uma vez; tendo um agudo sentimento de família, voltara a chamá-los, porém. Chocava-o apenas a ligação que a mãe mantinha com o ajudante-de-campo A. Bariatinski, sendo motivo de chacota no palácio certas cenas ocorridas entre eles. Fechava o rosto então, tal como sucedia quando alguém evocava o comportamento dos tios.

Os tios

Nicolau II tinha três tios-avôs ainda vivos, Constantino, Nicolau e Miguel. O primeiro retirara-se para a Crimeia onde vivia com uma bailarina, o segundo era inspector-geral de Cavalaria e o terceiro, pai de Sandro, presidia ao Conselho do Império e era inspector-geral da Artilharia.

Os quatro tios viviam bem mais perto de Nicolau. O mais velho, Vladmiro, era artista, mecenas da escola de bailado e futuro protector de Diaghilev. Matrimoniara-se com Maria Pavlovna de Macklemburgo e o casal dava as recepções mais faustosas de Petrogrado.

Alexis, mais pândego do que artista, apreciava grandemente a cozinha francesa. Gostava também das «mulherzinhas» parisienses, que convidava para restaurantes de luxo; neste capítulo, foi pioneiro na história francesa dos costumes pois, na época, só os homens assistiam a banquetes. Tinha também o cargo de grande-almirante da esquadra russa. Mas, em boa verdade, interessava-se mais pela história passada

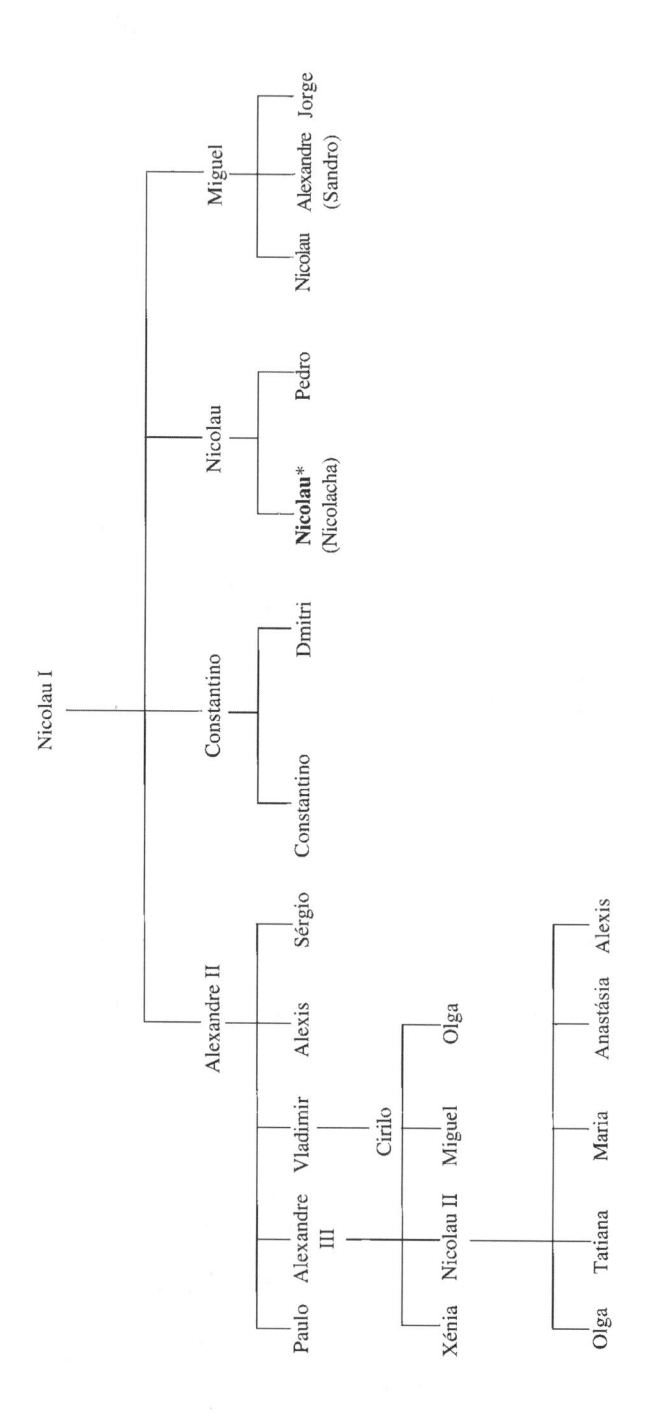

```
                                    Nicolau I
         ┌──────────────────────┬──────────────┬──────────────┐
      Alexandre II          Constantino      Nicolau         Miguel
   ┌────┬────┬────┐          ┌────┴────┐   ┌────┴────┐    ┌────┴────┐
 Paulo Alexandre Vladimir Alexis Sérgio Constantino Dmitri Nicolau* Pedro Nicolau Alexandre Jorge
        III                                        (Nicolacha)              (Sandro)
        │    │
        │   Cirilo
        │
   ┌────┴──────────┬───────┐
 Xénia  Nicolau II  Miguel  Olga
           │
   ┌───┬───┼───┬───────┬──────┐
  Olga Tatiana Maria Anastásia Alexis
```

* Nicolau, Grão-Duque e chefe dos exércitos

dessa frota do que pelo seu futuro. Demitiu-se após o afundamento dos vasos de guerra em Porto Artur.

Sérgio, outro dos tios de Nicolau, foi o mais dinâmico de todos. Governador de Moscovo, era o único dos irmãos a ocupar-se da política, empenhando-se em encontrar soluções para a crise do Estado. O seu papel administrativo foi assinalado pela tragédia ocorrida durante os festejos da coroação de Nicolau II e terminou com a sua participação na política de Plehve, cujos méritos ele elogiava ao czar. Tanto um como outro acabaram vítimas de atentados terroristas, em 1903 e em 1905.

Por fim, o tio Paulo era excelente dançarino e homem sedutor, ostentando sempre trajes incomparáveis: dólman verde-escuro com enfeites prateados, calças cor de framboesa cingidas às pernas e botas curtas dos hussardos de Grodno. Após a morte da primeira mulher, cometeu o duplo erro de casar com uma divorciada e de estirpe não nobre. Viu-se forçado a deixar a Rússia, regressando à pátria durante a guerra para comandar a Guarda na frente alemã. Nunca se ocupou de assuntos políticos, mas, na revolução de Fevereiro de 1917, foi o único que não abandonou a família imperial e que tentou salvar a dinastia.

Os primos de Nicolau, filhos dos tios-avós, faziam igualmente parte do círculo familiar do czar. Constantino e Dmitri eram filhos de Constantino. O primeiro, poeta nas horas vagas, interessava-se pela educação dos recrutas; o segundo apreciava sobretudo os cavalos. Havia depois os filhos do tio Nicolau: o grão-duque Nicolaievitch – Nicolacha para o imperador – e Pedro, o irmão tuberculoso. Nicolacha foi quem maior influência exerceu sobre o imperador. Encarnava a ordem militar, dirigiu os exércitos durante a Grande Guerra e dispunha de autoridade ímpar. Os outros membros da família invejavam-no e Alexandra odiava-o. Na maior parte das vezes sem fundamento, apontavam-no como estando por detrás de todas as desgraças que se abatiam sobre a dinastia. Responsabilizavam-no pelo *Manifesto de Outubro* de 1905 – muito embora se tivesse limitado a aconselhar ao imperador a sua promulgação para melhor colaborar com os eleitos pelo país – censurando-lhe mesmo as vitórias conseguidas em 1914. Após 1915, temendo que a popularidade de Nicolacha suplantasse a sua, e instigado por Alexandra, Nicolau II afastou-o do comando dos exércitos. Preso em 1917, o czar exprobrou-lhe o facto de se aliar aos comandantes militares que pediam a abdicação do czar, conquanto apenas tivesse emitido tal parecer uma vez consumado o facto.

O último ramo, constituído pelos Mikhailovitch, compreendia, em primeiro lugar, o grão-duque Nicolau (Mikhailovitch), o intelectual e erudito da família, conceituado historiador de Alexandre I, mais familiarizado com os doutos debates do Instituto de França do que com as intrigas da corte de Petersburgo. Adepto secreto do parlamentarismo ao estilo francês, a corte considerava-o iluminado, mas não perigoso.

Os irmãos, Sérgio e Jorge, não desempenhavam qualquer cargo particular, nem tão-pouco o filho de Miguel, Alexandre ou Sandro, amigo de infância de Nicolau II, cujas memórias, intituladas *Quando Fui Grão-Duque*, tratam a figura de Nicolau de uma forma calorosa. Ao jovem Nicolau, Sandro guardou intacto o seu afecto; ao czar, debalde procurou abrir-lhe os olhos para a evolução em curso nesse século. Não que Sandro perfilhasse as ideias do irmão mais velho, Nicolau, mas sim por desejar que a «família» não constituísse a suprema instância do imperador, levando-o a obedecer a usos e a regras familiares mais do que às imposições da política. De cada vez que Sandro intervinha, não era para Nicolau II um grão-duque como qualquer outro ou um amigo de sempre em quem depositava confiança, mas sim o miúdo com quem brincara em Ialta.

Para Nicolau II, a hierarquia familiar sobrepunha-se a tudo.

«Compreende, Sandro, durante três séculos os meus antepassados exigiram que os parentes seguissem a carreira das armas. Não posso quebrar tal tradição. Não permitirei nem a meus tios nem a meus primos que interfiram nos assuntos do governo».

A separação de poderes constituía outro princípio de Nicolau II. Dois incidentes revelam com clareza como isso lhe ditava a conduta.

Os tios eram homens poderosos e peremptórios e Nicolau II encarava-os sempre com temor; como irmãos do pai, obedecia-lhes, apesar de imperador. Os seus pareceres representavam ordens, ordens de «peso»: o almirante Alexis pesava quase cento e quinze quilos; o general Nicolau media um metro e noventa e cinco; Sérgio e Vladimiro tinham estaturas menos impressionante, mas eram igualmente exigentes e autoritários.

Sandro, o inseparável amigo de infância do czar e depois também marido de Xénia, irmã de Nicolau II, sonhava com a reforma da Marinha, considerando-a obsoleta. Mas o tio Alexis imperava sobre a esquadra.

— As reformas desagradar-lhe-ão – excusava-se Nicolau II.

— Mas tu és o czar e podes obrigá-lo. É teu dever para com o império.

— Dizes muito bem, Sandro, mas eu conheço o tio Alexis. Reagirá de maneira terrível. Toda a gente no palácio lhe ouvirá os gritos.

— Tanto melhor! Poderás assim destituí-lo.

— Destituir o tio Alexis?! Nem penses nisso! O favorito de meu pai?! Meus tios têm razão; pergunto a mim próprio se te não terás tornado socialista durante a estada na América...

E foi Sandro o destituído.

O diálogo teve lugar no início do reinado. Quinze anos mais tarde, porém, nada mudou. Agora, em 1911, o episódio diz respeito ao grão-duque Nicolau. O ministro da Guerra, Sukhomlinov, havia preparado um enorme *Kriegspiel* [jogo ou exercício de guerra] tal como fizera em 1902 o general Kuropatkine. Todos os comandantes distritais tinham sido convocados para o Palácio de Inverno, onde se efectuaria o «jogo de guerra» sob a presidência do imperador que, deliciado, iria distribuir os diversos cargos. Mas, meia hora antes de iniciar-se a sessão, o grão--duque Nicolau, que odiava Sukhomlinov, conversou com o czar e anularam-se os trabalhos. Os comandantes do Exército foram recebidos um por um para debaterem assuntos de rotina, retirando-se de seguida. O ministro da Guerra apresentou a demissão, mas o imperador recusou-lha.

Nicolau na vida quotidiana

Alexandre III gostava do palácio de Gatchina, mas a imperatriz, a graciosa e jovial Dagmar da Dinamarca, Maria Fedorovna pelo casamento, dava preferência a São Petersburgo e às suas festas. Ao palácio de Inverno, demasiado grande, preferia o palácio Anitchkov, mais pequeno e localizado ao fundo da Avenida Nevski. Nicolau II nele se instalou nos primeiros tempos do reinado. Todavia, na opinião da czarina Alexandra, Maria Fedorovna continuava a reinar. Assim, mais tarde, o casal optou por Perterhof, ou Tsarskoie Selo, onde podia viver à vontade, perto do campo, ao estilo russo. Nicolau levantava-se entre as sete e as oito horas, sem fazer barulho para não acordar Alexandra. Orava, mergulhando em seguida num dos lagos. Por volta das oito e meia tomava o pequeno-almoço e bebia um chá com a imperatriz. Depois recebia o ajudante-de-campo de serviço e o primeiro marechal da corte, o conde Beckendorff, que o punha ao corrente do cerimonial do dia. Conferenciava então com o comandante do palácio – sucessivamente Trepov, Deduline e Voiekov – a pessoa em contacto mais directo com o imperador, visto ser responsável pela sua segurança. Por fim, recebia os ministros até às onze e meia. Após breve passeio na companhia dos cães escoceses, partilhava com a escolta o rancho habitual: *chtchi* ou *borchtch*, *kacha* e *kvass*. Depois regressava ao palácio para uma segunda série de recepções e almoçava no salão de pau-santo.

Era Alexandra quem organizava a ementa de véspera, destinando cada acepipe «a uma travessa», ou seja, para dez comensais, a fim de o czar ou a czarina poderem convidar quem quisessem sem necessidade de aviso aos cozinheiros. Cada refeição compunha-se de quatro pratos; ao jantar era cinco, além das entradas. Só para ele, como entrada, Nicolau encomendava frequentemente leitão com rábano. Abdicara do prato favorito, caviar fresco, por lhe provocar indigestão. Bebia sobretudo vinho do Porto.

Após o almoço, recebia ou trabalhava até às três e meia, passeando depois até à hora do chá, às cinco e meia em ponto. Aproveitava para ler jornais russos de todas as tendências, enquanto a imperatriz consultava a imprensa inglesa. Das seis às nove, repetiam-se as audiências. O jantar decorria sempre com aparato. Após a refeição, recebia o primeiro-ministro e o comandante do palácio. A fechar o dia, dava um passeio de trenó. Os postos de vigilância funcionavam a partir das nove horas. Um escudeiro seguia atrás da viatura puxada por dois cavalos e acompanhavam-na outros veículos. Nicolau usava então o gorro do regimento dos Archeiros Imperiais enfeitado com uma cruz. De regresso às onze horas, Suas Majestades tomavam o chá e Nicolau lia então para a família. Adorava esses momentos e era profundo conhecedor da literatura russa. Lia *Cadernos de um Caçador* de Turgueniev ou *Pedro* de Marojkovski. Quando as filhas tinham já oito ou nove anos, lia-lhes com a mesma facilidade em francês *O Burguês Gentil-Homem* ou *Tartarin de Tarascon*.

À meia-noite, um guarda postava-se diante da fachada; era proibido falar ou espirrar para que o sono dos soberanos não fosse perturbado. Antes de ir para a cama, Nicolau punha em dia o *Diário*.

Excepto quando caçava, Nicolau ocupava-se, pois, dos assuntos do Estado, incluindo a leitura dos jornais, durante duas a três horas diárias. Mas, ao certo, que saberia ele desses assuntos?

«Vivendo confinados a Tsarskoie Selo, a pequena «aldeia do czar», situada a alguns quilómetros de São Petersburgo – escreve o conde Polovtsev – só chegam até eles pedaços dispersos daquilo que se passa no país. Em nenhuma matéria, seja ela qual for, há uma política conduzida por uma ideia orientadora ou racional. Tudo decorre sem nexo, fortuitamente, induzido por intervenções pessoais ou no seguimento de intrigas. O jovem czar despreza cada vez mais os órgãos do governo e principia a crer que a autocracia tem vantagens. Exerce o poder absoluto de maneira esporádica, sem debate prévio e sem atender ao conjunto dos problemas que afligem o país.»

Tudo depende das ideias da imperatriz, das grã-duquesas e de todos os «intriguistas» que pululam na corte. Quando se consulta o *Tabel o rangakh* (o «quadro das categorias») do ano de 1900, contam-se mais de quarenta grão-duques e grã-duquesas, sem esquecer as centenas de altas individualidades que fazem parte da casa do imperador e da casa de imperatriz. O seu inventário consta do *Pamiatnaiak-niga*, uma espécie de *Who's Who* da corte imperial, publicado todos os anos e aguardado com impaciência e curiosidade. Essa minúscula obra de setecentas e oitenta a oitocentas páginas, em papel bíblia e encadernada a relevo de ouro, fornece também o calendário das festas, das recepções e dos aniversários, assim como normas gerais de etiqueta. Essa jóia do sector editorial russo, com uma qualidade de impressão jamais igualada, constituía, como é óbvio, o livro predilecto da corte imperial.

Em todas as bocas só se ouve que a salvação reside na autocracia. «São de recear grandes desastres» – conclui o conde Polovtsev.

O segredo de Alexandra

«Causa surpresa a extraordinária timidez da imperatriz. Mas tem uma inteligência masculina» – comentava o secretário de Estado Taneiev, pai de Ana Virubova, dama de companhia e amiga fiel de Alexandra até à morte. Acima de tudo, a czarina era mãe e assinava documentos e relatórios tendo ao colo a primeira filha, Olga Nicolaievna; seguiram-se-lhe Tatiana, Maria e Anastásia.

Certo dia, durante a leitura de um relatório, ouviu-se de repente um som estranho.

— Que pássaro será este? – inquiriu Ana Virubova.

— É o imperador a chamar-me – respondeu a czarina corando violentamente e desaparecendo.

«Nesse primeiro Inverno – confidencia Ana Virubova – liguei-me aos poucos a ela, pois éramos ambas igualmente tímidas. Acabávamos por rir pelo facto de corarmos daquela maneira. Um dia disse-me sorrindo: *"Sunny, Pequeno Sol"*, é assim que o imperador me chama.»

A vida na corte era então jovial e despreocupada. No primeiro Inverno passado na Rússia, Alexandra assistiu a trinta e dois bailes, sem contar com outros divertimentos. Em 1903, a imperatriz encontrava-se de novo grávida. Seria finalmente um rapaz?

Diz Ana Virubova:

«O herdeiro nasceu no Verão. Que alegria, apesar de todo o peso da guerra que nessa altura se iniciara! O imperador estava disposto a fazer o que quer que fosse em homenagem a esse dia tão precioso. Mas logo de começo o imperador e a imperatriz se aperceberam de que o *czarevitch* herdara a hemofilia, doença de que padeciam muitos membros da família da czarina. Este mal não se manifesta nas mulheres, podendo no entanto transmitir-se aos descendentes do sexo masculino.

«Principiou então um longo martírio. Ressentiu-se disso a saúde da imperatriz e data dessa época a sua doença de coração. O tio da czarina, filho da rainha Vitória, era hemofílico, um dos seus filhos morreu assim ainda jovem e todos os filhos da irmã, a princesa de Hesse, sofriam de hemofilia.

«O czar e a imperatriz guardaram segredo do padecimento do herdeiro e só os mais íntimos o conheciam. Doente, atingida pelo sofrimento moral e sentindo-se culpada, a czarina tornou-se fria. Conservou tal reputação mesmo depois de ser conhecida a sua dor. Sabia desse facto, o que a amargurava. Certo dia, abrindo o coração, disse-me: «Eles não me estimam. Mas que fiz eu? Apenas um casamento por amor, aliado à esperança de que a felicidade de ambos facilitasse o contacto com os nossos súbditos».

«Alexandra sabia ser necessário restabelecer tal contacto. Mas, à semelhança do marido, também ela atribuía aos intelectuais a responsabilidade desse divórcio. Ao príncipe Mirkski, ministro do Interior, que, no início do reinado, lhe afirmara que «todos na Rússia estavam contra a ordem vigente», Alexandra respondera: «Os intelectuais, sim, esses estão contra o czar e contra o seu governo. Mas o povo sempre esteve e estará a favor dele».

Alexandra convencia-se disso, pois a culpa perturbadora que sentia induzia-a a fazê-lo. Era alemã, mas pretendia ser tão russa como o czar; fora protestante e convertera-se à ortodoxia para desposá-lo; como mãe, gerara quatro filhas antes de lhe dar um herdeiro, herdeiro esse que logo à nascença soubera condenado por herdar o seu próprio sangue.

Refugiou-se então no cerimonial e no misticismo; também o czar se sentia à vontade em tal atmosfera. Nunca a *saison* em São Petersburgo foi tão prestigiosa como no início do seu reinado e nunca também, como contraponto a um escol ateu, a corte se mostrou tão distante, tão preocupada com Deus.

Quando a doença de Alexis se revelou incurável, Alexandra adoeceu também. De saúde frágil, uma ciática e a gestações sucessivas aumentaram-lhe a debilidade. Tinha vertigens e consumia-se de ansiedade constante em relação ao filho. Além disso, tendo-se tornado neurasténica, apenas a fé e o sentido do dever contavam para ela. Detestava a obrigação de ter de aparecer em público. Desgostoso e irritado, Nicolau II escrevia à mãe: «Ela passa a maior parte do tempo metida na cama. Vive reclusa, não assiste às refeições e fica à janela a olhar para fora durante horas a fio». Minava-a o segredo, aquele segredo terrível – era preciso esconder do povo a todo o custo que o czar não dispunha de um autêntico sucessor. Assim, a mentira e o silêncio afastavam ainda mais do povo o czar e a czarina.

Os cruzeiros no *Standart* constituíam então uma válvula de escape, tal como o eram as estadas em Livadia. O clima maravilhoso da Crimeia, o perfume das flores e dos frutos e o colorido da paisagem contribuíam bastante para isso. A região conservara intacta a sua beleza, pois tanto Alexandre III como Nicolau II tinham proibido que se construíssem caminhos-de-ferro e outros modernismos que deteriorariam o ambiente.

Nicolau mandara edificar aí um palácio de cantaria e mármore, cintilante no meio do arvoredo, e por nada do mundo deixaria de passar nele as festas da Páscoa em conjunto com a mulher e os filhos.

Todos os anos, concluído o serviço religioso, principiavam os festejos. Consumia-se a *paskha* e depois o *koulitch*, o bolo redondo coroado com os símbolos X. V. (*Xristos Voskresse*), «Cristo ressuscitou». O czar e a czarina davam a todos os convidados o beijo triplo ritual, que significava bênção, boas vindas e felicidade. Depois, de acordo, com uma tradição datando da época de Alexandre III, Pierre Carl Fabergé, o célebre joalheiro dos Romanov, apresentava duas das suas criações, uma destinada à czarina e outra à imperatriz-mãe, dois ovos incrustados de diamante e de outras pedras preciosas; entre 1884 e o fim do regime, foram concebidas cinquenta e seis jóias desse género.

Uma saison *em São Petersburgo*

Durante os anos felizes, a *saison* abria com a venda de caridade organizada pela grã-duquesa Maria Pavlovna, viúva do grão-duque Vladimir. Realizava-se no salão nobre, prolongando-se por quatro dias. Seguia-se-lhe a temporada dos bailes. Entre o Natal e a Quaresma, estes sucediam-se em contínuo. As raparigas solteiras e as jovens casadas distinguiam-se por raramente assistirem aos mesmos bailes e por não serem acompanhadas pelos mesmos cavalheiros.

Para as jovens solteiras, organizava-se o Baile Branco. Os estrangeiros não eram convidados e um número considerável de «paus de cabeleira» permanecia de vigilância sem participar, zelando para que as jovens não dançassem mais de duas vezes com o mesmo parceiro. Antes de principiarem a dança, os homens tinham de fazer uma vénia a essas senhoras idosas e, se acaso não fossem conhecidas, impunha-se a prévia apresentação formal. Todas elas usavam vestidos de cetim preto, cinzento ou violeta, *écharpes* de pele sobre os ombros, pérolas magníficas e cabelos repuxados e lisos. Os Bailes Brancos tinham a vantagem de nenhuma rapariga ficar sem par, pois o mestre de cerimónia procedia de modo a que tal não sucedesse.

Nos Bailes Brancos não se tocavam valsas e o *two-step* era tido como pouco sofisticado. Nicolau II proibira os oficiais uniformizados de dançarem o tango ou o *one-step*. Durante a maior parte do tempo, dançavam-se quadrilhas, em que o mestre de sala fazia ouvir as suas ordens: «Avançar, recuar, dar as mãos, formar em círculo, etc». Iniciando-se segundo as regras prescritas, as quadrilhas terminavam a ritmo alucinante e desenfreado.

Dançava-se depois o cotilhão, o grande momento do baile, objecto de negociações intermináveis para a escolha de pares, conduzidas pelo mestre de cerimónias. As figuras pouco difeririam das da quadrilha, mas havia oferta de flores, de presentes, de balões de cores variadas, de rosetas de fitas e de campainhas. Preparavam-se sebes de rosas, os bailarinos procuravam agarrar as mãos das parceiras ocultas sob ramos de junquilhos e de cravos expressamente trazidos do sul de França por caminho de ferro, tal como testemunha Buchanan.

Por fim, os dançarinos ceavam na companhia dos respectivos parceiros. As mesas de tamanho reduzido era sempre bem mais alegres do que as grandes mesas ocupadas pelas matronas acompanhantes.

Nos bailes de outros géneros, as coisas passavam-se de modo menos convencional. A orquestra executava *one-steps* e, por vezes, os músicos ciganos de Gulesco mudavam por completo o ambiente e bailava-se até de manhã.

Como os bailes cessassem no início da Quaresma, a semana do Carnaval consagrava-se a este divertimento. As festas atingiam o auge no domingo, pois o jejum principiava à meia-noite. Nesse dia de loucura, assistia-se à passagem dos foliões de uma a outra festa, de baile em baile, folia entremeada de passeios de trenó e de corridas de tobogã. Vida cansativa, por certo, de que as pessoas se recompunham com pratos de *zakouski*. Comiam-se cogumelos crus com molho, salsichas quentes temperadas com vinho, três tipos de caviar, pequenos pepinos salgados, *borchtch* fumegante ou *chtchi*, a sopa de couve. Entre cada prato, serviam-se pequenos copos de vodca e *papirossi* amarelos que se fumavam rapidamente.

A jovem Muriel, filha do embaixador britânico, queixava-se, rindo, de toda essa pompa, desse protocolo, suspirando segundo dizia por uma refeição ao canto da lareira. «Sois insensata – admoestara-a o embaixador de França – Nem imaginais quantas pessoas vos invejam! Um dia, tereis saudades de tudo isto. Quem pode dizer quanto tempo durará ainda? Quem sabe se um grande tumulto não acabará, um dia, por destruir tudo isto? Talvez em breve estes cossacos cheios de galões e estes túnicas escarlates nada mais sejam do que simples recordação do luxo que com eles morreu».

A grande família de Nicolau

Príncipes coroados faziam parte da família de Nicolau II. Primo direito de Willy – Guilherme II – Nicolau casara-se com a neta da rainha Vitória. Aliás, os Romanov, os Hohenzollern e os Hesse-Hanover, ingleses ou alemães, eram muito ligados e reuniam-se com frequência por ocasião de festas e de casamentos na corte do rei da Dinamarca, Cristiano IX, que até certo ponto desempenhava o papel de chefe da família. A filha deste último desposara Alexandre III, sendo, portanto, avô de Nicolau II. Uma outra filha casara com o futuro Eduardo VII de Inglaterra, uma terceira com o príncipe de Hanover e o filho fora escolhido para rei da Grécia. Por vezes, as disputas familiares estavam na origem dos conflitos entre Estados, mas tais «alianças» facilitavam também as relações entre eles.

Nicolau II procurava evitar esse tipo de ingerência, fazendo disso ponto de honra. No entanto, apreciava a companhia dos príncipes que se reuniam em Copenhaga durante o Verão. Os laços entre gerações, estabelecidos no decurso da infância e renovados nesses encontros, deixavam as suas marcas apesar das vicissitudes da política. Não foi por acaso que, por diversas vezes, a corte da Dinamarca serviu de medianeira em conflitos entre a Inglaterra, a Alemanha e a Rússia. Também não foi por acaso que Guilherme II e Jorge (filho de Eduardo VII e futuro Jorge V) se mostraram mais sensíveis do que outros ao destino de Nicolau, da mulher e dos filhos.

Na sombra da História, tramou-se assim uma História paralela que por vezes interferia na primeira, sem que esta o desejasse e admitisse; isso sucedeu por duas vezes pelo menos, em 1905 e em 1918. Guilherme II procurava conferir legitimidade política às relações familiares exaltando a Nicolau a ideia de que os laços existentes entre as duas dinastias faziam parte da lógica das alianças; a aliança franco-russa, a de uma república com uma monarquia, era *contra natura*. Desenvolvia tal ideia numa carta datada de 25 de Outubro de 1895:

> «Não são as boas relações ou a amizade entre a Rússia e a França que constituem um facto desagradável – o soberano é o único guardião dos interesses do país e conduz a política de conformidade com eles. Não se trata disso, mas sim do perigo que ameaça o nosso princípio monárquico. A constante presença de cabeças coroadas, de grão-duques e de generais em grande uniforme em paradas militares, jantares e viagens leva os republicanos a convencerem-se de que são criaturas inteiramente nobres e respeitáveis, autorizadas a tratar de igual para igual os príncipes, quando, afinal, devemos encará-los como pessoas que é necessário fuzilar ou enforcar. Vê o que é França desde que se tornou republicana! Não tem vivido sempre de luta em luta sangrenta? Dou-te a minha palavra, Nicky, que a maldição divina passará sobre esse povo através dos séculos. Vê tu o que me contaram: num salão parisiense, pediram a um general russo que respondesse à seguinte pergunta: "Derrotará a Rússia o exército alemão?" O general respondeu: "Seremos certamente esmagados, mas que importa se tivermos no país a República?" São estes os meus receios em relação a ti, meu caro Nicky».

A correspondência entre Guilherme II e Nicolau II, publicada em 1924, cobre toda a primeira parte do reinado deste último (1985-1908) e mostra que as sugestões partiam sempre do primeiro; o jovem Nicolau, mais novo do que ele, respondia pouco e mal. Guilherme irritava-se e, sem o mínimo tacto, enviava sempre cumprimentos a Alexandra, uma maneira de fazer lembrar os seus bons ofícios para levá-la ao casamento com Nicolau. Este conhecia bem os propósitos ocultos do primo: desligá-lo da aliança francesa. Desagradava-lhe a atitude de conselheiro assumida por Guilherme, a quem, ironizando, Alexandre III chamava «o dervixe», devido à sua maneira de trajar sempre exagerada e algo ridícula.

O urso e a baleia

«Houve dois imbecis na História: Jan Sobieski, rei da Polónia e meu avô Nicolau I, por ambos terem salvo a Casa de Áustria» – costumava dizer Alexandre III. Aludia à vitória do primeiro quando os Turcos haviam posto cerco a Viena, em 1683, e à intervenção dos Russos, em 1848, a favor de Francisco José, para castigar os Húngaros revoltados que reivindicavam a independência.

Quando Nicolau II se tornou czar em 1894, a Casa de Áustria continuava a ser um inimigo encarado com rancor e desprezo. Não fora esquecida a «grande ingratidão» da Áustria durante a Guerra da Crimeia: em vez de retribuir o gesto a Nicolau que o ajudara em 1848, Francisco José mantivera-se neutro e benévolo para com os inimigos da Rússia – os Ingleses, os Franceses e os Franco-Turcos. Aquando das crises nos Balcãs entre os anos de 1878 e 1887, o czar encontrara sempre os Habsburgo no campo adverso.

Um outro vizinho suspeito e desprezado era o príncipe de Coburgo da Bulgária. A pretexto de dever à Rússia a sua independência, mostrava-se susceptível, sobranceiro e mesmo ofensivo para com os Romanov, suspeitos de quererem dominá-lo. Em 1895, paradoxalmente, a Rússia não mantinha relações diplomáticas com o país que a ela devia a existência.

Os Habsburgo e os Coburgo não participavam nas festas de família em Darmstadt ou em Copenhaga. Em contrapartida, os parentes ingleses nunca faltavam, o mesmo acontecendo aos russos, não obstante os czares e respectivas famílias considerarem como principal inimigo a Inglaterra. Para a Albion, a Rússia era o «imenso glaciar que desce em direcção às Índias». «As Índias serão nossas um dia» – escreveu Nicolau ao pai aquando da viagem pelo Extremo Oriente. Alexandre III anotou na carta o seguinte comentário: «Pensar sempre nisso, mas não dizê-lo nunca». Aliás, os Russos mantinham-se em conflito com a Inglaterra de extremo a extremo da Ásia, pelo domínio dos Estreitos, da Pérsia, do Afeganistão e do Tibete.

Existia entre os dois países uma espécie de rivalidade, uma emulação entre *o urso e a baleia*, pertencendo a um a terra e ao outro os mares. Quando os príncipes e os oficiais das duas nações se encontravam, quer no iate de Guilherme II, quer em Hanover, não perdiam o ensejo de se desafiarem. Certa vez, verificou-se mesmo um combate verbal quando, após ter correspondido a uma vintena de brindes, um dos campeões de Sua Majestade britânica, o duque More-Molyneux, defendeu a causa da rainha Vitória perante os hussardos da Guarda. Os Alemães foram eliminados dessa contenda ao restringirem o número de brindes aos participantes no banquete, enquanto os Russos continuaram a beber à saúde de todos os príncipes, de todos os regimentos, etc., etc. Apenas o duque More-Molyneux «aguentara», não sendo eliminado pelos Russos.

Em resumo, os Ingleses eram encarados com respeito.

O rancor contra Willy

Os Romanov respeitavam também os Alemães, mas tinham um tradicional sentimento de desconfiança relativamente a Berlim, não explicável apenas pela atitude protectora que Guilherme II adoptava nas relações com Nicolau II. A mãe deste último, de origem dinamarquesa, odiava os Prussianos, que se haviam apoderado do Sleswig-Holstein em 1864, ano do seu casamento. Alexandre III censurava sobretudo os Alemães por terem organizado a Conferência de Berlim um pouco nas suas costas, a fim de solucionarem o problema búlgaro. Desde a época da aliança dos «três imperadores» que o czar se sentia preso numa armadilha, pois ficara manietado nas relações com a Áustria-Hungria. Bismarck aceitara concluir um tratado de segurança apenas com a Rússia, o que implicava que a Alemanha cessaria o apoio aos ardores anti-russos dos Austríacos. Mas esse tratado não fora renovado após a partida de Bismarck em 1890. Deixara assim de haver confiança entre Berlim e São Petersburgo.

Era tal o relativo isolamento da Rússia em 1894 que o czar Alexandre III dizia ao fazer um brinde a Nicolau do Montenegro*: «Vós sois o meu único amigo verdadeiro». O que era quase verdade.

De facto, a aliança com a França saía do quadro das relações dinásticas e quando, em 1891, Alexandre III se associara à república francesa não deixara de suscitar protestos. Mas tal aliança correspondia a uma necessidade da parte dos Russos: em primeiro lugar a da ajuda financeira da França, na qual toda a gente falava, e depois a conveniência de o país se não cingir aos sistemas de aliança concluídos em Berlim e em Viena e de dispor de equilíbrio marítimo face à Inglaterra. Por fim – *last but not least* – o motivo a que os Franceses jamais aludiam: a Rússia temia que a expansão do império germânico provocasse o desaparecimento da França como nação; era necessário protegê-la, portanto. Protegê-la, sobretudo, *do seu próprio desejo de vingança totalmente suicida*. Residia nisso um dos segredos russos da aliança franco-russa e da ideia que Nicolau II dela tinha. Mas tais objectivos não se desvendaram todos simultaneamente.

Quando o autocrata priva com a prostituta

A seguir à viagem de Nicolau II a França, a Europa ridiculariza... a França. Caricaturistas vienenses, alemães e italianos a isso se entregam, deliciados. O *Jugend*, jornal satírico de Munique, representa madame Prudence, a velha governanta, aconselhando moderação a

---

* O Montenegro manteve-se aliado da Rússia até à guerra de 1914. Em 1918, tornou-se parte integrante da Jugoslávia.

mademoiselle France, mas a insensata não lhe dá ouvidos: salta ao pescoço do czar cossaco, mostra as pernas e exibe todos os seus atavios. Ou então o Galo francês, empoleirado sobre o Urso russo, desafia a Raposa prussiana que lança olhares gulosos à presa que lhe escapa. *Asino*, jornal satírico de Turim, revela-se cruel: uma pesada coroa, encimada por cabeças de mortos, esmaga os Russos deportados para a Sibéria; estes enviam aos Franceses uma lembrança simbólica dos seus sentimentos republicanos. «É o mundo de pernas para o ar – comentam os Vienenses – Dantes, Marianne* domava os animais; hoje, é o urso russo que a leva à trela». Um *sans-culotte* pergunta: «Qual a diferença entre o vosso império e a nossa república?» E o mujique responde: «Vocês civilizam o mundo com o machado e nós com a corda».

Mas a sátira mais mordaz provém do *Der Floh*: Marianne é aí representada como mulher frívola. No restaurante, induz o czar a beber. Olhando a cadeira vazia onde este se sentou, o criado explica, numa alusão aos pedidos de empréstimo russos: «O cavalheiro saiu, deixando-lhe a conta para pagar». Prostituta desvanecida face ao seu príncipe encantado, não é a imagem do czar que sai manchada, mas sim a da República. Nicolau II, pelo contrário, surge como cavalheiro, como czar protector, enquanto Félix Faure faz de criado e de homem débil, disposto a tudo para seduzir.

Mais tarde, o acolhimento de Berlim não se revelará tão entusiástico. Mas nem por isso o czar deixa de pensar que, decididamente, o seu povo não sabe a sorte que tem em possuir tal soberano.

Nicolau II foi o seu próprio ministro dos Negócios Estrangeiros e a reserva e o mutismo natural por ele mantidos garantiram certo secretismo aos projectos que tinha em mente. Conquanto os não explicasse, é possível deduzir alguns objectivos, muito embora os envolvesse numa bruma cuja razão de ser se não percebe de imediato.

Nicolau II desejava a aliança francesa, mas esta, antes de servir de ajuda ao desenvolvimento económico do país – «A França é o cofre», dizia muitas vezes o czar –, deveria sobretudo neutralizar a Inglaterra no momento em que a Rússia realizasse o seu «grande desígnio» na Ásia e no Pacífico. Este esquema esboçou-se em 1897, aquando da visita de Francisco José, de Guilherme II e de Félix Faure a São Petersburgo.

O grande desígnio

A Félix Faure, acolhido pelos Russos ao som da *Marselhesa*, Nicolau II reafirmou que a aliança militar com a França tinha apenas objectivos pacíficos; não aludiu à vingança francesa nem à Alsácia-Lorena. Ainda

---

* Designação familiar da República Francesa (N. R.)

que a isso a aliança se cingisse, os Russos calculavam que a França, no fim de contas, tiraria proveito dela pois tinha pelo menos a segurança garantida, existindo uma ameaça concreta de que ela não suspeitava sem dúvida. Mas Nicolau II não queria entrar em conflito com Guilherme II.

O propósito da aliança francesa tornou-se mais óbvio quando o czar encetou negociações com Francisco José. Dir-se-ia não ser possível qualquer acordo. No entanto, como a política de Alexandre II e de Alexandre III, seu pai, apenas trouxera desgostos nos Balcãs, Nicolau II propôs a Francisco José eliminar o contencioso existente entre ambos. Este aceitou, decisão essencial à garantia da paz na zona por mais de dez anos.

A Inglaterra achava-se mais bem colocada que outros países, nomeadamente a França, que se debatia em plena crise nacionalista, para apreciar o significado implícito da acção de Nicolau II. A vontade russa de pacificar as relações franco-alemãs e de derreter o gelo do litígio austro-russo não significaria que o czar desejava manter a tranquilidade na Europa para ter liberdade de agir em outros pontos do globo? Contra os Turcos ou no Extremo Oriente? Fosse como fosse, isso preocupava a Inglaterra.

Dois acontecimentos revelaram claramente aos Ingleses para onde a Rússia dirigia o seu interesse:

1. A diplomacia czarista funcionou como mediadora no conflito greco-turco, intervindo na arbitragem, aliás favorável à Grécia (que anexou Creta), mas travando-lhe as ambições. Assim, os objectivos do czar não visavam esse alvo, onde seria imediata a réplica britânica.

2. Visavam, pelo contrário, o Extremo Oriente. Em Fevereiro de 1898, o czar lançou um gigantesco programa naval de noventa milhões de rublos, destinados quase por inteiro ao Mar Báltico e ao Mar Branco ou ao Pacífico, mas não ao Mar Negro. Como é natural, Guilherme II ficou preocupado, esboçando uma aproximação à Inglaterra. Mas, em boa verdade, o destino último de parte da frota russa era o Extremo Oriente.

Nicolau II, promotor da conferência de Haia para a paz mundial

A grande aspiração de Nicolau II era o desarmamento e a paz mundial. Impressionara-o bastante a leitura do livro de I. Bloch, *A Guerra do Futuro* (1898), que previa os desastres resultantes de um conflito generalizado: ruína do comércio marítimo, impossibilidade de a Rússia exportar trigo, etc. Os ministros do czar, Witte nomeadamente, tinham bons motivos para encorajá-lo nesse sentido: em 1898, a Rússia apoderara-se de Porto Artur e sentia-se portanto satisfeita; e, do lado da Europa, consolidara a aliança franco-russa. Esta não tinha por objectivo, ao contrário do que os Franceses supunham, ajudá-los a recuperar a Alsácia-Lorena, mas sim neutralizar-lhes as aspirações de desforra e garanti-los contra uma eventual agressão alemã. A sua principal finalidade era assim impedir uma nova guerra.

Deste modo, a Rússia poderia agir no Extremo Oriente como lhe aprouvesse, subentendendo-se que, para Nicolau II, invadir a China ou «*desafiar os Japoneses não era fazer guerra*», assim como também o não era combater no Afeganistão. Recearia também o czar que os Estados Unidos, vencedores da Espanha em Cuba, se interessassem cada vez mais pelo Extremo Oriente, aliando-se aí aos Ingleses e até mesmo aos Japoneses para impedir a Rússia de cumprir a sua «missão» nesse ponto do globo? Tal hipótese conteve a diplomacia czarista; esta militou assim a favor do desarmamento geral e do corte das despesas de guerra, conquanto a dívida russa tivesse baixado de duzentos e cinquenta e oito para cento e cinquenta e oito milhões de rublos entre 1897 e 1900 (segundo Oldenburg).

São verdadeiras todas estas razões. No entanto, a mais importante de todas elas é o facto de o czar ter sido uma pessoa pacífica por natureza – pelo menos nas suas relações com as potências europeias. Acreditava ter uma missão a cumprir na Ásia, desejava a paz nos outros pontos do planeta e os seus interesses, se fossem bem compreendidos e bem cumpridos, coincidiam assim com os seus ideais. A expansão para a China ou para outras zonas asiáticas não era uma guerra, mas sim uma cruzada, a cruzada da civilização. E para realizá-la teria de ter paz a Ocidente.

A *Nota* de 16-28 de Agosto de 1898 teve o cunho pessoal do czar. Foi endereçada às outras potências e redigida por sua iniciativa, seguindo-lhe a feitura com cuidados de pai extremoso. Constituía um apelo ao desarmamento. O acolhimento que lhe deram foi, porém, unanimemente negativo.

Em França, viu-se na *Nota* o dedo de Guilherme II, que assim lhe bloquearia os esforços de recuperação militar levados a cabo durante trinta anos. Na Alemanha, em contrapartida, Guilherme II farejou um golpe destinado a travar a subida irresistível do poderio militar do *Reich*, rindo-se de Nicolau por não conseguir acompanhar a corrida aos armamentos. É certo que a Inglaterra aprovou o documento, acrescentando, porém, que as propostas não diriam respeito à *Home Fleet*.

Assim, apenas a Itália e o império Austro-Húngaro responderam positivamente à iniciativa de Nicolau II.

Os generais Muraviev e Kuropatkine, incumbidos das negociações, se bem que garantissem não se tratar de desarmamento e sim da futura limitação de armas, nada conseguiram; o projecto nascia assim já morto. Sabia-se também sem margem para dúvidas que, se a França não recuperasse a Alsácia-Lorena, a paz e o desarmamento eram impossíveis vindos desse quadrante.

Germinou então em São Petersburgo a ideia dessa retrocessão. Em troca, a Rússia proporia a Guilherme II criar a Grande Alemanha (ou seja, incluir a Áustria no *Reich*), procedendo ao desmembramento da monarquia austro-húngara; de uma cajadada matar-se-iam assim dois coelhos. Esse serviço prestado a Guilherme II valia bem que lhe fosse dada a gorjeta do Bósforo e, naturalmente, carta branca no Extremo Oriente.

A Conferência de Haia proposta pelo czar pôs fim a tais sonhos insensatos. Realizou-se apesar disso, mas apenas como pró-forma. Seja como for, tomaram-se algumas decisões tendentes a minimizar o mais possível a crueldade da guerra futura, que todos sabiam inelutável. No encontro denominado Primeira Conferência Para a Paz, em que se reuniram mais de trinta países – os Estados Unidos, a China, o México e todas as nações europeias – os diversos governos fizeram várias promessas solenes: não utilizar gases asfixiantes – dos quais se não abstiveram em 1915 os Ingleses, os Franceses e os Alemães – não empregar o obus de gás, o que os exércitos dos países em questão não deixaram de fazer em 1916, e não usar também balas explosivas, as denominadas balas *dum--dum*, de que os Italianos se serviram na Etiópia em 1934.

Em boa verdade, «a grande ideia do reinado» não interessava a ninguém, principalmente à opinião pública, hostil, por princípio, sobretudo na Rússia, a tudo quanto emanasse de um soberano autocrata.

A grande ideia do reinado: Nicolau, almirante do Pacífico

A política «de paz» de Nicolau tinha assim por objectivo deixar-lhe as mãos livres no Extremo Oriente, onde sabia que a sua actuação seria encorajada por Guilherme II.

No seu diário, o general Kuropatkine, ministro da Guerra e depois generalíssimo, alude aos sonhos que Nicolau II alimentava na época: apoderar-se da Manchúria, da Coreia e do Tibete; depois, da Pérsia, do Bósforo e dos Dardanelos. «Ele crê que os ministros, Witte nomeadamente, tenham motivos pessoais para impedi-lo de concretizar os seus sonhos», sonhos que identifica com a «vocação da Santa Rússia». Nicolau julga estar certo e entender melhor do que os ministros as questões da glória e da prosperidade do país. «É por isso que o imperador tem a impressão de que qualquer Bezobrazov* que com ele cante em uníssono lhe capta melhor os objectivos do que nós próprios. Por isso lida connosco com astúcia. Mas fortaleceu-se-lhe o espírito e a experiência e, em minha opinião, apesar da sua desconfiança inata, dentro em breve deitará as garras de fora e impor-nos-á directamente a sua vontade».

A vontade do czar seria ver realizado o sonho de, antes de entrar na qualidade de vencedor em Constantinopla – a segunda Roma, a que só se referia como Tsargrad – tornar-se almirante do Pacífico.

---

* A. Bezobrazov, homem de negócios chegado a Nicolau II, adepto da expansão russa no Extremo Oriente.

Formou-se então um grupo em redor do czar constituído pelo grão--duque Alexandre Mikhailovitch, Bezobrazov, o contra-almirante Abaza e o almirante Alekseiev. Plehve, que seria depois ministro do Interior, aprovava estes projectos; face ao mal-estar interno e ao ambiente revolucionário que principiava a fazer-se sentir, afirmava que, para pôr-lhes fim, nada melhor do que uma «guerrazinha vitoriosa».

Aquando da coroação de Nicolau II, Li Xun Chan concluíra um acordo com a Rússia: em troca do apoio desta, o czar era autorizado a prosseguir a construção do Transiberiano na Manchúria. O imperador da China necessitava da ajuda russa, pois o Japão infiltrara-se na Coreia e encorajava um partido reformista que pretendia derrubar o rei, protegido do imperador chinês.

Em 1895, estalou a guerra entre a China e o Japão, guerra que demonstraria a superioridade japonesa tanto em terra como no mar. Dentro de poucos meses, depois de ocupada a Formosa, os Japoneses ameaçavam Pequim pelo norte e a China viu-se constrangida a assinar a paz de Ximonoxeque.

Os Russos não puderam reagir no plano militar – a construção do Transiberiano ainda não terminara – mas o ministro dos Negócios Estrangeiros, Lobanov, convenceu Nicolau II da necessidade de conseguir um porto «de águas livres» na costa da Manchúria e com ligação à Sibéria. Auxiliada pela França, a Alemanha e a Inglaterra, São Petersburgo pressionou então o Japão, pressão assaz forte para que o Micado cedesse à Rússia a península de Liao-Tung, onde se situava a base de Porto Artur. Mas o Japão não deixou de ser senhor da Formosa e a Coreia tornou-se independente. O que constituiu um fracasso para a China – e para a Rússia, sua aliada – transformou-se em êxito para o czar, pois a sua bandeira flutuava em Porto Artur.

Na verdade, a posição da Rússia ficou relativamente menos forte após a anexação da península de Liao-Tung do que antes fora, pois as potências europeias intervinham cada vez mais no Extremo Oriente: o mito do mercado chinês dizia respeito a todas elas e a virtual partilha do país em zonas de influência (*break up of China*) tornara-se um privilegiado objecto de negociações. A Rússia já *não era a única* directamente implicada no futuro da China, admitindo-se que, à margem, Ingleses e Franceses pudessem beneficiar de portos francos.

O aparecimento da Alemanha na cena asiática alargou o quadro da intervenção europeia. Nicolau II concordara com Guilherme II no sentido de este dispor de um «entreposto de carvão» em Quiao-Tcheu para abastecimento dos navios o que, à data, era o caso de Porto Artur. Em 1897, quando dois pastores alemães aí foram assassinados pelos *Boxers*, Guilherme II resolveu instalar-se militarmente em Porto Artur. «Não pretendo criticar os teus actos de represália, mas temo que ampliem o fosso que nos separa dos Chineses» – respondeu o czar à pergunta que, a seu modo, constituía o reconhecimento da posição privilegiada da Rússia. «Não posso decidir quanto ao envio, por parte da Alemanha, de navios de guerra para um porto soberano...» – explicava Nicolau II. Ao mesmo tempo, aconselhava Pequim a castigar severamente os culpados, o que anularia a expedição punitiva.

A expedição não deixou de fazer-se, porém, dando origem à guerra dos *Boxers*, à qual Guilherme II conseguiu associar as potências europeias, incluindo a Rússia. O czar, bem entendido, interveio para melhor dominar os acontecimentos. Depois da guerra, tal como todos os outros países, a Rússia retirou a sua esquadra, mas manteve as tropas na Manchúria. Pela segunda vez, a intervenção estrangeira na China traduzia-se em vantagem para a Rússia. «Um tal estado de coisas – considerava o embaixador de França em São Petersburgo – assemelha--se bastante à tendência para um protectorado». E o adido naval francês em Tóquio escrevia em 10 de Março de 1901: «O exemplo do que aconteceu no Egipto, se não se fizer outra coisa para além de discutir, permite-nos entrever o destino da Manchúria».

Porto Artur: o fatalismo místico de Nicolau II, o «desventurado»

Em 1902, com a assinatura do acordo anglo-japonês, o czar compreende a necessidade de um recuo, prometendo sair gradualmente da Manchúria. Surgiu então no horizonte a hipótese de uma guerra entre a Rússia e o Japão.

S. Witte, a presidir às Finanças desde o reinado de Alexandre III, calcula que tal conflito se cifraria em catástrofe. Nos Negócios Estrangeiros, Lamsdorf põe de sobreaviso o czar contra uma política aventureira. Por sua influência, o imperador manda evacuar a primeira zona da Manchúria ocupada. Mas as simpatias do czar vão para o grupo dos intervencionistas, constituído por Bezobrasov – que se propõe valorizar o país – pelo grão-duque Alexandre, cunhado do czar, pelo almirante Alekseiev e pelo ministro da Guerra, general Kuropatkine, que, aliás, não deseja um conflito armado. Rosen, embaixador da Rússia em Tóquio, explica ao colega francês que o seu país não pode renunciar a todos os esforços levados a efeito há vários anos; é assim que Nicolau II pensa também. Este retira aos ministros a condução dos negócios do Extremo Oriente e confia-a ao almirante Alekseiev, nomeado vice-rei, na sua directa dependência.

Não é de surpreender que o Japão tenha reagido. Armara-se em segredo, possuía vantagens estratégicas e tinha motivos para crer que o plano naval dos Russos invertesse a situação a favor destes. O tempo agia contra os Japoneses.

Em Janeiro de 1904, o Japão perguntou ao czar se aceitava ou não respeitar a integridade do território chinês na Manchúria. «Na ausência de resposta satisfatória», a 8 de Fevereiro de 1904 desferiu um ataque de surpresa, sem prévia declaração de guerra, à esquadra russa fundeada na baía de Porto Artur, destruindo-a parcialmente. Dominando os mares, desembarcou tropas e forçou os Russos a retirar para Mukden.

No conflito, os Russos sofreram sempre reveses, não se dando no entanto por vencidos. Decidiu-se então a enviar a frota do Báltico em auxílio das restantes unidades imobilizadas em Porto Artur, périplo que levaria vários meses a concluir. A «guerrazinha vitoriosa» começara bastante mal.

O diário do czar regista, dia após dia, semana após semana, as notícias, sobretudo más, chegadas do Extremo Oriente. Tudo o que acontece é da vontade de Deus e sobre essas anotações paira uma espécie de fatalismo místico.

Nicolau II desconfia dos ministros

Em *Arsenal* (1929), o cineasta Dovjenko alterna uma série de planos em que são representadas cenas trágicas com as folhas do diário do czar em que este anotou: «está um belo dia».

Os historiadores cometem um erro, porém, ao basearem-se na vacuidade do diário para deduzir que Nicolau II não desempenhou qualquer papel de relevo e que lhe foi indiferente o destino da Europa. Pelo contrário, o imperador dominou a política externa russa e, em 1903, tomou a decisão de retirar ao conde Lamsdorf o seu poder sobre os problemas do Extremo Oriente, não se importando também que o conde Witte abandonasse o cargo das Finanças, já que ambos o dissuadiam de se arriscar na Manchúria.

Nicolau II detestava os Japoneses. Fizera da expansão russa para a Ásia Oriental a grande meta do seu reinado, a cruzada da civilização e da ortodoxia. Além disso, sonhava tornar-se «imperador do Pacífico». Deste modo, tinha tendência para escutar quem o incentivasse a agir nesse sentido, com ou sem interesse económico. No entanto por muito bem informado que estivesse acerca do jogo das relações internacionais, Nicolau II subestimava – tal como os militares, aliás – a força dos Japoneses, e os seu conselheiros, do mesmo modo que o imperador, pensavam que, ao resistir aos Russos, o Micado fazia *bluff*. O Japão não se atreveria a afrontar o Império Russo! Contudo, atreveu-se.

No campo interno, os problemas tinham um cariz diferente. O imperador não se interessava pelo diálogo político. Interiorizara o ponto de vista conservador, o que basta para explicar a sua atitude de fuga e rejeição. Quanto mais se alargava o círculo dos conselheiros que recomendavam a mudança de regime e a elaboração da constituição, mais o czar desconfiava dos seus interlocutores. E os acontecimentos reforçavam-lhe tal atitude.

Assim, um dos efeitos produzidos pela viagem de Nicolau a Paris foi o de interrogar-se seriamente pela primeira vez sobre tais problemas. A que título os liberais russos ousavam criticar o imperador, se os Franceses, republicanos, lhe haviam prestado acolhimento tão entusiástico? Esse facto contribuiu para aumentar nele o asco pelos liberais, pelos socialistas e por todos os intelectuais. Nunca como nessa altura pareceu tão profunda a incompreensão entre o jovem czar e o escol do país.

Tornavam-se-lhe suspeitos os próprios ministros. Se era o caso de havê-los herdado do pai, como acontecia com Pobiedonostsev, pensava que «o seu tempo terminaria dentro em breve» e, quando os sabia indispensáveis, essa indispensabilidade beliscava-lhe o amor-próprio. O exemplo mais flagrante era o de S. Witte que, além do mais, se opunha à política praticada em relação à Manchúria. Ora, todos admiravam Witte – a mãe do imperador em primeiro lugar – o que o irritava sobremaneira.

S. Witte tinha o sentido de economia e, graças à sua competência, os banqueiros estrangeiros depositavam nele grande confiança; a ele se deveram os célebres empréstimos que tanto dinheiro trouxeram ao país. Foi também obra sua o desenvolvimento da indústria pesada, assim como a iniciativa da Primeira Feira Industrial, realizada em Nijni-Novgorod. Este promotor da industrialização do país esteve ainda na origem das indústria e das siderurgias de Krivoi-Rog e do Donetz e da exploração dos campos petrolíferos de Baku. E certo que Witte não foi o pai da industrialização, mas este pioneiro da tecnocracia soube, em nome do liberalismo, descobrir os meios de acelerá-la suscitando a confiança dos bancos estrangeiros, nomeadamente dos franceses.

Os custos da industrialização fê-los pagar aos camponeses através de impostos indirectos e transformou o comércio de vodca em monopólio estatal. Explicava assim o processo: ou os mujiques trabalham e os excedentes de trigo serão exportados e, se houver fome, socorrer-se-ão os mais necessitados; ou os mujiques não trabalham e bebem, ajudando ainda mais o Estado, pois a venda de vodca dá dinheiro ao fisco. Entre 1893 e 1899, vinte e quatro por cento dos recursos orçamentais provinham da vodca.

Sacrificou-se assim o campesinato ao progresso industrial. Num país de miséria, o sofrimento continuava a aumentar e a Rússia conheceu por isso diversos períodos de grande fome durante os primeiros anos do reinado de Nicolau II. É indubitável a solicitude por ele manifestada para com os mais infelizes, mas esta cingiu-se à organização de socorros e à benemerência.

Nicolau II tinha de utilizar os bons préstimos de Witte. Mas não o suportava, considerando-o incómodo. Detestava-o por ser franco-mação. Além disso, fazia previsões pessimistas em matéria de política do Extremo Oriente, previsões que viriam a revelar-se certas, aliás.

Nicolau II não gostava de colaboradores que exercessem certo ascendente sobre as outras pessoas. Witte foi o primeiro a sofrer os reflexos disso, o mesmo acontecendo mais tarde a Stolipine. Durante a Grande Guerra, o czar destituiu o grão-duque Nicolau devido à sua excessiva influência sobre soldados e oficiais. Todos estes homens lhe faziam sombra, a ele que era uma pessoa destituída de magnetismo, falho de competências particulares, sendo, não obstante, o imperador.

Certo dia, antes de proceder à escolha de um ministro, Nicolau consultou o velho Pobiedonostsev. Este disse: «Plehve é um canalha e Sipiaguine um imbecil». Nicolau optou pelo imbecil.

Nicolau II lidava com os ministros como os criados. Não os tratava por tu como o avô, Alexandre II, mas exigia deles uma atitude respeitosa. Na presença do imperador, segundo se dizia, Witte mantinha-se quase em sentido, de braços colados às costuras das calças, saudando-o com uma profunda vénia, conquanto em outras circunstâncias se conservasse bem direito, sem nada de subserviente. V. Kokovtsev, presidente do Conselho de Ministros durante quatro anos, deixou o cargo sem que o czar se dignasse despedir-se dele. «Na Rússia, os ministros não têm o direito de dizer o que pensam realmente» – queixava-se S. Sazonov aos seus colegas estrangeiros. Tudo deviam ao imperador, nomeadamente os ordenados e gratificações, que variavam segundo os ministros. Três quartos dos altos servidores do Estado pertenciam à nobreza, mas somente um terço destas era constituído por pessoas de largas posses, dependendo a sua fortuna da atitude assumida.

Nicolau II não tinha confiança nos ministros e substituía-os cada vez mais amiúde: onze ministros do Interior entre 1905 e 1917, oito ministros do Comércio e nove da Agricultura. O ritmo acelerou-se no decurso da guerra de 1914: em três anos, houve quatro presidentes do Conselho de Ministros, quatro procuradores do Santo Sínodo e seis ministros do Interior. «Verdadeiros saltos de rã» – comentava V. Purichevitch, um dos dirigentes da direita.

O czar tinha confiança no chefe do protocolo, no comandante da sua guarda pessoal, nos educadores dos filhos, mas não nos funcionários superiores do Estado.

Eventualmente, privilegiava os tradicionalistas, preferindo Plehve a Witte, por exemplo. Contudo «o homem mais inteligente do império» fazia os possíveis para salvá-lo. Queria regenerar o país através da economia, aplacando assim a cólera da população descontente. Certa conversa com Plehve, seu rival, ilustra bem os dois conceitos que então se chocavam, embora com o mesmo interesse pela defesa da autocracia, pois Witte não era um liberal no sentido político do termo, conquanto se empenhasse na modernização da sociedade. Durante a revolução de 1905, estando incumbido de elaborar o documento constitucional e sendo-lhe perguntado o que sentia, replicou: «A constituição tenho-a na cabeça, mas odeio-a do fundo do coração». Também não era tradicio-

nalista; três anos antes, dissera a Plehve: «A casa foi reconstituída durante o reinado de Alexandre II, mas não se tocou na cúpula. A sociedade quer participar na feitura das leis, exercer vigilância sobre a burocracia e, se nada se fizer, os protestos assumirão formas ilegais». Plehve respondera: «Visto não sermos capazes de mudar realmente o sistema, torna-se necessário conter a cheia e não seguir no sentido da corrente. Aliás, não é um facto o governo ter feito boas reformas? Ele possui a experiência (...) Se os exaltados e os desiludidos tomassem o poder chefiados pelos judeus, arruinariam o país».
Nicolau II pensava o mesmo que Plehve.

A escolha dos ministros dependia pois de um capricho ou das circunstâncias. Por exemplo, o grão-duque Sérgio, tio de Nicolau II, aconselhava-o a optar por Plehve, homem de firmeza; a imperatriz-mãe preferia Witte; e, dentro em breve, seria Rasputine a opinar também sobre a escolha de vários ministros, tal como no caso de Protopopov.

Mas o ponto mais importante é o facto de o czar os escolher individualmente. Não existia o cargo de primeiro-ministro e todos eram responsáveis apenas perante o imperador. Além disso, não tinham o direito de demitir-se, o que significaria terem uma opinião pessoal e um livre-arbítrio porventura contrários ao serviço prestado ao czar. Assim, dada a inexistência de solidariedade entre eles, os ministros digladiavam-se e nenhum plano de governo chegava a ver a luz do dia. Faziam-se despesas sem conhecimento do ministro das Finanças e o ministro da Justiça ignorava as medidas tomadas pelo do Interior.

Desta maneira, tornava-se impossível prosseguir em determinado rumo ou, melhor, seguiam-se diversos rumos ao mesmo tempo.

O czar era o único a decidir sobre as matérias que lhe apresentavam. Ocupava-se de tudo até aos pormenores mais ínfimos, em resultado da centralização cada vez mais acentuada e à qual procuravam resistir as nacionalidades periféricas, nomeadamente a Finlândia. Traçando o quadro do império em 1898, A. Leroy-Beaulieu observava, no *Mensageiro Oficial* e no *Boletim das Leis*:

«A 15 de Maio, Sua Majestade Imperial dignou-se dar o seu acordo à criação, nos hospícios da cidade de Nijni-Novgorod, de quatro camas destinadas a velhos, através de um capital de seis mil e trezentos rublos, legados pela senhora Catarina D., viúva do general D. Nesse mesmo dia, Sua Majestade deu o seu assentimento à criação de uma bolsa no primeiro liceu de Kazan, com um capital de cinco mil rublos legados pela viúva de um conselheiro da corte; e de uma bolsa de trezentos rublos retirados das receitas desta localidade; etc.» Tais decisões foram tomadas depois de inúmeros pedidos, tanto no domínio das artes como da ciência ou de outros. «Não se construía nenhuma igreja no campo ou nas aldeias sem que o projecto fosse primeiramente enviado a São Petersburgo, pois existiam três ou quatro modelos para cada tipo de edifício.»

Era este o único campo em que a administração centralizada da Rússia czarista manifestava certo progresso, sobrepondo-se mesmo à França republicana. Ao contrário do que sucedia em França, a burocracia não tinha de confrontar-se com representantes da nação que a criticassem, mas apenas com poetas.

Uma advertência de Leão Tolstoi

Crendo estar próximo do fim da vida em 1902, em Gaspra, na Crimeia, Leão Tolstoi dirigiu uma mensagem ao imperador, uma espécie de garrafa atirada ao mar, pois tinha grandes dúvidas de que Nicolau II a lesse ou lhe prestasse atenção:

«Não gostaria de morrer sem dizer o que penso da vossa actividade presente, sobre o que ela poderia ser, sobre a enorme felicidade que proporcionaria a milhares de criaturas e a vós mesmo, assim como sobre a grande desventura que a essas pessoas e a vós ocasionará se se prosseguir no rumo actual.

«Um terço da Rússia está sob um regime de vigilância reforçada, ou seja, fora da lei. O exército de polícias, regulares e secretos, não cessa de crescer. As cadeias e os locais de deportação abarrotam de condenados políticos, não contando com as centenas de milhar de presos de delito comum; acrescentem-se a isso também os operários. A censura chegou a um grau de proibição que nem na execrável época dos anos quarenta se atingiu. As perseguições religiosas nunca foram tão frequentes nem tão cruéis e são-no cada vez mais. Em todas as cidades, as tropas utilizam as armas contra o povo. Verificaram-se já derramamentos de sangue fratricidas e preparam-se novas efusões ainda mais sangrentas. E o povo rural, esses cem milhões de camponeses, apesar do aumento do orçamento do Estado – ou talvez por causa dele – vai ficando todos os anos mais miserável; a fome transformou-se em fenómeno normal. Normal é também o descontentamento de todas as classes sociais face ao governo.

«É clara à evidência a causa de tudo isto. Ei-la: os vossos conselheiros afirmam-vos que, detendo o impulso vital gerado no seio do povo, garantir-lhe-ão a prosperidade e também a vossa própria segurança.

«Todavia, será mais fácil interromper o curso de um rio do que fazer cessar o eterno movimento para a frente da humanidade, movimento estabelecido por Deus».

Terá o czar tomado conhecimento das advertências de um excomungado? Pelo menos soube que o contestavam os maravilhosos bardos e artistas que lhe faziam bater com mais força o coração.

Numa noite desse início de século, o coro da Ópera decidiu apresentar um pedido ao imperador. Combinou-se que, após as primeiras cenas de *Boris Godunov*, se ergueria o pano, mostrando todos os elementos do coro em atitude de súplica dirigida ao camarote imperial enquanto era lida a petição.

Quando a cortina se ergueu de acordo com o efeito pretendido, Chaliapine, desconhecedor de tais propósitos, achava-se ainda em cena... O czar Boris estava assim à cabeça dos peticionários, digno, colossal, a verdadeira personificação da autoridade czarista, envergando um soberbo trajo enfeitado a oiro e tendo sobre a cabeça a coroa monárquica. Nesse instante patético, Boris achava-se perante Nicolau II. Então, instintivamente, Boris dobrou o joelho, associando-se aos peticionários, para enorme cólera de certo sector da assistência, os revolucionários, que gostariam que o artista tivesse permanecido de pé, num desafio ao imperador.

Mas quem visavam os protestos que se ouviam então da plateia?

Aumenta o descontentamento

Em França – escrevera Rochefort anos antes – existiam trinta e cinco milhões de súbditos sem contar com os súbditos do descontentamento. Na Rússia, estes eram mais de cem milhões.

Qual o conhecimento que o czar tinha do assunto? De início, apercebeu-se de uma irritação confusa. Seis meses após a catástrofe ocorrida durante as festividades da coroação, houve manifestações de protesto contra a incúria do regime que nada fizera a favor das vítimas. Foram presas cerca de setecentas pessoas e expulsas mais de duzentas das universidades de onde partira o movimento. Este, de carácter puramente político, não tinha propósitos definidos; mas nem por isso era menos revelador.

Em seguida, explodiu a cólera dos Polacos e dos Finlandeses. No começo de um reinado que, tal como em Espanha no século XVI, aplicava a fórmula de «um soberano, uma fé, uma lei», Nicolau II afirmara de início aos primeiros, aquando de uma viagem a Varsóvia, «estar disposto a dialogar com os Polacos se eles lhe permanecessem fiéis». Depois disso, inaugurou em Vilno um monumento comemorativo da repressão da revolta de 1863.

Aos Finlandeses, o governador F. Seyn aplicara um estatuto que aumentava o serviço militar para cinco anos, quando o acordo anterior feito com o *Seim*, o parlamento finlandês, definira os deveres da Finlândia à data da união dos dois países. O próprio senado finlandês, composto por elementos essencialmente escolhidos por Nicolau II, se recusou a promulgar o decreto. «Constitui o desprezo da palavra dada, o repúdio das nossas leis constitucionais». Fez-se uma petição com quinhentas mil assinaturas, número astronómico para um país com menos de três milhões de habitantes, documento em que se evocava o nome de Alexandre III, que sempre respeitara a palavra dada. Mas Nicolau II achou que os portadores do documento queriam afastá-lo do povo e assinou um segundo decreto a introduzir a língua russa nos órgãos administrativos finlandeses, norma que passaria a vigorar daí a cinco anos, em 1905.

Duramente ressentida, a política de russificação suscitou resistências mesmo entre os Arménios, os alógenos mais leais. Não foi por acaso que a maioria das organizações nacionalistas se constituiu nos cinco anos que se seguiram à subida ao trono de Nicolau II: nada havia a esperar do filho de Alexandre III.

Existe certo paralelismo entre a revolta finlandesa e os motins estudantis que estalaram pouco depois. Também os estudantes se consideravam privados dos direitos contratuais elementares que todo o Estado civilizado deve reconhecer aos cidadãos; também eles exigiam a inviolabilidade da pessoa individual, reivindicação bastante esclarecedora da arbitrariedade da polícia – e a promulgação de todas as medidas que lhes diziam respeito.

Aos estudantes de São Petersburgo, o reitor respondeu que «as aves-
-do-paraíso, às quais se dá o que pedem, não vivem nos nossos climas». A manifestação que se seguiu congregou dois mil e quinhentos estudantes e vinte e cinco mil pessoas fizeram greve para apoiá-los. Quase todos os alunos foram expulsos da universidade, sendo esta encerrada; quando reabriu, readmitiram-se dois mil cento e oitenta e um dos dois mil quatrocentos e vinte e cinco matriculados.

O ministro do Interior quis punir os excluídos incorporando-os no Exército, ao que o general Kuropatkine se opôs. Nicolau II censurou-os: «Devem estudar e não reivindicar. Além disso, os seus pedidos não só são inúteis como nocivos». O ministro da Educação, N. Bogolepov, pereceu vítima de atentado e o seu assassino, o socialista revolucionário P. Karpovich, viu-se aclamado pelos estudantes. O terrorismo recomeçava assim, tal como afirmava o general Vannovski, sucessor de N. Bogolepov, «sem verdadeiramente estar associado ao engodo das reivindicações (...) Mas existiam condições explosivas devido ao isolamento dos estudantes, destituídos de laços que os ligassem aos mestres».

Um facto ímpar era o aparecimento desses estudantes como força social nova. Assim não acontecia no Ocidente, onde figuravam mais como vanguarda de outros grupos sociais em conflito com a autoridade. Na Rússia, o panorama era diferente. Uma boa metade da massa estudantil provinha das classes pobres; em Moscovo, por exemplo, dos quatro mil e dezassete estudantes matriculados, mil novecentos e cinquenta e sete eram filhos de pais sem posses e oitocentos e setenta e quatro possuíam bolsas de estudo; sinal de que o regime, por muito autoritário que fosse, não deixava de praticar uma certa amálgama social. Esta deu origem ao aparecimento de uma nova força, criando uma inteira geração de revolucionários entre 1905 e 1917.

Com os estudantes, a revolta saía para a rua. É certo que, tal como Witte dizia, a Rússia tinha a sorte de ainda não dispor de uma verdadeira classe operária. Porém, encaminhava-se para isso a passos de gigante. De facto, o Estado incentivava a concentração industrial. Em 1901, já cerca de metade dos trabalhadores pertencia a empresas com mais de quinhentos operários. O aumento da produtividade relacionava-se directamente com a dimensão das fábricas, provando que a mudança estrutural, tanto em São Petersburgo como em Moscovo, atingia o gigantismo.

Ao ritmo a que cresceu o equipamento industrial no decurso dos primeiros anos do reinado de Nicolau II, não há dúvida de que – tal como diria o economista Gershenkron cinquenta anos depois – sem o regime comunista, a Rússia teria suplantado os Estados Unidos. Eis uma projecção espantosa! Este argumento irrefutável, gerado pela imaginação de um brilhante economista da guerra fria, esquece simplesmente que para tanto contribuíram o dia de trabalho de onze horas e os salários de miséria.

Foi assim que, companheira indesejável do progresso industrial, surgiu a Revolução.

Uma outra grande ideia do reinado

A grande «ideia» do reinado, aquando das manifestações estudantis, foi a de dissociar as reivindicações políticas do conjunto das exigências dos contestatários e satisfazer o melhor possível as pretensões não políticas. Aquilo que obteve um êxito parcial nas universidades foi depois aplicado a outras áreas da vida social, nomeadamente aos conflitos laborais. Um funcionário do ministério do Interior, o director Sérgio Zubatov, apoiado pelo grão-duque Sérgio, pediu aos professores da universidade de Moscovo, participantes nas negociações de 1901, que preparassem os estatutos universitários e que depois propusessem textos de modelo idêntico aos operários. Convincente e bom orador, S. Zubatov caíra nas boas graças do grão-duque governador de Moscovo devido às seguintes palavras:

«Devemos seduzir as massas. Estas confiam em nós, mas a propaganda da oposição e dos revolucionários procura diminuir tal confiança. É essencial revificá-la dando provas de solicitude; a oposição será assim impotente, seja qual for o seu grau de empenhamento.

«Mas que quer isto dizer? Significa que os ideólogos exploram politicamente as massas valendo-se da sua miséria e das suas necessidades, o que é de ter em conta.

Assim, visando a raiz do problema, desarmam-se as massas melhorando-lhes regularmente as condições de vida. É necessário que disso se incumba o governo, tomando por base os seus pedidos. Com efeito, os trabalhadores pedem apenas isso, pelo menos por agora. E o governo deve atendê-los, com brevidade e permanentemente.

«O princípio da nossa política interna deverá ser o equilíbrio entre as classes; ora, neste momento, elas odeiam-se umas às outras. A autocracia tem de manter-se acima delas e aplicar o princípio *divide ut impera*. Convém não lhes dar tempo para se conciliarem, pois isso significaria a revolução, o que incentivaríamos colocando-nos de um só lado e confirmando o raciocínio dos ideólogos. É preciso criar o antídoto à burguesia, cuja arrogância aumenta. Deste modo, teremos de chamar a nós os operários, de atraí-los, matando assim dois coelhos de uma cajadada: travar a subida da burguesia e privar de efectivos os revolucionários ao pôr os trabalhadores do nosso lado».

Constituía-se oficialmente mais tarde, por iniciativa de Plehve, ministro do Interior, e de Zubatov, uma «sociedade de assistência mútua dos operários das indústrias mecânicas». Uma espécie de sindicato... sob a égide da polícia. Organizaram-se então manifestações patrióticas a favor do czar, encontros com o ministro Plehve, etc. O último acto desta encenação foi a outorga de duas novas leis a favor dos operários Uma delas autorizava que «trabalhadores decanos» fossem eleitos pelos camaradas para representá-los junto do patronato; a outra previa ajuda médica a prestar a inválidos do trabalho, meio salário no decurso de ausências por doença e um subsídio de funeral. Tais medidas tinham por finalidade neutralizar a acção de partidos revolucionários em vias de se formarem.

A experiência de Zubatov em Moscovo foi alargada a Odessa e a outras cidades, mas o seu promotor caiu em desgraça por haver proferido palavras iconoclastas sobre o respectivo «mestre», Plehve.

Entretanto, vivamente criticados pela *intelligentsia* revolucionária, os professores tinham saído da cena, sendo substituídos pelos popes, o que nem sempre deu o mesmo resultado.

A experiência de Zubatov teve um duplo efeito nocivo: por um lado, indispunha os industriais e, por outro, conferia à classe operária uma estrutura incipiente, da qual se aproveitariam depois os grupos revolucionários. Aquando das grandes greves de 1903, devidas em parte aos sindicatos do Estado, aquela iniciativa deu tão maus resultados em diversas cidades que a experiência foi definitivamente abandonada. A engrenagem principiara porém a mover-se.

A ideia era também a de manter a reivindicação operária dentro da sua própria esfera, isto é, a empresa, dando-lhe forma organizativa. Conquanto se não mostrasse favorável ao czar, o mundo operário continuava a considerá-lo o árbitro. Os tempos livres dos trabalhadores seriam utilizados para educá-los, incutindo-lhes ideias que os tornassem adversários do socialismo.

Os efeitos perversos da Zubatovchtchina*

Neste contexto, a repressão limitar-se-ia às actividades dos operários *fora* da respectiva empresa; quanto às manifestações maciças, tal como a do 1.º de Maio, seriam orientadas num sentido favorável ao czar e aos valores da ortodoxia. Indo um pouco mais longe, o grão-duque Sérgio e Zubatov apoiaram mesmo a promoção de certos dirigentes operários, evitando, por exemplo, fazê-los desempenhar, mesmo que inocentemente, o papel de agentes duplos.

Fedor Slepov foi um desses dirigentes. Modelo acabado do operário conservador, anti-semita e muito orgulhoso, frequentava cursos nocturnos daquele género, que também os social-democratas, por seu lado, organizavam. Mas, em vez da leitura e do comentário das obras de Marx ou de Zola, o programa incluía direito do trabalho, Tolstoi e Paul de Roussiers, pai da doutrina sindical e da teoria das relações entre o patronato e os trabalhadores e adepto da democracia ao estilo norte-americano. De início, os animadores destas reuniões eram juristas e professores universitários; mas depois infiltraram-se nelas os teólogos e os padres. Um deles substituiria Zubatov dentro em breve: o padre Gapone.

Como é óbvio, os capitalistas e também Witte eram de opinião de que se brincava com o fogo: despertava-se a consciência operária e pouco importava que isso fosse ou não contra o socialismo. Na altura, os capitalistas julgavam-se os únicos a suportar o ónus de uma reivindicação que, por muito «económica» que se mostrasse, nem por isso deixava de sair-lhes do bolso. Witte convencera-se de que o grão-duque Sérgio e Plehve tramavam a sua queda fazendo-o perder a confiança dos capitalistas. Sabia que Nicolau II o pretendia a favor de Plehve e de Trepov, intransigentes no plano político, enquanto ele próprio se inclinava para a aceitação de um compromisso constitucional favorável à burguesia, ao qual o czar se mostrava hostil.

Num outro efeito perverso, a *Zubatovchtchina* dotou a classe operária de uma estrutura organizativa, depois explorada pelos chefes

---

* Em russo, o sufixo *chtchina* confere às palavras um tom pejorativo.

revolucionários, que sobreviveu ao seu «iniciador»: o soviete, conselho apartidário diferente do sindicato, pois as suas reivindicações não eram apenas de ordem profissional, sendo também culturais e sociais. Aquando das grandes greves de 1903, resultantes, em parte, destas organizações nascidas do cruzamento entre o poder e a classe operária, o êxito foi tal que, em diversas cidades russas, o caso não acabou bem. Em Ufa, por exemplo, o governador deu ordem de disparar sobre os manifestantes de Zlatoust, seguindo-se confrontos violentos em Kiev, Nicolaiev e outras cidades; em Odessa, as greves foram tão activas que a polícia deixou de intervir. Ao pedido de uma «assembleia constituinte» feito pelos manifestantes, a polícia disparou e Zubatov demitiu-se.

A classe operária deixara de ser a massa politicamente amorfa descrita no órgão da social-democracia, *Iskra*. Preparava-se para entrar em cena, formada em parte pelos cursos e pelas acções que, a par da social-democracia, a própria polícia organizara.

De Zubatov ao padre Gapone

Meses depois, um conflito nas fábricas Putilov de São Petersburgo veio reforçar o panorama de Odessa, mas agora um panorama de dimensões gigantescas e tendo por pano de fundo os desaires sofridos na Manchúria. Herdeiro espiritual de Zubatov, o padre Gapone organizou, a 7 de Janeiro de 1905, uma greve envolvendo cem mil trabalhadores, número que duplicou no dia seguinte. Nunca se assistira a fenómeno tão espantoso e intrigante.

No espírito da «grande ideia», Gapone redigiu uma petição ao czar, na qual os operários lhe solicitavam que intercedesse a favor das reformas justas que dele esperavam. As reivindicações, o fervor e a fé combinavam-se num texto em que o próprio Gapone não saberia distinguir onde começava ou terminava o serviço a bem do povo, a ortodoxia, a Santa Rússia, o amor pelo czar e a ressurreição-revolução que salvaria a sociedade do socialismo.

Em três dias, a petição recolheu mais de cento e cinquenta mil assinaturas. O texto constituía uma mistura caótica de argumentos liberais, populistas e marxistas; o tom, porém, era o da Santa Rússia. Cem milhões de mujiques expressavam-se assim através dessa voz.

1905. A grande petição: «Sire, ordena e jura...»

«Sire,
«Nós, operários e habitantes da cidade de São Petersburgo, de diferentes condições, as nossas mulheres, os nossos filhos e os nossos pais, velhos impotentes, nos dirigimos a ti, Sire, em busca de justiça e de

protecção. Caímos na miséria, oprimem-nos, esmagam-nos com trabalhos superiores às nossas forças, insultam-nos, não nos reconhecem como seres humanos e tratam-nos como escravos que têm de suportar calados o seu amargo destino. E têmo-lo suportado, sim, mas empurram-nos cada vez mais para o abismo da miséria, da iniquidade e da ignorância; sufocam-nos o despotismo e a arbitrariedade. Chegámos ao fim das nossas forças, Sire, e a paciência esgota-se-nos. Atingimos o terrível instante em que mais vale a morte do que o prolongamento de males intoleráveis.

«E assim abandonámos o trabalho, declarando aos patrões que o não retomaríamos até vermos satisfeitas as nossas reivindicações. Pouco pedimos e apenas desejamos aquilo sem o qual a vida não é vida e sim prisão e sofrimento perpétuo. O nosso primeiro pedido foi o de que os patrões discutissem connosco as nossas necessidades. Recusaram-no, porém, recusando-nos assim o direito de falar do que nos falta, achando que a lei nos não confere tal direito. Também os nossos outros pedidos lhes pareceram ilegais: reduzir para oito o número de horas de trabalho; estabelecer em comum e com a nossa concordância o valor do nosso trabalho; analisar os desacordos com os capatazes das fábricas; aumentar o salário dos serventes e das mulheres para um rublo diário; suprimir as horas extraordinárias; sermos tratados com respeito e sem insultos; repararem-se as oficinas de modo a ser possível trabalharmos nelas sem nos sujeitarmos a morrer devido às terríveis correntes de ar, à chuva e à neve.

«Aos patrões e à administração das fábricas, tudo isto pareceu ilegal, o mais ínfimo pedido transformou-se num crime e numa insolência ultrajante o desejo de melhorarmos a nossa situação.

«Sire, somos milhares e milhares que de seres humanos apenas têm a aparência, não nos sendo reconhecido, tal como ao conjunto do povo russo, em boa verdade, nenhum dos direitos que cabem ao ser humano, como o de falar, de pensar, de se reunir, de debater as respectivas necessidades e de tomar medidas para melhorar as condições de vida. Fomos escravizados, escravizados com a anuência dos teus funcionários, a sua ajuda e cumplicidade. Aqueles que ousam erguer a voz em defesa dos interesses da classe operária e do povo são atirados para as cadeias ou deportados. Punem-se como crime o bom coração e a alma compassiva. Ter piedade do homem oprimido, martirizado e sem direitos significa cometer grave delito. Toda a população operária e camponesa vive sujeita à arbitrariedade de um governo de funcionários constituído por concessionários e salteadores que se alheiam em absoluto dos interesses do povo e que dele escarnecem mesmo. Esses funcionários levaram o país à ruína total, arrastaram-no para uma guerra vergonhosa e conduzem a Rússia cada vez mais à sua perda. Nós, os operários e o povo, não temos voz activa quanto à maneira como se gastam os impostos enormes que nos aplicam. Não sabemos para onde vai e para que serve o dinheiro cobrado ao povo reduzido à miséria. Este vê-se privado da possibilidade de exprimir desejos e reivindicações de participar no estabelecimento de impostos e na sua aplicação. Aos operários, é proibido organizarem-se em associações que lhes defendam os interesses.

«Sire, será isto conforme às leis divinas, graças às quais governas? Será possível viver-se segundo tais leis? Não será melhor a morte do que sermos trabalhadores, trabalhadores russos? Que vivam e gozem a vida os capitalistas, exploradores da classe operária, e os funcionários concussionários e salteadores do povo russo! Eis aquilo que temos pela frente, Sire, aquilo que nos fez reunir e encaminhar para os muros do teu palácio. Aqui viemos em busca do socorro derradeiro. Não te negues a ajudar o teu povo, a arrancá-lo ao túmulo da iniquidade, da miséria e da ignorância, dando-lhe a possibilidade de ele mesmo forjar o seu destino e libertando-o da opressão intolerável dos funcionários. Derruba a barreira erguida entre ti e teu povo e que este governe em comum contigo. Foste colocado onde estás para fazer a felicidade do povo, não é verdade? Mas tal felicidade são os funcionários que no-la arrancam das mãos, não a deixando chegar até nós, que só recebemos desgostos e humilhações. Analisa sem cólera, atentamente, os nossos pedidos e concluirás que não visam o mal, mas sim o bem, tanto para nós como para ti, Sire. Não é a insolência que nos faz falar, antes a consciência da necessidade de sair da situação intolerável em que nos achamos. A Rússia é demasiado grande e as suas necessidades demasiado diferentes e múltiplas para que os funcionários, por si sós, possam governá-la. Torna-se indispensável a representação do povo, é preciso que este se ajude a si próprio e que ele mesmo governe. Só ele conhece as suas carências autênticas. Não rejeites a ajuda que te propõem, acolhe-a, manda, sem delongas, convocar representantes da terra russa de todas as classes e de todos os estados, incluindo representantes operários. Que dentro em breve o capitalista, o operário, o funcionário, o sacerdote, o médico, o professor, todos eles, sejam quais forem, elejam os respectivos representantes. Que todos sejam iguais e livres no direito de voto e, para tanto, ordena que as eleições para a assembleia constituinte se efectuem por sufrágio universal, secreto e igual.

«Eis, Sire, o nosso pedido mais importante; tudo depende dele, é esta a melhor e a única cura das nossas feridas dolorosas, sem a qual essas feridas ressumarão fortemente, conduzindo-nos à morte.

«Mas uma única medida não conseguirá sarar-nos os ferimentos. Outras serão precisas e delas te falaremos directa e abertamente, Sire, tal como se nos dirigíssemos a um pai, em nome de toda a classe operária russa.

«Eis o que se impõe:

1. *Medidas contra a ignorância e contra a falta de direitos do povo russo.*

1) Libertação imediata e regresso de todos quantos sofram devido a crenças políticas e religiosas, devido a greves e a distúrbios do campesinato.

2) Proclamação imediata da liberdade e da inviolabilidade do indivíduo, da liberdade de palavra, de imprensa e de reunião, da liberdade de consciência em matéria religiosa.

3) Instrução pública geral e obrigatória a expensas do Estado.

4) Responsabilização dos ministros perante o povo e garantia da legalidade da gestão.

5) Igualdade de todos perante a Lei sem excepção.

6) Separação da Igreja e do Estado.

2. *Medidas contra a miséria popular.*

1) Abolição dos impostos indirectos, substituindo-os por um imposto directo e progressivo sobre o rendimento.

2) Abolição das amortizações anuais, crédito barato e gradual redistribuição da terra ao povo.

3) Os abastecimentos para o Exército e para a Marinha deverão provir da Rússia e não do estrangeiro.

4) Cessação da guerra de conformidade com a vontade do povo.

3. *Medidas contra a opressão do capital sobre o trabalho.*

1) Abolição dos inspectores de fabrico.

2) Nas fábricas, criação de comissões permanentes de operários eleitos, que examinarão, em conjunto com a gerência, todas as reclamações individuais dos operários. O despedimento de trabalhadores só poderá fazer-se por decisão dessa comissão.

3) Liberdade para as cooperativas operárias de consumo e protecção dos sindicatos operários, sem delongas.

4) Dia de trabalho de oito horas e regulamentação das horas extraordinárias.

5) Liberdade, sem delongas, de luta laboral contra o capital.

6) Salário normal, sem demora.

7) Participação obrigatória dos representantes das classes operárias na elaboração de projectos de lei sobre o seguro dos trabalhadores, sem demora.

«Eis, sire, as principais necessidades que viemos dar-te a conhecer. Só satisfazendo-as a pátria se libertará da escravatura e da miséria, só assim o país prosperará e só deste modo os operários terão possibilidade de organizar-se e defender os seus interesses contra a vergonhosa exploração dos capitalistas e do governo de funcionários que saqueiam e sufocam o povo. Ordena e jura satisfazê-las e tornarás feliz e gloriosa a Rússia e gravarás teu nome por toda a eternidade nos nossos corações e nos nossos descendentes. Mas se o não ordenares e não responderes às nossas súplicas, aqui morremos nesta praça, diante do teu palácio. Não nos resta mais ninguém a quem recorrer e fá-lo-íamos em vão. Temos apenas dois caminhos: a liberdade e ventura ou o túmulo. Que a nossa vida represente um sacrifício pela Rússia, esgotada de tanto sofrimento! Não lastimamos tal sacrifício, oferecendo-o de boa vontade.

G. Gapone, sacerdote
J. Vassimov, operário»

O domingo vermelho, 9 de Janeiro de 1905

Nesse dia, o czar não se encontrava em Moscovo, mas sim em Tsarskoie Selo... Estaria a par do que se passava? Sem dúvida que sim, pois toda a gente tinha conhecimento dos preparativos para uma grande súplica. Isso sabia-se mesmo em Paris, onde o grão-duque Paulo, tio de Nicolau II, ao jantar com o embaixador Paléologue, se admirava por que motivo o imperador não recebia os delegados dos grevistas. Sabiam-no também os oficiais regressados da Manchúria que, na viagem de comboio para São Petersburgo, eram informados de que «haveria uma revolução no dia seguinte».

No sábado, 8 de Janeiro, Nicolau escreveu no *Diário*: «Dia límpido e frio. Tive bastante trabalho e relatórios para ler. Recebemos Freedericks* para almoçar. Dei um grande passeio. Estão em greve desde ontem todas as fábricas de São Petersburgo. A guarnição da cidade foi reforçada com tropas vindas das imediações. Os operários mostraram-se calmos até agora. Calcula-se o seu número em cento e vinte mil. À frente do respectivo sindicato está uma espécie de padre socialista de nome Gapone. Mirski** apareceu à tarde, a entregar-me o relatório sobre as medidas tomadas.»

Dias depois da manifestação, durante a qual a tropa disparou fazendo cento e setenta mortos – o *domingo vermelho* – e inúmeros feridos entre os operários que, exibindo ícones e estandartes desfraldados, se haviam dirigido pacificamente ao seu bem-amado czar, Nicolau falou a uma delegação meticulosamente escolhida:

«Ao convidar-vos a apresentarem-me o vosso pedido, gerou-se em vós a revolta contra mim e contra o meu governo. As greves e as reuniões tempestuosas apenas servem para incitar à desordem a multidão ociosa, desordem que sempre forçou e forçará o poder a recorrer à força militar, o que ocasionará fatalmente vítimas inocen-

---

* O conde Freedericks, chefe da guarda do palácio e ministro da corte.
** Novo ministro do Interior; Plehve fora assassinado semanas antes.

tes. Sei que não é fácil a vida do operário. Muito há a fazer para melhorá-la e regulamentá-la, mas tereis de ser pacientes. Em consciência, compreendeis por certo a necessidade de serdes justos para com os vossos patrões e de tomar em conta o estado da nossa indústria.

«Quanto a virem declarar-me as vossas necessidades em fúria revoltada, trata-se de um acto criminoso.

«Tenho fé na honestidade de sentimentos dos operários e na sua lealdade inquebrantável à minha pessoa e por isso mesmo lhes perdoo a falta cometida.

Já em Tsarskoie Selo, no dia 9, Nicolau escreve no *Diário*: «Dia penoso. Verificaram-se em São Petersburgo distúrbios graves em virtude da vontade dos operários de se dirigirem ao Palácio de Inverno. Em vários locais da cidade, as tropas foram obrigadas a abrir fogo. Houve muitos mortos e feridos. Senhor, como tudo isto é triste e doloroso!

A mamã veio da cidade mesmo à hora do serviço religioso. Almoçámos em família. Passeei na companhia de Miguel. A mamã passou a noite connosco».

No dia 10, Nicolau escreve: «Nada aconteceu. Decidi nomear o general Trepov governador da cidade e chefe do governo. Uma deputação de cossacos do Ural trouxe-me caviar».

A 19, observa por fim: «Disse algumas palavras aos delegados operários de São Petersburgo por ocasião das recentes desordens».

O czar perdoava ao seu povo o ter-se rebeleado contra ele; mas o povo, esse, não lhe perdoava.

II
A AUTOCRACIA CONTRA A SOCIEDADE
NICOLAU, «O SANGRENTO»

O mito do czar Batiuchka *(Paizinho)*

O *domingo vermelho* pôs fim ao mito do czar *Batiuchka*, o pai afectuoso de quem não podia provir o mal. Durante muito tempo, o povo pensara que a nobreza o mantinha afastado do czar, de quem tinha deixado de poder aproximar-se e com o qual era impossível dialogar; contudo, haveria de chegar o dia em que o povo e o czar voltariam a entender-se. Mas quando, de estandartes desfraldados, o povo se dirigira em súplica ao imperador bem-amado, fora recebido com disparos da tropa. O povo tinha de facto fé no czar. Se se revoltava, não o fazia contra a pessoa dele, mas sim contra os seus apaniguados, facto que exasperava Herzen. Este dizia: «Vós odiais os grandes proprietários e os burocratas, temei-los e com razão. Mas tendes fé nos bispos e confiais no czar. Não vos fieis nele! O czar é como os outros, que são homens dele.»

Até essa altura, os camponeses haviam tido bons motivos para estabelecer tal diferença. Sabiam que apenas as terras de Nicolau I haviam sido objecto de reforma, que só parte dos seus servos fora libertada da servidão e que nem um único nobre lhe seguira o exemplo. Sabiam também que a grande reforma se devera à iniciativa de Alexandre II, o czar libertador, que tornara livres os camponeses, conquanto, depois disso, os seus agentes lhes tivessem exigido o pagamento das terras que cultivavam.

A «sociedade», o conjunto das pessoas cultas – a quem na Rússia se dava o nome de *obchtchestvo* em oposição ao povo, *narod* – referia-se com ironia ao «monarquismo ingénuo», mas os mujiques não eram tão cândidos como se supunha. A veneração e idolatria que demonstravam colocava-os, de certo modo, sob a protecção do czar, dando-lhes assim a possibilidade de agir impunemente «em nome do czar» contra nobres e proprietários. Esta táctica, porém, fora-se tornando cada vez mais ineficaz no decurso do século XIX, período durante o qual a burocracia e o Exército – ajudados pelo caminho-de-ferro – apertaram as malhas centralizantes, paralisando a acção daqueles. O *domingo vermelho* constituiu uma explosão reveladora e sanguinária dessa vagarosa mudança. Depois de 1905, os camponeses deixaram de dizer que agiam «em nome do czar». Mas, a seu modo, o mito sobrevivia pois, vestindo uniformes militares, eram os próprios camponeses que haviam disparado contra os operários, também eles camponeses.

Gregório Aleksinski, antigo bolchevique que aderiu ao social-patriotismo em 1904, recordava as palavras de Máximo Gorky no dia seguinte ao domingo, dia 9 de Janeiro de 1905:

«Se eu fosse czar da Rússia, saberia actuar de modo a garantir pela eternidade a monarquia absoluta. Iria a Moscovo e apresentar--me-ia em frente do Kremlin montado num cavalo branco, rodeado de numeroso séquito e diria:
— Reuni de imediato o povo moscovita, aqui à minha volta!
Reunido o povo, falar-lhes-ia assim:
— Meus filhos, sei que estais descontentes com os meus ministros e os meus altos funcionários e também com os ricaços, que vos pilham e maltratam. Muito bem, eu, o vosso czar, julgarei aqui mesmo, diante de vós, esses ladrões e malfeitores».

«E, após ter escutado as queixas do povo, mandaria cortar algumas cabeças ali mesmo, sem outro procedimento judicial. O povo passaria a proteger-me melhor do que qualquer Ocrana.

O mito sobrevivia assim no próprio Gorki, não obstante a sua qualidade de inimigo figadal do czarismo – o escritor era de origem popular e, apesar do ódio sentido, tinha nele profundamente enraizada a ideia do «Czar *Batiuchka*». Mas nem Nicolau II nem os meios hostis aos liberais souberam explorar a seu favor este tipo de fidelidade.

A revolução e a derrota, Fevereiro-Maio de 1905

O *domingo vermelho* quebrou o «vínculo sagrado» que unia o povo ao czar, o povo no qual Nicolau fundamentava a fé e a legitimidade do poder. Assinalou também o súbito aparecimento da classe operária na cena histórica, viragem que se deveu menos aos partidários revolucionários do que à própria maneira de agir do poder autocrático.

O «perdão» do czar não podia satisfazer o povo. Coube a A. Ermolov, ministro da Agricultura, a tarefa ingrata de explicá-lo a Nicolau II. «Corre-se o risco de as tropas se recusarem a disparar contra o povo desarmado, povo de onde provêm, aliás. Assim, é preciso apelar para os representantes da terra Russa (...) pedir ao povo que coopere». Criou--se uma *Comissão Sidlovski*, incumbida de examinar a origem da agitação. Os operários aceitaram-lhe o princípio – contrariando o parecer de muitos chefes socialistas – desde que os seus eleitos beneficiassem de autêntica imunidade. A 20 de Fevereiro, essa exigência foi considerada inaceitável e dissolveu-se a comissão.

Entretanto, Nicolau II escrevia no *Diário*: «O tio Sérgio foi vítima de terrível malvadez. Matou-o uma bomba, próximo da porta de São Nicolau. O cocheiro também ficou ferido mortalmente. Infeliz Ella! Que o senhor a abençoe e a proteja!»

O czar incumbiu então o ministro do Interior, Buliguine, de redigir um rescrito, ou projecto de convocação de representantes eleitos. Em seguida, mandou publicar na imprensa um *Manifesto* severo, concitando os súbditos a com ele cerrarem fileiras. O rescrito, o *Manifesto* e por último um ucasse convidando a população a dar a conhecer o que pensava e a apresentar as suas propostas surgiram ao mesmo tempo, a 18 de Fevereiro. Aparentemente contraditórios, os três documentos significavam no entanto que, sem alterar o princípio autocrático, o czar encetava o diálogo com o país.

A ideia de um pedido de opinião – apenas uma opinião, porém – aos representantes nacionais não era nova, pois fora já aventada em 1881. Contudo, a «reacção» ocorrida durante o reinado de Alexandre III e depois a política que Nicolau II perfilhara na *Mensagem*, logo no início do reinado, haviam posto essa ideia de parte.

O assunto permanecia assim candente a despeito da resistência do monarca. Em 1901, no texto imperial que assinalava o jubileu do Conselho do Império, Nicolau II suprimira, na frase relativa às conferências provinciais «nas quais participarão homens investidos de nossa confiança e da confiança pública», a parte final «e de confiança pública». Plehve reintroduzira-a em 1903, num manifesto respeitante ao aperfeiçoamento do sistema político. Fizera-o a conselho de V. Gurko, vendo-se forçado a aceitar essas palavras sem que o czar reagisse *uma vez sequer*.

Ao contrário do que reza a lenda, Nicolau II definia com imenso cuidado os direitos e os poderes, o que constituía para ele um «problema de consciência» e, em Fevereiro de 1905, foi *com conhecimento de causa e coagido* que aceitou alterá-los.

Após o *domingo vermelho*, o rescrito de 18 de Fevereiro pareceu constituir um recuo do poder. O país encontrava-se em efervescência. Estudantes, professores, advogados, operários e industriais (bodes expiatórios do poder czarista estes últimos, bem como os judeus) realizavam greves constantes e manifestações e manifestações e petições entremeadas de greves. Tomando posição, já que isso lhe fora pedido, o povo respondia ao rescrito organizando-se em associações ou uniões – de médicos, de agrónomos, de advogados, de mulheres, etc. – dentro em breve reagrupadas na União das Uniões. Ao mesmo tempo, os operários congregavam-se e, em Ivanovo-Voznesensk, constituíam o primeiro soviete de que há notícia. Este conselho operário reclamava para os operários «o direito de se reunirem livremente para debaterem as suas necessidades, e de elegerem delegados». Os partidos socialistas, quase inexistentes ainda, o social-democrata e o socialista-revolucionario incrementavam a sua acção, nomeadamente os mencheviques, faceta tanto mais espectacular quanto é certo que outros movimentos semelhantes surgiam na Polónia, onde, desde Janeiro, as greves conheciam extraordinária amplitude. Orquestravam-nas o partido socialista polaco e o *Bund* judaico. A partir do Verão, os distúrbios estenderam-se aos campos.

O desaire de Tsu-Xima (15 a 28 de Maio) – a esquadra russa do Báltico, que partira em socorro da frota russa do Pacífico, com rota pelo Cabo da Boa Esperança, foi desbaratada pela esquadra japonesa após sete meses e meio de viagem, o mesmo acontecendo aos restantes efectivos do Exército – originou conflitos na Marinha, ilustrados pelo célebre motim do couraçado *Potemkine*. O governo acusou de imediato os revoltosos, quer fossem marinheiros quer operários em greve, de serem «cúmplices do inimigo», o que só era verdade relativamente à legião de voluntários polacos que se treinava no Japão. Também é verdade que certos revolucionários, mais ou menos ligados à contra-espionagem nipónica, tinham tentado fazer ir pelos ares alguns comboios do Transiberiano.

Os liberais principiavam a inquietar-se com a grave deterioração que alastrava a todo o país. Aquando de um congresso realizado em Moscovo, trezentos delegados dos *zemstvos* e dos municípios votaram por unanimidade *o Manifesto da Nação* estigmatizando o «regime e a burocracia que ameaçava a segurança do trono». Solicitavam uma assembleia representativa livremente eleita, a abolição das leis contrárias às liberdades, e reclamavam a presença, no governo, de homens que se consagrassem à reforma do Estado. Nicolau II acedeu em receber o príncipe Trubetskoi à frente de uma delegação de quinze elementos «em traje de cerimónia e de luvas brancas» e declarou: «Dissipai as vossas dúvidas. É inabalável a minha vontade, a vontade imperial, de convocar os eleitos do povo; estes participarão do trabalho governamental. Sigo o assunto dia a dia. Creio firmemente que a Rússia sairá regenerada da provação que a atingiu. Que se gere, tal como outrora, a união entre o czar e toda a Rússia, entre mim e os delegados da terra, união que estará na base de uma ordem correspondente a princípios genuinamente russos». Mas tais compromissos não figuraram no comunicado oficial autorizado pela censura.

No *Diário*, Nicolau II escrevia:

> «6 de Junho (1905). Calor extraordinário: vinte e três graus à sombra. Depois do relatório, recebi na Quinta catorze delegados

dos *zemstvos* e das cidades, nomeados pelo recente Congresso de Moscovo. Almoçámos sozinhos. Fomos à praia e divertimo-nos com as cabriolas das crianças dentro de água. Pela primeira vez, tomei banho à temperatura de catorze graus e meio, temperatura baixa mas repousante. Bebemos o chá na tenda. Recebi Alekseiev e Taneiev, chefe da Chancelaria Imperial. Após o jantar, demorámo--nos na varanda. De sudoeste, vieram novos aguaceiros acompanhados de magníficos relâmpagos».

Mais do que com os acontecimentos políticos, Nicolau II preocupava--se com o que acontecia no sector militar, com os motins posteriores à revolta do couraçado *Potemkine*. «Ocorreram também distúrbios no *Pruth*, conquanto tenha sido possível conter as outras tripulações da esquadra. É necessário castigar com severidade os seus mentores e cruelmente os rebeldes» – escrevia o czar. Dias depois, anotava: «Deus queira que esta história triste e vergonhosa termine o mais depressa possível!»

A derrota de Tsu-Xima abateu-o mais do que todos os outros acontecimentos: «Recebemos notícias contraditórias sobre o recontro da nossa esquadra com a frota japonesa; só se fala de perdas de nossa parte, mas não da deles. Esta ignorância é um peso terrível». E cinco dias depois: «Confirmam-me as trágicas notícias respeitantes à perda de quase toda a esquadra num combate de dois dias. O próprio Rojdestvenski foi ferido e feito prisioneiro. O dia está soberbo, o que mais agrava o meu desgosto».

O Manifesto de 17 de Outubro

Desde 18 de Fevereiro que o país aguardava febrilmente as conclusões da Comissão Buliguine, que deveria definir as modalidades de convenção da assembleia consultiva, a *Duma do Império*. O czar escolheu a data da Transfiguração, o dia 6 de Outubro, para dá-las a conhecer. Entre as exigências formuladas, só foi aceite o princípio do voto secreto, que seria garantido; excluídas foram as do sufrágio universal, da igualdade de representação – votar-se-ia por categoria – e a do escrutínio directo.

A resposta foi quase unânime, comentando-se: «Este desafio é obra de eunucos!» A maioria dos partidos revolucionários – socialista-revolucionário, menchevique e bolchevique – recusou-se a participar na «comédia eleitoral». A União das Uniões propôs a luta por meio da greve geral e, após prolongados debates nas universidades e nas fábricas, a greve estalou por fim, irreprimível. Nicolau II observa: «As greves dos caminhos-de-ferro, iniciadas nos arredores de Moscovo, alastraram a São Petersburgo. A linha do Báltico paralisou hoje. As pessoas vindas a audiência chegam a Peterhof com dificuldade. Para comunicar com Petersburgo, o *Dzorny* vai e vem duas vezes por dia. *Que tempos estes!*»

A greve endureceu brutalmente quando se supôs que tivessem sido presos os delegados dos ferroviários, convocados a São Petersburgo para discutir o problema das reformas; mas tratava-se de boato falso. Não foi, porém, boato falso, a ordem do dia do governador-geral Trepov aos seus soldados: «Disparar sem aviso prévio e não poupar munições» (14 de Outubro de 1905).

Três dias mais tarde, face à escalada insurreccional em perspectiva e após o apelo do soviete de São Petersburgo para que fossem «quebradas as grilhetas da servidão secular», no momento em que as greves alastravam aos serviços públicos e mesmo ao Senado governativo, vendo que o próprio Trepov lhe recomendava certas concessões e constatando a incapacidade de descobrir um general que contivesse a sedição, Nicolau II acabou por dar ouvidos a Witte e por seguir algumas sugestões do relatório deste último. Nesse memorando, o ministro observava que «o choque com a polícia e com o exército, as bombas, as greves, os acontecimentos verificados no Cáucaso, os distúrbios nas escolas, os levantamentos agrários, etc. são factos importantes, não em si próprios, mais sim pelo efeito que produzem no resto da população, não declaradamente contrária ao regime. É preciso não fechar os olhos e compreender a necessidade de impedir que as revoltas ultrapassem em crueldade outras que a História já conheceu. Desde Fevereiro que os objectivos da população visam muito mais longe do que anteriormente...» Witte fazia ainda ver a Nicolau II que a palavra «constituição não era apenas a ele que provocava uma espécie de pânico...»

Nicolau cedeu, mas na condição de que tal se fizesse com solenidade. Decidiu assim convocar a Duma e autorizar as liberdades tão esperadas através do *Manifesto de 17 de Outubro*. O «manifesto das liberdades», como se chamou ao documento, fazia três promessas:

1. Conceder à população liberdade cívicas fundamentais na base dos seguintes princípios: inviolabilidade efectiva do indivíduo, liberdade de consciência, de palavra, de reunião e de associação.
2. Fazer participar na Duma, sem mais delongas, as classes da população nesse momento privadas de todos os direitos eleitorais, deixando ao poder legislativo o encargo de desenvolver o princípio do sufrágio universal.
3. Estabelecer como regra imutável que nenhuma lei pudesse entrar em vigor sem ser aprovada pela Duma e que os eleitos do povo tivessem possibilidades de intervir na fiscalização da legalidade.

O *Manifesto* continha grande número de exigências feitas pelo sector liberal e era pouco compatível com o princípio autocrático. Nicolau II pronunciou-se de imediato contra a cláusula do sufrágio universal, afirmando: «É necessário evitar passos excessivamente grandes; logo de seguida estaríamos à beira da república democrática, coisa insensata e criminosa». No texto do manifesto, conquanto se não falasse de autocracia, também se não mencionava a constituição, a amnistia ou o fim do estado de sítio. Leão Trotski, presidente do soviete de Petrogrado, escrevia nestes termos:

«Dão-nos liberdade de reunião, mas as pessoas reúnem-se cercadas pela tropa. Dão-nos liberdade da palavra, mas a censura continua intacta. Dão-nos liberdade de ensino, mas as universidades acham-se ocupadas pela polícia. Dão-nos inviolabilidade pessoal, mas as prisões permanecem a abarrotar. Dão-nos tudo e nada temos (...) Não queremos fama sem ter proveito; não pretendemos um chicote disfarçado de constituição».

O *Times* comentava: «O povo venceu, o czar capitulou e a autocracia sobrevive». No conceito dos liberais, consumava-se a ruptura com o regime autocrático de outrora visto que ia por fim reunir-se uma assembleia do género da assembleia constituinte francesa de 1789. Esses mesmos liberais que aceitavam o *Manifesto* e que passaram a ser denominados outubristas não percebiam que ganhavam uma batalha mas que perdiam outra, pois as classes populares – pelo menos os operários organizados – rompiam com o regime e preparavam os caminhos da revolução; não seria uma simples mudança política que assumiria a forma de assembleia mais ou menos representativa.

A história russa atingia assim uma encruzilhada. Até aí, ainda que a sociedade estivesse dividida face à autocracia, a oposição permanecera unida, estimulada pela *intelligentsia* e pelos dirigentes das nacionalidades. A partir desse momento, porém, as classes populares afastaram-se dos liberais. As suas aspirações eram muito distintas: revolução social para as primeiras e compromisso político para os segundos.

Dois homens pelo menos tiveram nítida consciência de tal fenómeno: Miliukov, chefe do partido liberal dos constitucionais-democratas, que reivindicava uma Duma soberana; e Lenine, fundador do partido bolchevique, que era de opinião nada mais haver a negociar com o regime.

À semelhança de uma película cinematográfica cuja projecção se interrompe para depois recomeçar, também a revolução de Fevereiro de 1917 principiou exactamente nessa altura, no ponto em que se interrompera em 1905, iniciando-se por uma assembleia não soberana, pela revolta na capital, pela constituição de um soviete de deputados em Petrogrado e pela acção dos dirigentes da Duma em busca de vias conciliatórias entre a revolução social que se pretendia impedir e as mudanças políticas que Nicolau II se viu forçado a aceitar. Em 1917, Nicolau abdicou, mas demasiado tarde para os conciliadores.

É certo que, entretanto, de 1905 a 1917, haviam decorrido doze anos durante os quais a autocracia se recompusera e por duas vezes o Exército russo conhecera a derrota. De modo que, 1905 foi menos o «ensaio geral» de 1917 do que a primeira fase de um processo interrompido. Mas, na época, quem terá tido consciência cie tal coisa?

Nicolau II: «Respondei ao terror com o terror»

Após o *Manifesto* de Outubro, Nicolau II afastou Pobiedonostsev e seguindo – não sem reticências – os conselhos dos familiares e da mãe, nomeadamente, confiou a Witte o encargo de formar governo, verdadeira novidade essa, pois, até à data, os ministros só eram responsáveis perante o imperador. Witte não tinha um carácter repressivo, mas precisava de um homem com pulso que substituísse Trepov. Escolheu Durnovo, o que forneceu aos liberais e aos constitucionalistas um bom pretexto para recusarem participar no governo.

De facto, a situação mantinha-se igualmente grave e, em Dezembro de 1905, havia mais de quatrocentos mil grevistas, quase tantos como em Outubro. Pretendendo fazer cessar os distúrbios, o czar ordenou a Sologub, governador de Moscovo, que «respondesse ao terror com o terror». Este exerceu-se de maneira particularmente cruel nos países bálticos, onde os camponeses se haviam revoltado contra os barões alemães.

Mas a prova de força prolongara-se por demasiado tempo e, esgotado pelas greves, o soviete de São Petersburgo extinguiu-se por sua vez, tal como sucedeu aos outros. A polícia detém os seus duzentos e sessenta e sete delegados, na sede, no decurso de uma reunião. Na mesma altura, era abafada a revolta de Moscovo após uma semana de barricadas, «mérito» atribuível ao almirante Dubassov. Foi incalculável o número de vítimas.

Witte mantivera-se à parte em todos estes episódios, mas perdeu a estima tanto dos liberais como do czar. «É um verdadeiro camaleão – escrevia este à mãe – Depois do que se passou em Moscovo, quer enforcar e fuzilar toda a gente».

Nos campos, o movimento principiara, a bem dizer, antes das derrotas sofridas na Manchúria e do domingo vermelho. Cem domínios senhoriais da Ucrânia foram incendiados em 1902. Em 1905, durante a revolução, novecentos e setenta e nove outros tiveram a mesma sorte. A estes incêndios, há a acrescentar oitocentos e quarenta e seis ataques a latifúndios. O movimento diminuiu em seguida face à repressão, tanto nas cidades como nos campos, depois de Dezembro de 1905. Lenine comenta o assunto nos seguintes termos:

> «Os camponeses incendiaram cerca de duas mil residências de grandes proprietários fundiários e dividiram entre si os bens rouba-

dos ao povo pelos salteadores da nobreza. Infelizmente, tratou-se de uma acção pouco significativa, pois limitaram-se a destruir a décima quinta parte das residências, apenas um quinze avos do que deveriam ter destruído para varrer da face da terra a ignomínia constituída pelo latifúndio».

Os camponeses exigiam que as terras fossem entregues a quem as trabalhava. Essencialmente dirigida contra a nobreza detentora da grande propriedade, a acção dos camponeses exerceu-se também contra as forças da ordem. Mas o clero e a pessoa do czar foram poupados. Os mujiques detestavam os nobres, os proprietários, a burocracia, os «senhores», mas não odiavam o imperador.

Quanto ao Exército, composto por soldados-camponeses, esse servia-se das armas. Doze anos mais tarde, quando por sua vez se sublevou, recusando-se em seguida a marchar contra os Alemães, Kerenski recordou cruamente aos soldados: «Em 1905, não receastes disparar contra vossos irmãos!»

Mas, em 1917, o Exército não disparou.

Quanto a fazê-lo em 1905, a questão constitui verdadeiro problema, pois, conquanto o Exército disparasse sobre os operários, também se amotinou nesse final de ano. Há notícia de cento e noventa e três motins, envolvendo quarenta e cinco deles mais de uma unidade e setenta e cinco registando-se na Rússia europeia, longe do teatro das operações.

As revoltas estalaram logo após *o Manifesto de Outubro*, pois os soldados consideraram-no um incitamento à expressão das suas reivindicações, respeitantes, sobretudo, ao excesso de disciplina e aos abusos a que dava lugar. Os oficiais, porém, afirmavam que o *Manifesto* nada tinha a ver com a ordem militar, a disciplina ou os cidadãos fardados; não lhes competia reunirem-se nem fazerem-se ouvir.

Os motins cessaram quando o ministro da Guerra, juntando a repressão às promessas, garantiu aos soldados, entre outros benefícios, aumento de pré, melhoria de rancho e fornecimento de mantas e de melhor calçado. Terminaram também porque os oficiais de 1905, considerando deplorável a sorte das respectivas tropas, apoiaram os pedidos e aceitaram as propostas. A partir daí, a agitação terminou e os soldados obedeceram às ordens do imperador, pois, «sem o czar, a terra está viúva e, sem ele, o povo fica órfão». Kronstadt foi o único local onde circulou uma espantosa notícia: estava para breve o dia em que nem Deus nem o czar deteriam o poder; este pertenceria a um certo «comité revolucionário» cujo nome não dava a conhecer.

No Exército, não ocorreram os levantamentos espectaculares que se verificaram na Marinha. É certo que muitas unidades aderiram ao movimento revolucionário. Em Moscovo, por exemplo, constituiu-se mesmo uma «secção militar» do soviete, no qual estava representada uma dezena de regimentos. Houve também importantes sublevações militares na Sibéria e no Extremo Oriente, mas, segundo parece, mais relacionadas com a derrota e com a má organização das medidas tomadas para o regresso das tropas do que propriamente com um espírito revolucionário autêntico. No entanto, em Irkutsk, no mês de Novembro de 1905, uma manifestação de cem mil pessoas congregou ferroviários, operários, cossacos e soldados, podendo considerar-se o prenúncio dos acontecimentos de Fevereiro de 1917.

O movimento permaneceu circunscrito porque parte dos oficiais do exército do Extremo Oriente se solidarizou com os soldados. Assim apoiados, estes não desconfiaram (o que sucedeu em 1917) que aqueles pretendessem abandoná-los ou traí-los. Doze anos depois, sendo bastante mais sério o que estava em jogo e também maior a cólera dos soldados face ao comando, essa solidariedade deixou de existir, excepto entre os oficiais de trincheira e respectivas tropas. Instalou-se a desconfiança entre combatentes e oficiais superiores, desconfiança desencadeadora dos motins que vieram pôr termo às medidas repressivas ordenadas pelo czar.

Em 1906, contudo, o comando do Exército apercebeu-se de que, para «conter» os soldados, era preferível não os utilizar contra os manifestantes e sim treiná-los para melhor enfrentarem o inimigo exterior. O ministro da Guerra, o general A. Rediger, pôs o dedo na ferida no decurso de um conselho de ministros realizado em 1908. Como lhe perguntassem «em que pé se achava o treino dos novos recrutas», Rediger apontou para o ministro do Interior, Stolipine, atirando-lhe à cara: «O Exército não se treina; faz o vosso trabalho».

Fê-lo bem, reprimindo e disparando.

Mas, em 1908, a humilhação atingiu o auge. Em pleno conselho presidido pelo czar, o ministro da Guerra, Rediger, declarou que o Exército não estava de forma alguma preparado, nem mesmo para uma guerra de carácter defensivo.

O erro de Witte

Nicolau II supôs que os distúrbios terminassem depois de convocada a Duma; assim lho «prometera» Witte. O imperador dispunha de Witte – sempre ele! – mas teria preferido recorrer a «um militar enérgico, que sufocasse a rebelião». Trepov, pelo menos, sabia como agir. O czar comentava a respeito deste último: «Eis um homem que me é indispensável! Tem experiência, é cauteloso e inteligente... Digo-lhe para ler um extenso memorando de Witte e, de imediato, resume o conteúdo em poucas frases».

Havia também Orlov, é certo, o general que reprimira a revolta dos Letões, um «trabalho admirável» em que, ainda por cima, a população se virara contra os fautores dos incidentes, todos eles judeus...
A 10 de Novembro, Nicolau escreve à mãe:

> «O conselho de ministros reúne-se em minha casa de oito em oito dias. Fala-se muito, mas faz-se pouco. Todos receiam agir com energia e vejo-me forçado a espicaçá-los, incluindo Witte, para que tomem decisões. Aconselhas-me, querida mamã, a confiar em Witte. Garanto-te que faço o possível por debelar as dificuldades da *sua* situação (*sic*), mas não posso deixar de dizer-te como me sinto decepcionado. Todos o julgavam enérgico e autoritário e pensavam que, acima de tudo, restabeleceria a ordem. Mas, afinal, é mal visto por toda a gente, excepto talvez pelos judeus estrangeiros».

A culpa dos judeus

Para Nicolau II, bem como para os que o rodeavam, tudo quanto a acontecia de nefasto provinha dos judeus. Era-lhes atribuída a própria dificuldade de conseguir crédito em França; aliás, Guilherme II sugeriu-o a Nicolau II:

> «O motivo pelo qual a França acaba de recusar o empréstimo à Rússia relaciona-se menos com o caso de Marrocos do que com as notícias enviadas pelos judeus russos, chefes de revolução, aos seus parentes franceses, cuja influência execrável se faz sentir em toda a imprensa (Janeiro de 1906)».

De cada vez que um atentado ocorria, atribuía-se a culpa a um revolucionário judeu e depois as pessoas benziam-se, dizendo: «É impossível que ele seja russo!» Em boa verdade, os socialistas revolucionários que lançavam as bombas eram tão judeus como Plekhanov ou Lenine. O que matara o grão-duque Sérgio revelara o nome no dia do atentado a Briussov. Mas nem por isso deixava de repetir-se que se tratava de um judeu, como também se afirmara no caso dos atentados anteriores ou como se diria uma vez mais em Kiev quando Stolipine foi assassinado (em 1911).

Tanto na Ucrânia como na Rússia, os *pogroms* não tinham esperado pelo assassínio de Alexandre III para se manifestarem. Após 1881, contudo, passaram a ser incentivados pelo poder e pela polícia. «Para Alexandre III e seus ministros, os judeus constituíram um cómodo bode expiatório e pela primeira vez o anti-semitismo representou um meio para governar». Entre o povo, serviram de pretexto para as perseguições aos judeus os boatos de assassínios rituais por estes perpetrados.

Mas os *pogroms* nutriam-se também de outras acusações, sobretudo de ordem religiosa. Por exemplo, os popes ensinavam às crianças desde tenra idade que os judeus tinham morto Jesus, cometendo um crime infame. Aliavam-se a estas outras censuras relacionadas com as suas actividades: seriam quer agentes da nobreza terratenente (nomeadamente na antiga Polónia), quer responsáveis pela administração dos moinhos, do sal e das tabernas, quer ainda agiotas, sendo culpados da miséria, da embriaguez e da turbulência dos camponeses. Estes odiavam-nos pela obrigatoriedade de pagarem juros sobre os empréstimos contraídos, já que os bancos se recusavam a emprestar dinheiro a camponeses insolventes. Deste modo, para o poder, os judeus eram os promotores dos distúrbios; sobretudo quando eram militantes revolucionários.

A situação tornou-se de tal modo delicada que alguns desses revolucionários judeus não se atreviam a tomar posição contra os *pogroms* por temerem que tal contrariasse as primeiras manifestações de tomada de consciência política dos camponeses que, calculavam eles, depois se voltariam contra os proprietários e contra o regime. Por seu turno, a burocracia czarista achava que os banqueiros judeus sangravam o Estado russo, explorando o erário público do mesmo modo que os judeus de baixa categoria tornavam mais pobres os camponeses. O facto de um advogado judeu, Crémieux, ter defendido judeus acusados (sem razão) de crimes rituais e de, ao mesmo tempo, o banco Crémieux demorar a conceder um empréstimo, fez nascer nos Romanov e nos meios dirigentes a ideia de uma conjura judaica.

Em 1903, a polícia czarista chegou mesmo a redigir um texto falso – *Protocolo dos Sábios de Sião* – no qual se lia que, em 1897, em Basileia, os fundadores do *Bund*, o partido social-democrata judeu, haviam arquitectado um plano revolucionário mundial, de que aquele texto constituía os considerandos e, por assim dizer, o auto (1903). Os judeus intervinham em tudo quanto dissesse respeito a assassínios rituais, segredos e conjuras. No livro *Os Irmãos Karamazov*, Dostoievski não desmente esses crimes rituais; alguns Russos afirmavam que os atentados constituíam a sua versão moderna...

Pobiedonostsev, o teórico da autocracia, comunicou ao czar qual pensava ser a maneira de solucionar a questão judaica na Rússia: «Um terço emigrará, um terço converter-se-á e o terço restante perecerá».

O movimento revolucionário, que surgiu entre 1899 e 1901, apressou a formação de grupos reaccionários e anti-semitas*, tal como a União do Povo Russo ou os Cem Negros, seguidores das ideias do

---

* O anti-semitismo servia de base a uma ideologia pré-moderna, constituindo os judeus para os anti-semitas a guarda avançada de um movimento capitalista que desembocaria na democratização do país. Por consequência, enquanto Witte, que aspirava ao desenvolvimento económico, travava as medidas anti-semitas, o ministério do Interior, representante da ordem aristocrática, incentivava-as. (cf. H. D. Löwe).

francês Drumont e incentivadores dos *pogroms*. Em 1905, os *pogroms* de Kishinev, de Goml, e de outras localidades reataram a tradição inaugurada com os de Elisabetgrad, em 1881. Tudo se passava nas barbas da polícia, que não intervinha, pois «não podia disparar contra cristãos para proteger judeus».

Nicolau II foca o assunto em carta dirigida à mãe nos finais de 1905:

> «Aproveito a partida de Isvolski para falar-te de coração nas mãos. Em primeiro lugar, apresso-me a tranquilizar-te: a situação melhorou, sem dúvida. Nos primeiros dias que se seguiram ao *Manifesto*, os maus elementos da população ergueram altivamente a cabeça, mas houve forte reacção e a massa dos fiéis insurgiu-se. O povo indignou-se com a insolência e com a audácia dos revolucionários e dos socialistas e, como nove décimos destes são judeus, todo o ódio se virou contra eles; daí os *pogroms*.»

Nicolau II comenta ainda a tal respeito:

> «São espantosas a *unidade* e a *simultaneidade* destes acontecimentos em todas as cidades da Rússia e da Sibéria.
> «Na Inglaterra, naturalmente, diz-se que tais desordens são organizadas pela polícia: a velha fábula de sempre, já bem conhecida. Mas nem só os judeus tiveram de prestar contas; isso aconteceu também com os agitadores russos: engenheiros, advogados e todos os tipos de pessoas más. Os factos demonstram claramente a que extremos pode ir a multidão em fúria. Esta cercou as casas onde se tinham refugiado os revolucionários, incendiou-as e matou todos quantos delas saíram (...) Recebo telegramas comoventes de pessoas esperançadas em que a autocracia se mantenha. Mas por que motivo se calaram até agora?»

Ortodoxia, autocracia, pátria, União do Povo Russo

Essas pessoas tinham permanecido em silêncio porque, durante muito tempo e até essa altura, não sabiam que fazer. Com efeito, a constituição de uma extrema direita esbarrava numa dificuldade de princípio: o facto de esta se organizar significaria que o czar precisava de apoio e que o regime enfraquecera. Além disso, como explicava K. Golovine, «o simples aparecimento de uma força política, mesmo a mais fiel, pareceria uma espécie de rebelião». Todavia, certos tradicionalistas pensavam ser impossível continuar a contar com os burocratas: contaminara-os a «gangrena» liberal e o regime corria o risco de começar a apodrecer por dentro.

Não obstante isso, em fins de 1900, constituiu-se uma formação denominada *Russkoie Sobranie* («Assembleia Russa»), sob a forma de clube de reflexão, à qual Plehve aderiu como simples membro após pretender dissolvê-la. Presidida pelo príncipe D. Galitzine, contava cerca de quarenta elementos: generais, altos funcionários, juristas e publicistas como A. Suvorine e V. Purichkevitch. Estendeu-se à província e, em Novembro de 1904, os seus representantes afirmaram ao czar a tripla fé que os animava: ortodoxia, autocracia e pátria. Insurgiam-se contra qualquer paz humilhante com o Japão.

Sonolenta durante a revolução de 1905, mais ou menos substituída por uma organização ortodoxa, formada sobretudo por sacerdotes, (*Obchtchestvo Khorvgvenostsev* – os «Porta-estandartes»), a direita virtual achava-se impotente face à escalada revolucionária. Por iniciativa de um membro do Conselho do Império, B. Sturmer, este debalde tentou elaborar um contraprograma oposto ao dos liberais, com o qual o governo procurava conciliar-se.

O *Manifesto* de Outubro de 1905 serviu de detonador e deu origem ao reagrupamento de uma extrema direita organizada e agressiva. O regime exibia a sua fraqueza e não se sabia quem governava. Seria Witte, primeiro-ministro titular, acusado de traição pela direita por haver arrancado ao czar o manifesto? Ou seria o ministro do Interior, Durnovo, de quem se esperava maior firmeza?

Ou ainda o general Trepov?

A direita tinha de organizar-se, conseguir apoios entre as massas, opor-se aos revolucionários. A ideia, lançada pelo doutor A. Dubrovine, foi perfilhada pela maioria dos membros de pequenos movimentos anteriores à revolução. Nasceu assim a União do Povo Russo, que se desenvolveu, crescendo como uma avalanche. Os números que lhe dizem respeito variam, mas, em dois anos, terá contado com três mil e quinhentos pontos de apoio e com pelo menos cem ramificações, num total de adesões calculado entre seiscentas mil e três milhões. Com a ajuda das autoridades, fomentava e executava *pogroms* antijudaicos e antiliberais. Em 1907, possuía dois mil e duzentos associados em Odessa. Editava um jornal, o *Russkoie Znamia* («Estandarte Russo»), organizava reuniões e marchas. Pode ser-lhe atribuído o «caso Beilis», em que o rabino com o mesmo nome foi injustamente acusado do homicídio ritual de uma criança.

A 23 de Dezembro de 1905, o próprio Nicolau II concordou com usar o distintivo da União. Esta, derrotada nas eleições para a primeira Duma, contestou a política de Stolipine e recebeu o apoio oficial do czar em 1907. Longe de colocar-se em posição suprapartidária, Nicolau II enviou à União o seguinte telegrama: «Que a União do Povo Russo seja o meu sustentáculo e um exemplo para todos e para cada um dos que representam a ordem e a legalidade» (Junho de 1907).

Aparecimento dos partidos políticos

O czar contava com o apoio das referidas organizações. No entanto, todo o escol dos *zemstvos* e os elementos que constituíam a essência da sociedade culta aspiravam a participar no novo regime que resultaria do Manifesto de Outubro. Os seus adeptos ficaram conhecidos pelo nome de outubristas. Representavam a alta burguesia industrial em vias de desenvolvimento e também uma boa parte dos detentores dos latifúndios. Tinham por chefe A. Gutchkov, industrial moscovita que desempenhou um papel decisivo na Duma, desde 1906 até à queda do czarismo. O manifesto dos outubristas afirmava:

«O nosso povo tornou-se politicamente livre e o Estado um Estado de direito. Introduziu-se um novo princípio, o da monarquia constitucional. Esta nova ordem abre ao país uma via diferente. O grande perigo resultante de vários séculos de marasmo, que ameaça a própria existência do país, concita-nos à unidade e à formação de um governo forte e autoritário que conte com a confiança popular, único meio de fazer sair o país do caos actual.»

Seguia-se a esta proclamação um amplo programa de medidas destinadas a assegurar os direitos civis, resolver os problemas agrários, incrementar o ensino, melhorar a condição operária, etc.

O entusiasmo dos outubristas, porém, assentava num mal-entendido. Os termos do Manifesto feriam profundamente Nicolau II, que não desejava de maneira alguma instituir a monarquia constitucional e que se limitara a ceder face à pressão dos acontecimentos. Não via como marasmo o respeito pelas tradições e considerava ilegítimo o direito a que os partidos políticos se arrogavam de elaborar um programa; tratava-se de um atentado ao princípio de autocracia e da soberania. Ora, as alíneas do Manifesto outubrista e os termos do memorando de Witte não se afastavam tanto um do outro como poderia supor-se. Não tinha o ministro «pedido emprestado» alguns parágrafos do seu memorando (que constavam do Manifesto de Outubro) a um texto de V. Kuzmine-Karavaiev, indivíduo pertencente à esquerda liberal?

No entanto, parte do sector liberal rejeitara o Manifesto de Outubro. Esse sector era formado pela burguesia radical que, dias antes, constituíra o partido KD. Um dos seus princípios era o de que o governo deveria ser responsável perante a Duma e beneficiar da confiança desta. Além disso, o KD exigia garantias quanto às liberdades cívicas, a abolição da pena de morte, a extinção do Conselho do Império e, sobretudo, a expropriação, mediante indemnização, de parte das terras dos proprietários mais ricos, a fim de favorecer os camponeses delas privados. Face a estes liberais pertencentes aos «partidos burgueses», estavam os partidos socialista, social-democrata e socialista-revolucionário.

O grupo Libertação do Trabalho, fundado em 1883 por G. Plekhanov e representante da social-democracia russa, estabelecera sempre a diferença entre a revolução burguesa-democrática, que a queda da autocracia confirmaria, e a revolução socialista, que viria mais tarde como resultado do progresso capitalista e da ascensão operária. Ao dissociar claramente estas duas fases, Plekhanov e os marxistas afirmavam-se distintos dos populistas, preconizadores da instauração imediata de um regime socialista na Rússia através da emancipação e do desenvolvimento da comuna camponesa. Simplesmente, com a rápida subida da classe operária, os social-democratas calculavam ser curto o intervalo entre os dois processos revolucionários.

Os acontecimentos ocorridos nos anos de 1904 e 1905 conferiram nova actualidade a tais análises e, dentro em breve, a social-democracia teve de debater o problema da eventual participação num governo revolucionário provisório, caso este viesse a constituir-se, rejeitando-a globalmente, a menos que a revolução alastrasse ao resto da Europa. Estes debates eram animados por Martinov, Dan, Trotski e Plekhanov, mas o seu princípio foi contestado por Lenine, que os considerava inadequados visto confundirem a luta pela república com a luta pelo socialismo.

Deste modo, no decurso da revolução de 1905, bolcheviques e mencheviques distinguiam-se não tanto quanto ao princípio da ordem organizativa – ser a social-democracia um partido secreto e de vanguarda ou ser um partido democrático – como pela táctica e pelos objectivos prosseguidos por cada um dos grupos, mostrando-se os bolcheviques mais radicais e disciplinados.

Seja como for, após haverem dinamizado os sovietes, os mencheviques e os bolcheviques divergiram quanto ao problema da participação nas eleições para a Duma. Os bolcheviques mostraram-se hostis a essa «farsa», zombando dos «logros constitucionais que serviam apenas para desviar da insurreição os trabalhadores». Em contrapartida, os mencheviques participaram na campanha eleitoral a fim de divulgarem as suas ideias; aliás, conseguiram eleger dezoito elementos. Os bolcheviques anatematizaram-nos, muito embora, meses depois, não deixassem de fazer o mesmo, concorrendo às eleições para a segunda Duma a pretexto de ela lhes servir de tribuna.

Os socialistas revolucionários, tal como os bolcheviques, decidiram boicotar o processo eleitoral. Mas, face à decepção dos camponeses, que esperavam com impaciência o momento de dar a conhecer as suas reivindicações, parte deles desligou-se para fundar o grupo trabalhista, ou *Trudovaia gruppa*, cujos membros tomaram o nome de trudoviques, incluindo-se entre eles A. Kerenski.

Assim, concorreram ao acto eleitoral a extrema-direita, com a União do Povo Russo, o centro-direita outubrista, o centro-esquerda do

KD, a esquerda constituída por trudoviques e mencheviques e a extrema-esquerda dos socialistas revolucionários e dos bolcheviques, que boicotaram as eleições.

Com o sistema eleitoral adoptado, que era censitário, e um grau de participação desigual, o escrutínio concluiu-se pela vitória esmagadora do KD, que obteve cento e setenta e nove dos quatrocentos e oitenta e seis lugares. Os outubristas tiveram apenas quarenta e quatro, a extrema direita cerca de cem, os trudoviques noventa e quatro e os mencheviques dezoito; as nacionalidades conseguiram cem lugares, de tendência indefinida.

Perante este relativo desaire – o governo contava apenas com cento e quarenta e quatro lugares e com a voz dos deputados alógenos – Nicolau II e Witte decidiram reforçar as prerrogativas do Conselho do Império, numa altura em que o partido vencedor pedia que fosse suprimido esse órgão; tal medida tomava assim foros de provocação.

1906: «poder supremo ou poder ilimitado?»

Fortalecido pelo êxito da repressão dos distúrbios de Moscovo e pela inoperância dos sovietes, encorajado também pelo aparecimento de forças autocráticas espontaneamente organizadas, Nicolau II garantiu a uma delas, a União do Povo Russo, que «tencionava transportar sozinho o fardo do poder. O sol da verdade não tardará a erguer-se sobre a terra russa, dissipando todas as dúvidas».

É certo que se vira obrigado a promulgar o Manifesto de Outubro, mas estava disposto a restringir os poderes da Duma que dentro em breve se reuniria. Mostrava-se bastante atento e cuidadoso quando os princípios do seu poder autocrático corriam o risco de ser postos em causa. Testemunham-no a participação e as declarações do imperador nos debates para o estabelecimento das Leis fundamentais, debates realizados de 7 a 12 de Abril de 1906 em Tsarskoie Selo. O ponto fulcral da discussão foi o artigo 4 da Nova Lei Fundamental do Estado, que substituiria o anterior artigo 1. Este dizia o seguinte: «O imperador de todas as Rússias é um monarca autocrático, de poderes ilimitados. É obedecido não por medo, mas sim por dever, como Deus ordena». Na mesma matéria, o novo artigo 4 previa: «O imperador de todas as Rússias possui o poder supremo autocrático. Deve obedecer-se a esta autoridade não por medo, mas sim por dever, como Deus ordena».

A palavra «supremo» (*Verkhovnaia*) substituía «ilimitado» (*Neogranitchenny*). Eis alguns excertos dos debates:

«*Sua Majestade Imperial Nicolau II*: Vejamos esse artigo 4, que contém uma importante alteração. Desde que se procede à mudança da lei fundamental que não cesso de pensar nele. Há já um mês que o presidente do Conselho de Ministros me apresentou a versão modificada. Mas subsiste em mim a dúvida: terei o direito, face aos meus antepassados, de alterar os limites do poder que eles me legaram? Não deixa de perturbar-me este conflito interior e ainda não tomei nenhuma decisão. Esta ter-me-ia sido mais fácil há um mês atrás. Desde então, porém, recebi inúmeros telegramas, cartas e petições de todos os cantos da Rússia, remetidos por pessoas pertencentes a todas as classes sociais. Afirmam-me a sua lealdade e pedem-me que não restrinja os meus poderes, agradecendo-me o Manifesto de Outubro. Mostram-se a favor deste e também a favor de que sejam mantidos os direitos outorgados aos meus súbditos, mas solicitam igualmente que se não dê mais nenhum passo para cercear os meus poderes pessoais, continuando eu a ser o autocrata de todas as Rússias.

«Digo-vos sinceramente, creiam: se acaso estivesse convencido de que a Rússia desejava a abdicação dos meus poderes autocráticos, o faria para bem dela. Mas não creio que assim seja nem acho necessário alterar a natureza do meu poder supremo. É perigoso mudar-lhe a fórmula. Também sei que, não a mudando, poderá haver agitação e ataques. Mas de onde partirão eles? Das pessoas pretensamente cultas, dos proletários, do povo? Porém, sinto que oitenta por cento do povo está comigo. Não obstante isso, tenho de decidir se deverá manter-se o artigo 4 tal como está.

«*I. Goremikine* (acabado de nomear por Nicolau para substituir Witte): Inquietar-se-ia oitenta por cento da população e muitos ficariam descontentes se se limitassem os vossos poderes.

«*Conde K. Pahlen*: O problema está em saber-se se a palavra *ilimitado* se mantém. Não simpatizo com o Manifesto de Outubro, mas o facto é que ele existe. Vossa Majestade não poderá assim promulgar leis sem atender às instituições legislativas. A palavra *ilimitado* não deve permanecer na *Lei Fundamental*.

«*M. Aximov*: (...) Não sou apologista das liberdades concedidas pelo Manifesto de Outubro, mas Sua Majestade limitou voluntariamente os poderes pessoais através desse texto. Repor a palavra *ilimitado* seria desafiar a Duma. Acho que deve ser abolida.

«*Conde D. Solski*: Talvez fosse possível não promulgar a *Lei Fundamental*.

«*Grão-Duque N. Nicolaievitch*: O termo já foi suprimido por meio do vosso Manifesto.

«*Grão-Duque Vladimir Alexandrovitch*: Concordo com meu primo.

«*P. Durnovo*: O mal-estar não é gerado pelo povo, mas sim pelas classes cultas. São elas que regem o Estado. Não deixariam de perceber que o termo *ilimitado* contradiz o Manifesto e incitariam o povo a sublevar-se.

«*Sua Majestade Nicolau II*: Proponho uma pausa de quinze minutos.

«Quinze minutos depois:
«*Sua Majestade Nicolau II*: Dar-vos-ei a conhecer mais tarde a minha decisão. Há outros problemas na ordem do dia?
«Três dias depois, a 9 de Abril:
«*Conde D. Solski*: Vossa Majestade Imperial exprimiu o desejo de protelar a decisão quanto ao artigo 4. Que ordenais? Deverá manter a palavra *ilimitado* ou excluí-la?
«*Sua Majestade Nicolau II*: Decidi aceitar a fórmula proposta pelo Conselho de Ministros.
«*Conde D. Solski*: Por conseguinte, não se mantém a palavra *ilimitado*...
«*Sua Majestade Nicolau II*: É isso. Há que suprimi-la».

As *Novas Leis Fundamentais* foram assim publicadas a 12 de Abril pelo novo primeiro-ministro, Goremikine. O czar, inviolável e sagrado, era o único promotor das leis, chefe supremo das forças armadas, da administração e da diplomacia. Só a ele incumbia a política externa: nomeava e destituía sozinho os ministros, que não eram responsáveis perante a Duma, a qual não podia interferir nos assuntos de carácter militar. O imperador tinha poderes para dissolver este órgão, mas, por meio do artigo 87, durante as férias parlamentares, podia também tomar «todas as medidas legislativas requeridas por circunstâncias excepcionais».

Os poderes do czar, porém, haviam deixado de ser «ilimitados».

A abertura da Duma

A abertura da Duma, a 27 de Abril de 1906, faz lembrar a dos Estados Gerais, em 4 de Maio de 1789. O conde Kokovtsev, ministro das Finanças desde 1904, dá testemunho do acto:

«O salão de São Jorge tinha um curioso aspecto. Que multidão enorme! Toda a parte direita da sala era preenchida por homens uniformizados, por membros do Conselho do Império, do Senado e da Casa do Imperador. No lado esquerdo, aglomeravam-se os membros da Duma, reduzido número dos quais se apresentava de casaca ou de *smoking,* enquanto a grande maioria, ocupando ostensivamente as primeiras filas perto do trono, envergava blusas e camisas de algodão, tendo atrás dela os camponeses em trajes variados conforme as regiões ou as nacionalidades. À frente de todos, postava-se uma espécie de gigante com vestimenta de operário e botas ensebadas, que fitava o trono com insolência. Era o celebérrimo Onipko, que dentro em breve desempenharia importante papel nos acontecimentos ocorridos em Kronstadt.

Enquanto o czar lia o discurso, eu não conseguia desviar os olhos de Onipko, tão patente era a sua expressão de ódio, desprezo e insolência. Não foi apenas a mim que a sua atitude abalou. A meu lado, P. Stolipine, novo ministro do Interior, comentou: «Há que ter cuidado com esse aí. Perguntou a mim mesmo se não esconderá uma bomba na algibeira». V. Gurko, alta figura da administração superior, notou a mesma hostilidade a dividir as duas facções presentes na sala: «Crendo que impressionaria os membros da Duma, em especial os camponeses eleitos, a família imperial entrou na sala enfeitada com as jóias mais preciosas. Mas essa forma de causar impressão ao jeito oriental foi nesse dia particularmente inoportuna pois patenteava a riqueza ilimitada da família imperial face à penúria das classes populares. Os demagogos não deixaram de tirar partido do caso».

«Nicolau II avançou lentamente e instalou-se no trono com ar majestoso, enquanto os criados lhe ajeitavam a cauda do manto sobre os apoios do assento. Ao lado do czar, o general Roop mantinha, muito direita, a espada imperial; em frente, o conde Ignatiev sustentava o estandarte. Sobre quatro colunas, estavam depositados coroa, o ceptro, o globo e o selo.

«Faz-se silêncio e o czar leu em voz clara a mensagem que um dos ministros segurava. Concluída a leitura, a orquestra tocou o hino imperial e parte da assembleia rompeu em aclamações, o que impediu K. Petrunkevirch, F. Roditchev e outros de responderem à mensagem do soberano. Os contínuos fizeram então sair os participantes em perfeita ordem e com decoro. Estava um bonito dia e os regimentos de fardas multicores a contrastarem com o céu azul mantinham um aprumo impecável».

O conflito entre a Duma e o governo estalou de imediato logo na primeira sessão, conflito que se arrastaria até 1917 qualquer que fosse a composição da assembleia, quer a esquerda revolucionária aceitasse ou não participar nela, quer a lei eleitoral a excluísse ou não, quer se reunisse ou não – exigia-se então reabri-la, pois por muito impotente que fosse a assembleia, não deixava de constituir uma tribuna e os jornais reproduziam os debates.

Na abertura dessa primeira assembleia, denominada Duma da «esperança popular», os deputados K. Petrunkevitch e F. Roditchev fazem um único pedido: «A Rússia livre exige a libertação de todos quantos sofreram pela liberdade». É essa amnistia total que a Duma põe à frente da sua mensagem ao czar. «Sabemos quantos crimes se praticaram a coberto do sagrado nome do czar, sabemos do sangue que ensopa o teu manto de púrpura e de arminho». «Forçado!» – grita então um membro da extrema-direita, dirigindo-se a Karaulov, recém-chegado da Sibéria. «Sim, meus senhores, fui um forçado – respondeu Karaulov. «– De cabeça rapada, pés agrilhoados, percorri outrora o caminho infindável que

conduz à Sibéria. Eis o crime que cometi: quis proporcionar-vos o ensejo de vos sentardes nestes bancos. Dei o meu contributo para esse mar de lágrimas e de sangue que vos guindou a tal posição».
Estava dado o mote; uma ovação delirante saudou o orador.

Stolipine e a dança das Dumas

Mortificado, o czar recusou-se a receber os delegados que vinham propor-lhe um verdadeiro programa de democratização ao estilo do Ocidente: responsabilidade dos ministros perante a Duma, supressão das leis excepcionais, garantia de todas as liberdades, incluindo a de fazer greve, abolição da pena de morte, garantia de emprego aos operários, ensino geral gratuito, satisfação das exigências das nacionalidades, elaboração de uma lei agrária para responder à necessidade da posse de terras por parte dos camponeses e amnistia total e absoluta.

Após consulta a A. Trepov e P. Stolipine, Nicolau II dissolveu a Duma a 9 de Julho de 1906. Nessa altura, o grão-ducado da Finlândia gozava de certos privilégios, pois a polícia czarista não dispunha aí dos mesmos direitos que na Rússia. Os deputados esquerdistas da Duma – sobretudo os KD, visto a maioria socialista se ter recusado a participar nessas eleições – deslocaram-se então a Viborg, na Finlândia, de onde emitiram um manifesto: «Recusai-vos ao pagamento de impostos e ao recrutamento militar». Foram presos ao regressar à Rússia.

Stolipine, agora primeiro-ministro, era um homem de pulso. Nicolau II deixou-o agir, comentando: «Stopiline propôs ao príncipe Lvov e Gutchkov (um dos dirigentes outubristas) cargos ministeriais. Recebi-os, mas estes recusaram-nos, assim como I. Samarine, que rejeitou o cargo de Alto Procurador do Santo Sínodo. Nesta gente, o interesse pessoal sobrepõe-se ao patriotismo; alia-se a uma modéstia descabida e ao receio de se comprometerem-se. Passaremos sem eles». Ao ministro, o czar escrevia. «Falei com cada um deles durante uma hora. Estou profundamente convencido de que não convêm para cargos ministeriais. Não são homens de acção, sobretudo Lvov. Assim, não procuremos transformá-los em ministros».

E Stolipine deixou de insistir nisso. Sua filha foi vítima de um atentado bombista e seguiu-se-lhe um castigo severo. A reputação do novo ministro ficou desde logo estabelecida – a corda com que foram enforcados os insurrectos de 1905 e os autores dos atentados recebeu o nome de «gravata de Stolipine». Este governava recorrendo ao artigo 87 e aos tribunais militares especialmente criados para a circunstância. Propunha-se desarmar a oposição efectuando uma ampla reforma agrária.

Aquando das eleições para a segunda Duma, em Fevereiro de 1907, verificou-se nítido desvio para a esquerda. Tendo compreendido que a

Duma representava uma tribuna onde poderiam tomar a palavra, tanto Lenine e os bolcheviques, como os mencheviques e os socialistas revolucionários participaram nas eleições; à esquerda dos noventa e quatro KD eleitos, tomaram assento na assembleia cento e dezoito socialistas e um importante grupo de «trabalhistas». Tendo como pretexto uma conjura social-democrata contra a vida do imperador (quando, na verdade, os atentados eram obra dos socialistas revolucionários), e a recusa da segunda Duma em suprimir a imunidade parlamentar dos seus deputados, Stolipine resolveu dissolver desde logo essa segunda assembleia, que teria sido difícil de controlar. Para além disso, os deputados sociais-democratas foram presos.

Preparou-se nova lei eleitoral, violando as *Leis Fundamentais* promulgadas em 1906. O «golpe de Estado» permitiu a constituição de uma terceira Duma, a que se chamou Duma «dos senhores, dos popes e dos lacaios»; esta funcionaria até 1912.

«Graças a Deus que não temos parlamento!» – suspirava de alívio um dos ministros.

Não desejando uma assembleia de «professores», mas sim de «pessoas sãs, bem implantadas nas suas províncias», Stolipine conseguiu que apenas tivessem assento na terceira Duma os eleitos directos de sete cidades, em vez dos das vinte e cinco presentes na legislatura anterior; quarenta e quatro por cento dos deputados pertencia à nobreza e só três milhões e quinhentas mil pessoas tiveram possibilidades de votar. Foi reduzido o número de eleitos provenientes das nacionalidades: catorze polacos em vez de trinta e sete, dez representantes do Cáucaso em vez de vinte e cinco, etc. No entanto, face ao aumento da repressão e limitando-se a cinco milhões o número de cidadãos não sujeitos a jurisdição excepcional, esta terceira Duma não deixou de ser um «oásis de liberdade no deserto político russo» (T. Riha). Mas o oásis dispunha de parcos meios: o czar continuava a ter veto absoluto sobre todas as medidas legislativas, dispunha de plenos poderes quanto a política externa e podia valer-se do artigo 87 sem consultar a Duma, recuperando assim sem entraves a totalidade dos poderes pessoais. A Duma tinha o direito de falar, mas a sua composição tornava-a completamente dócil e só escasso número de oradores – o outubrista Gutchkov, por exemplo – criticava a orgânica da defesa nacional.

Nicolau II: «Mas quando se calarão eles?»

Nicolau II, porém, nem mesmo assim suportava a assembleia. Os ataques de Gutchkov visavam indirectamente a família imperial, visto os grão-duques ocuparem quase todos os altos-comandos. Recusava-se a que os ministros discutissem os projectos diante da assembleia e destituiu dois deles, A. Rediger e A. Polivanov, por se terem mostrado excessivamente «cooperantes» e por haverem encetado debates em matéria de defesa.

Em 1909, Nicolau II proibiu o novo ministro da Guerra, Vladimir Sukhomilinov de comparecer perante a Duma: «Por que motivo discutir com eles? Sois meu ministro e não deles. Não criei a Duma para que me desse instruções, mas sim para recolher pareceres». Assim, Sukhomilinov absteve-se de voltar à Duma.

O imperador não era o único a ver com maus olhos qualquer espécie de representação popular. Os ministros e os burocratas achavam também que todos os elementos válidos da nação russa ocupavam já o aparelho de Estado. Fora dele, havia apenas «alguns utopistas ou fanáticos, os politiqueiros».

Com os desaires da guerra contra o Japão, esses homens, os pretensamente melhores, conheceram um fracasso trágico. Havia assim que reconsiderar o caso. O hábito era muito antigo, porém, e encontravam-se sob vigilância as únicas escolas de governação existentes na altura: os *zemstvos* e os municípios. Com efeitos, entre 1900 e 1914, o ministro do Interior anulou a eleição de duzentos e dezassete presidentes de município e de conselhos municipais das trezentas e dezoito cidades que dispunham desses órgãos; afastava-se a hipótese de dialogar com «aquela gente».

Entre a aristocracia, a burocracia e o povo, gerou-se assim uma espécie de vazio social, que comerciantes e industriais não conseguiam preencher, pois estes estavam acostumados a dobrar a espinha e os seus interesses não residiam na política. Foi esse vazio que abriu caminho à «classe operária», ou, melhor, aos partidos políticos que se exprimiam em seu nome.

Estes partidos encontravam-se também sob vigilância «reforçada». Mesmo depois de 1906 apenas eram legais a União do Povo Russo, os outubristas e o partido da Reconstrução Pacífica. Os partidos socialistas de massas, quer fossem «operários», «camponeses» ou «burgueses», não tinham direito de registar-se como tal. O ministro do Interior, P. Durnovo, afirmava: «Pela minha parte, não reconheço os partidos políticos». Entre 17 de Outubro de 1905, dia do Manifesto, e o mês de Janeiro de 1906, quarenta e cinco mil pessoas sofreram o exílio administrativo por razões de ordem política.

O único local público onde podia exercer-se certa liberdade de palavra era, paradoxalmente, o tribunal, o que explica o papel privilegiado que os advogados e os juristas desempenharam no movimento revolucionário: M. Maklakov, A. Kerenski, Lenine e vários outros. A imprensa foi mais livre após 1906 do que tinha sido até aí. O número de jornais passou dos cento e vinte e três anteriores à revolução, para oitocentos em 1908 e para mil cento e cinquenta e oito em 1913. O ponto principal foi o facto de esses jornais darem extraordinária repercussão ao descontentamento que grassava em toda a Rússia ao publicarem os debates da Duma. Lenine compreendeu o significado disso, persuadindo os bolcheviques a apresentarem candidatos às eleições da segunda Duma para poderem beneficiar dessa tribuna. Como somente seis por cento dos deputados da primeira Duma não eram inelegíveis, essa assembleia, a denominada «da cólera popular», permitiu de facto que as organizações revolucionárias se expressassem; o que pouco durou, pois Stolipine decidiu dissolvê-la *in continenti.*

Na terceira Duma, falou-se um pouco de tudo: de educação, da reforma da Igreja Ortodoxa, sobretudo do problema das nacionalidades, da organização da defesa, etc. O outubrista Gutchkov congratulou-se repetidamente pelo facto de isso ser possível graças ao Manifesto de Outubro, que transformara a Rússia numa espécie de monarquia constitucional, o que, embora não fosse exacto, tinha o condão de irritar prodigiosamente Nicolau II. Agastava-o também o constitucionalista-democrata Miliukov, ainda por cima professor de História, que, durante dez anos, não cessou de desejar que o governo fosse «da confiança» da Duma e, ainda mais, que fosse responsável perante ela. «Mas quando se calarão eles, quando se calarão?», repetia Nicolau II.

Tratava-se apenas de um processo de divórcio entre o czarismo e a sua oposição «legal». Com a oposição «ilegal» – sociais-democratas, mencheviques, bolcheviques, socialistas-revolucionários e socialistas-populistas de Kerenski – o diálogo estava fora de causa! Todos os dirigentes tinham sido forçados a emigrar, Lenine para a Suíça, Trotski para França, ou encontravam-se na Sibéria, o caso de C. Brechko-Brechkovskaia, de I. Tseretelli, de V. Tchernov e de vários outros.

A prova ia recomeçar, mas com novos intervenientes.

Terá havido engano quanto ao carácter de Nicolau II? Diziam-no indeciso, jovial, brando, influenciável, lacónico, algo ingénuo. E os inimigos do regime nunca perdiam a oportunidade de culpar os ministros, o regime, o círculo de pessoas que envolvia o soberano. Em 1906--1907, foi-lhe mesmo atribuída uma tentativa de abertura junto aos deputados da Duma. Mas os KD, chefiados por Miliukov, haviam-se mantido intransigentes, exigindo que o imperador adoptasse integralmente o seu programa.

«Esperai, sede mais pacientes» – aconselhava-os D. M. Wallace, um inglês, velho conhecedor da Rússia. «Por quanto tempo?» – perguntou um dirigente KD. «Oito a dez anos. Em Inglaterra, foi preciso um século para chegarmos à monarquia parlamentar». «Oito a dez anos é demais! Não esperamos tanto tempo».

Nicolau II sentira perfeitamente a intransigência desses deputados e dela tomara nota. O príncipe Lvov comenta: «Longe de achá-lo desamparado, abatido de desgosto e sofrendo pelo povo, encontrei-me perante um folgazão jovial que envergava uma camisa cor de framboesa com uma larga faixa passada sobre o tronco» – traje que o imperador acabava de destinar ao batalhão de atiradores da família imperial.

Terrorismo e repressão

Nicolau II disse a V. Kokovtsev: «Não tencionava lançar-me num rumo desconhecido. Queria analisar o valor da proposta que me faziam. Mas agora não hesito, não tenho o direito de renunciar ao legado dos meus antepassados e devo entregá-lo intacto a meu filho». E, segundo Kokovtsev, terá dito a Stolipine. «Tivemos razão em dissolver a Duma. Pedir-nos-iam responsabilidades de nos mostrássemos fracos e indecisos. Sabe Deus que aconteceria se permitíssemos que subsistisse esse foco de rebelião. O dever obriga-me a lutar, mesmo com o risco de perecer».
De facto, o círculo tornava-se cada vez mais apertado em redor do imperador.

Face à intransigência do regime e à recusa de diálogo com o país, o terrorismo recrudescera. De início, os que o praticavam tinham suposto que os ensinamentos da revolução seriam proveitosos e que o czarismo arrepiaria caminho. Aliás, os terroristas estavam dispostos ao sacrifício da vida. Decapitadas durante o reinado de Alexandre III, as forças terroristas haviam-se reorganizado, embora com prudência, devido à vigilância da Ocrana, recomeçando os atentados. Em 1901, o estudante P. Karpovich assassinava o ministro da Instrução Pública, num acto solitário, mas executado de acordo com as normas da moral: «A morte será a expiação para o crime que cometi». No dia seguinte ao do assassínio de Plehve, em 1904, o *The Times* escrevia: «Plehve levou a extremos anormais, mesmo para a Rússia, a teoria e a prática do absolutismo. Fechou hermeticamente todas as válvulas e, feitas as contas, o mundo não se espanta que a caldeira tenha rebentado». O terrorismo encontrava agora justificação num regime considerado iníquo e, no estrangeiro, a opinião democrática e liberal aprovava-o. «A bomba é o único meio através do qual a opinião rebelde consegue fazer-se ouvir». Admitia-se esta justificação pois, na ausência de burguesia revolucionária, era necessário que operários, camponeses e intelectuais fizessem «saltar os pregos ferrugentos que mantêm fechado o nosso caixão» (Guerchuni).
O terrorismo vitimou diversas pessoas: Bogolepov, Sipiaguine, Plehve; depois Bobrikov, o grão-duque Sérgio, o general Kozlov – morto acidentalmente em vez do general Trepov – o general Mine e, por fim, Stolipine.
Depois da revolução de 1905, reprimida com crueldade – sem falar das inúmeras vítimas do *domingo Vermelho* – o czar deixou de ser cha-

mado «desventurado», passando a ser apelidado de «sangrento», e sendo alvo dos ataques da organização terrorista dos socialistas revolucionários. A Ocrana estava a par disso, pois o chefe da organização terrorista era Azev, agente duplo que informava Guerassimov, o chefe da polícia, prestando ao mesmo tempo serviços inestimáveis aos grupos revolucionários. Abortaram por duas vezes os atentados contra Nicolau II – um marinheiro que deveria abatê-lo confessou que a mão lhe tremera no último instante.

«É preciso liquidar essa ralé» – repetia Nicolau II, recusando-se a interceder a favor dos revolucionários presos. «E atrevem-se a falar-me de amnistia!» – exclamou certa vez, batendo com o punho no tampo da mesa.

O terrorismo fizera as suas vítimas; mas qual o balanço da repressão? Um relatório de Karl Liebknecht diz o seguinte:

«A estatística ainda incompleta proveniente de fontes oficiais mostra que:

«Entre 1906 e 1910, foram condenadas à morte por «crimes» políticos cinco mil setecentas e trinta e cinco pessoas, isto é, cerca de um sexto dos julgados no decurso de processos políticos; foram executados três mil setecentas e quarenta e uma.

«A atrocidades destes números resulta sobretudo do facto de, durante o período que medeia entre 1825 e 1905, ou seja, no decurso dos oitenta anos anteriores à revolução, apenas um total de seiscentos e vinte e cinco «políticos» haverem sido condenados à morte na Rússia, tendo sido executados apenas cento e noventa e um.

«Durante os cinco primeiros anos da era constitucional, o número de condenações à morte aumentou assim cento e oitenta vezes! No decurso desses últimos anos, o número de execuções na Alemanha cifrou-se numa média de cerca de quinze por ano.

«Entre 1906 e 1910, as instâncias judiciais condenaram por delitos políticos um total de trinta e sete mil setecentas e trinta e cinco pessoas, das quais oito mil seiscentas e quarenta à *Katorga* (trabalhos forçados) – não contando com cinco mil setencentas e trinta e cinco condenações à morte, quatro mil cento e quarenta e quatro foram condenadas às companhias de detidos, mil duzentas e noventa e duas a batalhões disciplinares e mil oitocentas e cinquenta e oito a colónias de forçados; os condenados foram ao mesmo tempo privados de todos os direitos cívicos.

«A «colónia de forçados» consiste em deportar as pessoas, desprovidas do mínimo auxílio, para desertos inóspitos. Este método em pouco se distingue daquele que aplicava o regimento dos Jovens Turcos para tornar inofensivos os cães da velha Constantinopla. As regiões da «colonização» são as menos férteis e as mais geladas do globo terrestre. Temperaturas de trinta a cinquenta graus negativos reinam aí em muitos locais durante vários meses. É nelas que os «colonos», reduzidos pela força ao estado selvagem, procuram lutar pela sua miserável subsistência servindo-se dos meios mais primitivos e sem disporem de um só copeque. Entre essa gente, figuram também mulheres e crianças. Este castigo é infligido com frequência pela simples adesão ao partido social-democrata. Actualmente, existem entre cinco a seis mil colonos forçados!

«Às condenações das instâncias judiciais, há a acrescentar um número enorme de sentenças a prisão e a exílio pronunciadas pelas autoridades administrativas.

«Hoje em dia, de acordo com as estatísticas oficiais, as cadeias e as casas de reclusão – ente as quais as de Serentui, Akatui, Tobolsk, Orel, Iaroslav e Moscovo (Butirka) constituem as mais tristemente célebres – proporcionam «lugar» a cerca de cento e quarenta mil prisioneiros, isto é, quase mais cinquenta por cento do que há três ou quatro anos, negligenciando-se o mínimo exigível pelos requisitos da higiene. Com efeito, em 1913, a média de pessoas nelas existentes era de cerca de duzentas e vinte mil, elevando-se por vezes a duzentas e cinquenta mil. Entretanto, esse número continuou a crescer, não obstante a célebre amnistia do jubileu, de que apenas beneficiaram os criminosos de delito comum. Os prisioneiros vivem por vezes mais empilhados do que animais em estábulos, de tal forma que, em certas alturas, só lhes é possível deitarem-se por turnos. Durante grande parte do período de cumprimento da pena, os prisioneiros da Katorga permanecem agrilhoados noite e dia a correntes de ferro e não é raro retirarem-lhes ainda o pedaço de coiro de protecção colocado sob o metal, de modo a que o ferro, em contacto directo com a pele nua, nela roce provocando ferimentos.

«Para a alimentação, abona-se aos prisioneiros uma média de dez copeques por dia e por cabeça. Desnecessário será dizer que esta verba é mais do que insuficiente para alimentar uma pessoa, sobretudo vivendo em condições externas e internas tão anormais como as dos prisioneiros russos. Além disso, grande parte da verba irrisória vai parar às mãos do bando de ladrões constituído pela burocracia russa; quanto à parte restante, apenas dá para adquirir víveres miseráveis cuja confecção desafia qualquer relato.

«O vestuário, reduzido a andrajos e imundo, é insuficiente em todos os aspectos. São negligenciadas as mais elementares normas de limpeza e de higiene. Parece incrível que seres humanos possam viver, por escassas semanas que seja, em semelhantes atmosfera e decadência; por vezes, é proibido abrir os ralos de ventilação. Limita-se sistematicamente ou corta-se mesmo por completo o direito ao passeio. Na maioria dos casos, suprime-se também o trabalho, sem o qual toda a privação de liberdade se transforma em intolerável suplício, mesmo em condições de vida favoráveis. Mantém-se e cria-se trabalho apenas nos seus aspectos mais penosos e prejudiciais à saúde, tal como a limpeza da lã. Tendo os prisioneiros direito a uma ocupação pessoal, este foi abolido na maior parte dos casos.

«Levando em conta tudo isto, só pode ser terrível o estado de saúde dos prisioneiros. A tísica e a disenteria, o tifo e o escorbuto fazem razias mortíferas. A mortalidade ultrapassa todos os limites, sendo cinquenta e cinco por cento das morte devidas à tuberculose. Mas as barbaridades não terminam aqui. Aviltam-se metodicamente os prisioneiros e, em particular, os prisioneiros políticos, encarcerando-os nas mesmas celas dos detidos de direito comum e submetendo-os com frequências à brutalidade ditatorial dos mais vis dentre estes últimos, os «ivans» que, como é óbvio, são os favoritos da administração dos estabelecimentos prisionais deste género. Os insultos grosseiros e os vexames constituem o pão nosso de cada dia, acompanhados de maus tratos de manhã à noite, desde o início do encarceramento. Sobre suas cabeças paira continuamente a ameaça de um sistema disciplinar bárbaro, em que a cela escura e os correctivos à bastonada, que a justiça e a política crêem ser de novo indispensáveis, desempenham o papel principal. Torturas ao estilo medieval figuram na ordem do dia de muitas casas de correcção. É assim que se suprime o que resta de sensibilidade e de dignidade humanas ainda existentes nos prisioneiros que não sucumbiram às epidemias ou às balas dos guardas, postados diante dos postigos das celas e sempre prontos a disparar. Aos infelizes que anseiam pelo término dessa existência infernal só lhes resta a fuga por meio da morte; assim, às epidemias de doença, aliam--se verdadeiras epidemias de suicídio.

«Czar, espera-te a hora do castigo!»

A *intelligentsia* considerara a revolução de 1905 um fracasso trágico e vários anos se passaram antes de ocorrer a primeira fase de um processo ou de um outro «ensaio geral». Contudo, o projecto revolucionário fortalecera-se e Merejkovski advertia o Ocidente de que «bem sucedida ou não, a revolução russa é agora tão absoluta como a autocracia que ela nega». Merejkovski retomava a ideia de Herzen de que a Rússia não seria nunca um «centro restrito» e que ela «incendiaria a Europa, que pretendia extingui-la». O exaspero da *intelligentsia* exprime-se então em todas as suas formas. Visa não só os funcionários czaristas e o Conselho do Império – que Repine pinta como natureza morta, «morta como Cartago antes de ser destruída» – mas também e sobretudo a pessoa de Nicolau, representando nas caricaturas sob a forma de burro. São os poetas, tais como Konstantin Balmont, que exprimem com maior energia a cólera popular:

O NOSSO CZAR

Nosso czar – Mukden; nosso czar – Tsu-Xima,
Nosso czar – tarefa sangrenta,
Fedor de pólvora e de fumo,
Negra tem a alma,
Nosso czar, débil e cego,
Prisão e chicote, que fuzila e enforca,
Czar malfeitor a merecer a forca (...)
Espera-te a hora do castigo,
Czar, que começou onde? – em Xodinka
E que terminará onde? – no patíbulo!

(1906)

Enquanto, até à data, a *intelligentsia* considerara indigno dela sair à rua e «exibir o estandarte vermelho», a partir daí passa a conviver com os terroristas; Merejkovski com Savinkov, Biély com Calentinov e Gorki com Lenine.

Depois de constituídos os partidos socialistas, opera-se uma certa fusão entre a *intelligentsia* propriamente revolucionária, por um lado, e os escritores e os artistas, por outro.

As liberdades adquiridas em 1905, as relativas à imprensa, nomeadamente, permitiram à literatura de oposição desenvolver-se em profundidade, consistindo nisso uma das principais diferenças entre as épocas anteriores e posteriores a 1905. Antes desta data, os destinos da Rússia e do czarismo eram discutidos pelos pensadores que falavam em nome pessoal e que encarnavam opiniões e estratégias individuais; depois de 1905, contudo, os mesmos debates, muitas vezes radicalizados, transformam-se em dado comum a todo um meio social e profissional constituído por escritores, artistas e militantes políticos.

Segundo a expressão de Merejkovski, toda uma «civilização literária» intervém agora na luta política aberta contra Nicolau II e participa nela ao lado das organizações e dos partidos. Homens tão diferentes como o autor de *O Galo de Oiro*, Rimski-Korsakov, o pintor Repine, Alexandre Blok, que dentro em breve se tornaria o poeta de revolução, e o romancista Máximo Gorki, achavam-se assim contra o poder autocrático.

Contudo, o advento de Gorki assinala um deslize e uma fractura no processo condenatório geral do czarismo. Para os bolcheviques, de quem se aproxima, o escritor encarna sem dúvida o povo e, para Lenine, as suas reacções constituem um indício quanto ao ânimo das classes oprimidas. Mas Gorki identifica-se menos com os camponeses do que com as novas camadas urbanas cuja cólera, impaciência e necessidade de evasão exprime. «Que a tempestade se desencadeie!» pede este vate dos deserdados. A mística que o anima associa-o àqueles a quem também preocupa o cientismo mecanicista dos novos niilistas, os marxistas, e participa na renovação religiosa e crítica anunciada por Petrel e Rozanov que conduz ao movimento dos Primeiros Passos. Os atentados perturbam-nos tanto quanto os crimes do czarismo e crêem que o fim não justifica os meios. «Porquê indignarmo-nos com as fogueiras da Inquisição se também os inquisidores acreditavam preparar assim a felicidade das gerações vindouras?» perguntava Rozanov.

Até 1905, Nicolau II e a corte acusaram a sociedade de semear a revolta e de incitar o povo contra o seu bem-amado czar. Quando este mito ruiu, foi para dar lugar ao aparecimento de outra ilusão: a certeza que a *intelligentsia* tinha de se achar mais perto do povo que do czarismo. Rosanov-Varvarin, que escrevia no *Russkoie Slovo*, referiu-se sem piedade a essa confusão dos intelectuais, dos liberais russos: «Depois de assistirem ao admirável espectáculo da revolução, foram buscar ao vestiário os belos sobretudos forrados para regressarem às moradias confortáveis. Mas as peliças haviam desaparecido e as casas estavam em chamas».

Esse pesadelo, prematuro em 1905, mas tão real anos depois, só raras pessoas puderam imaginá-lo, repudiando-o logo de seguida.

O despertar revolucionário e o aviso da Duma

Em boa verdade, a repressão, longe de abater os liberais e os revolucionários, apenas lhes exacerbou a ira. Já não constituíam somente uma vanguarda, como antes de 1905; achavam-se agora duplamente fortalecidos, os primeiros graças ao extraordinário progresso económico em curso e os segundos em consequência dos efeitos perversos das leis de Stolipine. A sua lei agrária, ao gerar um embrião de campesinato independente, nem por isso deixara de conduzir ao afluxo dos mais pobres aos arrabaldes da cidades, onde se formava um proletariado exasperado pelas precárias condições de existência quotidiana e mais solidário graças ao agrupamento em unidades fabris de grandes dimensões.

O massacre dos operários das minas de oiro do Lena, em 1912, esteve na origem do extraordinário despertar do movimento grevista sentido por todo o país. As greves tiveram a sua origem em reivindicações salariais, é certo, mas tomavam cada vez mais a forma de autênticas revoltas contra a opressão e contra as formas autoritárias impostas aos trabalhadores nos locais de trabalho.

O mesmo é dizer que a ordem czarista que, até aí, apenas mal tratara directamente as elites – e as nacionalidades oprimidas – passava a maltratar também os milhões de Russos que, nas fábricas, descobriam tal realidade, esclarecidos pela propaganda revolucionária e estimulados pela agitação dirigida contra o conjunto da administração, do governo e do Estado.

Exasperado por este clima e cada vez mais sob a influência de Alexandra, Nicolau II manifestava tendência para o conformismo. Quando soube, por exemplo, que, em Londres, o rei e a Câmara dos Comuns haviam dado uma festa em honra do presidente da Duma, perguntou a si próprio se, como represália, não deveria receber também uma delegação dos terroristas irlandeses do Sinn-Fein. Para ele, a oposição principiava com o primeiro-ministro; depois de Witte, homens tão pouco suspeitos de simpatia pelas ideias liberais como Trepov e Stolipine foram também vítimas da sua desconfiança. «Santo Deus, como tardavam a dissolver a Duma! Quando a impediriam de falar?».

Mas, graças à Duma, a política tornara-se propriedade de todos os cidadãos, assunto que Nicolau II repudiava. A própria extrema direita sofria a afronta de não ser privilegiada pelo imperador, pois este só excepcionalmente escolhia um ministro a ela pertencente. Existindo quatrocentos a quinhentos deputados que se consideravam o escol do país ou pelo menos seus representantes, Nicolau seleccionava os ministros – tal como afirmava Goremikine, falando por experiência própria – «como se retirasse ao acaso do guarda-fatos um velho sobretudo a cheirar a naftalina, quando de improviso se é obrigado a sair, vestindo à pressa um agasalho». I. Goremikine, chamado pela segunda vez para o governo em 1914, tinha já setenta e cinco anos de idade e comportava-se como um alto funcionário respeitoso, que recebe ordens e as transmite sem pestanejar. Não podia fazer sombra ao seu soberano. E, além disso, também ele ignorava a Duma.

A quarta Duma, eleita em 1912, por um período de cinco anos, era ainda mais conservadora do que as anteriores. No lugar dos cento e noventa camponeses que haviam tido assento na primeira Duma, figurava nela uma maioria absoluta de elementos da nobreza e quarenta e oito eclesiásticos. A direita, o centro e a esquerda equilibravam-se, mas a esquerda era representada, na essência, pelo KD. A extrema esquerda, cujo poder ficara demonstrado aquando das greves de 1905 e depois em 1912 e em 1913, teve direito a quinze eleitos apenas. Quanto mais o país se radicalizava, mais a lei eleitoral «endireitava» a assembleia e maior era a influência da nobreza.

E, para além disso, cada vez mais o czar e o governo se recusavam a dialogar com a Duma. Uma moção assinada pela assembleia exprime bem o tom das relações existentes entre o governo e a Duma. A referida moção foi votada quando o ministro do Interior, N. Maklakov, apesar de membro da União do Povo Russo, levou a debate o seu orçamento quando a assembleia perfilhava na globalidade as suas ideias:

«1. Considerando que o ministro, ao continuar a fazer uso de medidas excepcionais agora que a ordem foi restabelecida no país, suscita assim o descontentamento geral da população e um legítimo sentimento de revolta contra medidas desnecessárias; 2. Considerando que a autoridade do poder deve fundamentar-se na aplicação das leis e que é o ministro que as ridiculariza, destruindo o respeito da população por elas; 3. Considerando que, ao transferir a reforma para a autogovernação local, o governo entrava o progresso económico e cultural; 4. Considerando que, ao manter as actuais leis sobre as nacionalidades, a administração desintegra a unidade da nação e enfraquece a Rússia».

— Não será isto inadmissível?! – perguntou N. Maklakov ao czar.
— Que a maioria e a minoria apresentem os seus pontos de vista e o imperador tomará as medidas necessárias...
O czar aprovou a sugestão e, e, Junho de 1914, segundo o ministro da Justiça, I. Chtcheglovitov, o gabinete reuniu-se para discutir especificamente a passagem da Duma de corpo legislativo a assembleia consultiva. Prevendo a cólera que daí adviria, o governo opôs-se à mudança, mas nem por isso o propósito de Nicolau II deixou de exprimir-se com clareza.

As reformas de Stolipine

No plano político, P. Stolipine, no entanto, procurou estabelecer uma espécie de vínculo ou pelo menos de compromisso entre o governo, a sociedade e as instituições representativas. Apresentou a Nicolau II um *Relatório* que visava a reforma administrativa do Estado (Maio de 1911). Propunha três medidas: criar um ministério da administração local que se ocuparia dos problemas relativos aos *zemstvos*; inserir nos ministérios existentes novos departamentos consagrados à saúde, ao trabalho, às nacionalidades e aos recursos naturais; e, por fim, atribuir a especialistas esses ministérios, o que teria o efeito de limitar de facto, mas não explicitamente, a capacidade do soberano para a escolha dos membros desse governo.

Stolipine ter-se-á mesmo proposto dissolver a terceira Duma e aplicar o artigo 87, o que faria supor que assim agia constrangendo a representação eleita. É isto pelo menos o que afirma A. Zenkovski, incumbido de redigir os pormenores do projecto, projecto a que não seria dado seguimento, porém, por falta de resposta de Nicolau II.

A habilidade de Stolipine revelava-se assim estéril. É certo que conseguiria manter a aliança entre o governo e a direita outubrista que, com razão, via no Conselho do Império (que condenara de início) uma eventual contrapartida à Duma. Mas, ao paralisar a acção dos liberais, nomeadamente graças à reforma agrária, a sua política teve o efeito de aproximar a oposição da esquerda, de aproximar certos outubristas dos KD e os mais radicais destes últimos dos socialistas mais moderados, enquanto a esquerda socialista se radicalizava.

Este movimento geral de *Levenie* (esquerdização) fez eco do progressivo descontentamento de certo sector do campesinato, tanto daquele em que os camponeses resistiam à transformação das suas comunas, como daquele em que eram obrigados a partir constrangidos por tal transformação. O campesinato mantivera-se relativamente tranquilo depois de 1907 e ainda mais depois de 1911. Mas as desigualdades sociais agravavam-se nos campos e, em 1917, os efeitos perversos das reformas de Stolipine manifestaram-se aí com violência.

... e as reacções políticas de Nicolau II

O humor político de Nicolau II veio de novo à superfície aquando do conflito sobre o orçamento da Marinha em 1905 e, em seguida, numa crise constitucional de 1911.

No primeiro caso, a Duma submetera ao governo um projecto de lei após prolongadas negociações, projecto relativo à nomeação e promoção dos membros do Estado-Maior; visava a maneira como a coroa nomeava os membros da família imperial.

Nicolau II respondeu a Stolipine por meio da seguinte carta:

«Piotr Arkadievitch,

Desde a última conversa que tivemos que não cesso de pensar no assunto do Estado-Maior da Marinha. Hoje, uma vez sopesadas todas as considerações, decidi não aceitar o projecto de lei que me foi submetido (...)

Não se trata de uma questão de confiança ou de falta de confiança, mas é esta a minha vontade.

Lembrai-vos de que vivemos na Rússia e não no estrangeiro ou na Finlândia, com o seu senado, e, que por consequência, *não permito que se pense em pedidos de demissão**.

Como é natural, o caso dará que falar tanto em São Petersburgo como em Moscovo; mas os gritos histéricos extinguir-se-ão por si próprios (...)

Aviso-vos de que rejeito categoricamente e desde já qualquer pedido de demissão, quer provenha de vós mesmo ou dos vossos serviços

Respeitosamente, vosso Nicolau»
(25 de Abril de 1909)

Aquando da crise constitucional de 1911, Nicolau voltou a opor-se a Stolipine. Tratava-se novamente da criar *zemstvos* nas nove províncias ocidentais, que Stolipine conhecia bem por nelas haver exercido di-

---
* Sublinhado da autoria de Nicolau II.

versas funções. A ala direita do Conselho do Império contrariou a ideia pretextando que o projecto de lei teria como efeito secundário introduzir nas assembleias um número excessivo de senhores polacos. Um novo corte permitiu reduzi-lo, muito embora esses Polacos se mostrassem favoráveis ao regime; acrescentaram-se outros representantes do clero ao conjunto dos elegíveis e excluíram-se dele os judeus. Tendo o czar vetado já uma reforma de Stolipine considerada menos vantajosa, o governo optou por não ceder e o projecto foi bem acolhido pela Duma ao ser apresentado como benéfico aos funcionários, que eram russos, ou aos camponeses, que eram russos brancos, relativamente aos respectivos proprietários, que eram polacos ou ainda relativamente aos comerciantes judeus. O Conselho do Império objectou, argumentando que, uma vez excluídos, os Polacos leais se transformariam em adversários. Assim, na respectiva argumentação, tanto uns como outros viciavam as cartas pois que, em boa verdade, o Conselho do Império não era favorável aos Polacos, mas sim à nobreza e o governo pretendia beneficiar o campesinato independentemente de este ser constituído por russos brancos. Além disso, o Conselho do Império era dominado por P. Durnovo e V. Trepov, adversários de Stolipine, os quais conseguiram que o projecto fosse rejeitado. Stolipine declarou a Nicolau II que, se não se recorresse ao artigo 87 das Leis Fundamentais para contornar a oposição do Conselho do Império, ele próprio se demitiria.

Nicolau II mostrava-se prudente. Simpatizava com Trepov e com Durnovo; o autoritarismo e o brilho de Stolipine irritavam-no, pois este fazia-lhe sombra. Ora, na Duma, principiavam a ouvir-se protestos contra o emprego abusivo do artigo 87. Em resumo, os deputados insurgir-se-iam contra o seu próprio voto para melhor defenderem as prerrogativas das assembleias. Iria o imperador sacrificar Stolipine? Faria tal concessão ao regime parlamentar?

O grão-duque Nicolau e o grão-duque Miguel, irmão mais novo do czar, eram do parecer que se conservasse Stolipine; a imperatriz-mãe pensava da mesma maneira: «Nicolau não pode prescindir de Stolipine pois sabe que é também responsável por tudo isto. Acabará por ceder-lhe. Depois censurá-lo-á. Acho que Stolipine conseguirá novamente levar a melhor mas será esta a última vez. Depois correrá com ele».

De facto, o czar cedeu a Stolipine. Porém, não foi necessário correr com ele porque, meses depois, Stolipine morria assassinado.

Stolipine enriquece os mujiques, mas não todos...

O governo de Stolipine não se cingiu à prática de uma política repressiva, a mais dura jamais imposta à Rússia. Estimulou também o progresso industrial, segundo o mesmo espírito que orientara Witte, e nunca se assistiu a crescimento tão explosivo como o verificado entre 1906 e 1913 – de trinta a cento e cinquenta por cento, conforme os sectores da economia. Incontestavelmente, a Rússia estava em vias de efectuar o seu lançamento económico, mas nem por isso deixava de ser um país subdesenvolvido: em 1913, o valor da produção industrial era duas vezes e meia menor do que o francês e seis vezes inferior ao da Alemanha. Todavia, o capitalismo russo principiava a nascer, o que veio acrescentar ao regime novos grupos sociais. Se Witte dera preferência ao projecto económico, Stolipine era acima de tudo um político e os seus esforços orientaram-se assim para o campesinato, cuja sorte pretendia melhorar e que convinha subtrair às virtualidades revolucionárias. Em 1905, a despeito das revoltas agrárias, os camponeses não demonstravam particular hostilidade contra o czarismo. Stolipine serviu-se da lealdade e do apetite destes pela posse de terras, esperando assim o seu apoio ao regime.

Nessa altura, estavam no auge os debates sobre a questão agrária: Lenine e os bolcheviques preconizavam a nacionalização das terras, um programa bastante idêntico ao dos trudoviques, socialistas moderados; os mencheviques argumentavam a favor da municipalização da terra; e os socialistas-revolucionários eram apologistas de que esta fosse distribuída com equidade em função do número de pessoas do agregado familiar. O principal problema a dividir estes grupos era o de se indemnizar ou não os expropriados.

A ideia de Stolipine, inspirada nos relatórios de C. Koefold – dinamarquês favorável a uma relação privilegiada entre as cortes de Copenhaga e de São Petersburgo – visava desenvolver nos camponeses o individualismo e o capitalismo, promovendo o descalabro da comunidade rústica. A lei autorizava os chefes de família a requerem a conversão em propriedade privada do lote de terras que lhe fora atribuído pelo *Mir*. Este não podia opor-se a que o requerente conservasse os seus direitos de pastagem. Caso fosse votada por dois terços da comunidade rural, a transformação das parcelas em propriedade privada estender-se-ia a todos. A maioria dos camponeses – os detentores dos piores quinhões – recusou-se a fazê-lo, como é natural; muitos venderam as courelas e partiram para a Sibéria. Os camponeses tinham em vista, sobretudo, as terras incultas dos grandes proprietários, do Estado e do czar. O seu descontentamento exprimiu-se através do voto, nas eleições para a segunda Duma e também nas seguintes.

As reformas de Stolipine dividiram o campesinato ao contribuírem para a emancipação de grande número de mujiques, os futuros culaques, e ao promoverem a emigração de um minoria. Em termos políticos, tratou-se de um êxito que inquietou os chefes revolucionários, Lenine nomeadamente.

Na segunda Duma, a que a direita deu nome de Duma «da ignorância popular», tal o número de opositores nela presente, foram intermináveis os debates sobre os problemas da expropriação – a polícia, diga-se de passagem, assassinou dois dos seus adeptos, ambos judeus – e Nicolau II não suportava as discussões, os debates teóricos. Ter-se-á interessado pela reforma propriamente dita? C. Koefold, apresentado ao czar por Stolipine e por A. Krivoschine, ministro da Agricultura, comenta: «Disse-me o czar ter conhecido o almirante Koefold aquando de uma visita à Dinamarca. Ficou muito decepcionado ao informá-lo de que o almirante não pertence ao mesmo ramo da minha família». E ficou por aí o interesse do czar pela reforma agrária.

O *domingo vermelho* quebrou o vínculo sagrado existente entre o czar e o povo, mas apenas nas cidades; nos campos, não teve o mínimo eco. Também não produziram efeito as expedições punitivas efectuadas a seguir, visto fazerem parte da tradição.

Em contrapartida, a dissolução da primeira e da segunda Dumas afectou seriamente os campos, pois os seus habitantes depositavam grandes esperanças nas moções dirigidas ao czar. E eis que ele dissolvia as assembleias que lhe exprimiam os pedidos e as exigências! Este desafecto atingiu o seu término quando Stolipine, querendo unir os elementos dinâmicos desse campesinato, o fez de facto relativamente a uma pequena parte da comunidade rural; os que nela permaneceram foram violentamente atingidos, pois o *Mir* enquadrava a sua acção reivindicativa e desmantelá-lo constituiu uma espécie de acto de agressão.

Um balanço

Contudo, a resolução do problema não estava apenas nos campos. Era preciso que todos os camponeses forçados a abandonar as comunidades rurais encontrassem uma saída. A emigração para a Sibéria foi uma das soluções imaginadas pelo poder, que ajudou os mujiques a reinstalarem-se. Mas a maioria «emigrou» para os arrabaldes das grandes cidades industriais à procura de trabalho. Graças ao desenvolvimento económico conseguido nos últimos vinte anos, havia de facto trabalho.

A política inaugurada por N. Bunge e desenvolvida por Witte e pelos seus sucessores consistira no investimento interno com vista a aumentar o potencial do país, e não em despender dinheiro na reforma das forças armadas, as quais não poderiam ser secundadas por uma economia deficiente. Era um projecto válido, mas, vinte anos depois, nada se resolvera ainda apesar do extraordinário progresso da indústria entre 1894 e 1913; este problema esteve directamente na origem dos desaires militares de 1915, dada a impossibilidade de abastecimento aos exércitos.

Baseou-se toda esta política da industrialização nos empréstimos pedidos ao estrangeiro, empréstimos que permitiram a aquisição dos primeiros equipamentos*. Nessa altura, contudo, tal política levantou dúvidas quanto a colocar a Rússia na dependência económica dos países estrangeiros, tese popularizada por Lenine. Witte admitiu a hipótese de isso ocorrer, o que seria de lastimar, havendo porém a necessidade momentânea de recorrer a tal estratégia. Na realidade, argumentava ele, o poderio militar da Rússia contrabalançaria de certo modo os efeitos da referida dependência. É verdade que, salvo durante a conferência de Algeciras sobre Marrocos, após a derrota da Rússia no Extremo Oriente, a França nunca ditou ao czar a sua política, embora fosse o principal credor da Rússia com vinte e sete por cento dos investimentos. A França precisava tanto do Exército russo como a Rússia dos financeiros franceses. Isso ficou bem patente durante a crise de Agadir, em 1911, em que São Petersburgo pagou a Paris na mesma moeda.

Em 1913, apesar do arranque económico, a Rússia continuava a importar cerca de um terço ou metade das suas necessidades industriais. Mas adquirira autonomia nos domínios do caminho-de-ferro e de certos armamentos, conquanto os resultados ainda não satisfizessem as exigências. O verdadeiro problema era (já na altura) o facto de a produção industrial, mal equilibrada, não permitir satisfazer as necessidades do consumo. «Custos líquidos excessivamente altos e mau sistema de distribuição» – era um diagnóstico datado de 1899, mas que se mantinha actual. As classes populares sofriam-lhe o efeito, tanto nas cidades como nos campos. Os preços eram de tal modo elevados que, dado o nível baixíssimo dos salários, pouco mais podiam adquirir do que pão. Entretanto, a agiotagem e os lucros enormes geravam uma classe de magnatas cuja opulência humilhava os infelizes. Nunca São Petersburgo se mostrara tão próspera, pelo menos no que se referia a uma das margens do Neva, como nas vésperas do tricentenário da dinastia Romanov, em 1913.

O esplendor de São Petersburgo

São Petersburgo era ainda na época uma cidade de grande opulência e brilho.

«No Hotel Europa, o empregado de bar negro tinha sotaque do Kentucky, no Teatro Miguel as actrizes desempenhavam os respectivos papéis em língua francesa e as majestosas colunas dos palácios imperiais atestavam o génio dos arquitectos italianos.

---

* Os financiadores franceses demonstraram mais interesse e simpatia pelos lucros dos empréstimos a juros de cinco por cento do que pelas súplicas de Gorki ou dos socialistas russos, que condenavam semelhante apoio dado ao czarismo. Por isso mesmo, em 1917, os revolucionários russos não reconheceram os empréstimos concedidos a Nicolau II.

«Durante três a quatro horas por dia, os políticos sentavam-se à mesa das refeições, e os pálidos raios do sol da meia-noite, quando, no mês de Junho, se infiltravam pelos recantos sombrios dos jardins, revelavam estudantes de cabelos compridos discutindo com parceiras jovens os valores transcendentes da filosofia alemã. Duvidava--se da nacionalidade dessa metrópole onde o champanhe só existia em garrafas de grande capacidade e nunca nas de tamanho normal. No entanto, havia a estátua de Pedro, *o Grande*, imperador de bronze, que observava do alto do cavalo empinado os habitantes da cidade que viviam uma vida austera. Em frente destes, apenas com o rio a separá-los, ficavam os esplêndidos bairros onde se jogava forte e onde quarenta mil pessoas estavam registadas como cambistas, vendo-se também as viaturas dos arcebispos nas imediações da Bolsa, entre as primeiras lá estacionadas.»

Havia na cidade magnatas como N. Riabuchinski, mecenas que organizou duas exposições tendo Van Gogh, Rouault e Braque como vedetas. Na grande urbe podiam encontrar-se também os pintores e os poetas russos que estiveram na origem do futurismo, pois «um artista da palavra não pode ser considerado como tal se não souber pintar», tal como diziam N. Kulbine, Maiakovski e Livchits.

Este pequeno mundo pretende situar-se a milhares de léguas de distância dos grandes mestres da literatura das décadas anteriores. Os Blok, Biély e Balmont (que evoluiu) consideram-se revolucionários mais pela escrita do que pelo conteúdo das respectivas mensagens. Em 1913, no momento em que Stravinski rompe com as formas tradicionais da música e compõe a *Sagração da Primavera* ou em que Diaghilev transfigura o bailado, também os poetas querem «despedaçar» a linguagem e inventar palavras novas. Num *Manifesto* que ficou célebre, publicado em Moscovo em 1912, D. Burliuk, A. Krutechenikh, V. Maiakovski e V. Klebnikov afirmam:

«Esse passado está excessivamente cheio. A Academia e Puchkine são para nós mais incompreensíveis do que os hieróglifos. O navio da modernidade lança pela borda fora os Puchkine, os Dostoievski, os Tolstoi e quejandos (...). Que querem Gorki, Kuprine, Block, Sologub e outros que tais se não uma *datcha*? Aspiram a isso da mesma maneira que o destino recompensa um alfaiate...

«Do cimo dos arranha-céus, observamos esses que são menos do que nada e daí decretamos os direitos dos poetas:

«Alargar o vocabulário à medida dos nossos desejos,

«Votar ódio implacável à linguagem vigente,

«Que tremam o bom gosto e o senso comum!

«Avante a beleza da palavra nova

«Que chegue para dizer ser ela própria!»

Dizia-se que Isadora Duncan iria dançar versos futuristas... Mas havia muito que Nicolau deixara de assistir a tais espectáculos imbuídos do espírito da época e de modernidade. O único ponto de contacto entre a vanguarda e o imperador era uma comum aversão pelo cinema, embora por motivos diferentes. A vanguarda rejeitava as películas cinematográficas por reproduzirem formas esclerosadas. Evocando filmes anteriores a 1914, Maiakovski dizia-os situados num domínio artístico diferente. Por seu turno, Nicolau II – e também a corte – considerava que os melodramas e os noticiários rodados pelos cineastas perverteriam porventura a moral popular*. O único trabalho que o czar admirou, chegando mesmo a oferecer um anel ao autor em sinal de apreço, foi *A Cigarra e a Formiga* (1911), película feita com fantoches e realizada por L. Starewitch, genial precursor de Walt Disney.

Os futuristas pretendiam mudar as palavras; em contrapartida, Nicolau II não queria ministros que suprimissem os acentos. Quanto ao povo, aos operários dos arrabaldes que viviam do outro lado do Neva, esses desejavam aprender a ler. Não seria este divórcio, à sua maneira, um sinal premonitório das fissuras que depois se abririam no corpo da Rússia?

A propósito de São Petersburgo, Alexis Tolstoi recorda também que a cidade «vivia então em noitadas de noctâmbulos, fosforescente e excitada nas noites de estio, louca e voluptuosa, com as suas *troikas*, os duelos ao alvorecer e os desfiles perante um imperador de olhos bizantinos. Mulheres fáceis e seminuas, capitalistas de fortuna rápida, cine-teatros e parques de diversões conferiam à cidade um aspecto irreal. Houve uma epidemia de suicídios e nada era impossível – deboche, mulheres, etc. As raparigas ocultavam a virgindade e as mulheres casadas a fidelidade. Era de bom tom tudo denegrir e disso se encarregavam os escritores, o que lhes proporcionou a celebridade. Entretanto, um mujique analfabeto, de olhos de louco e sexo potente, invadiu o palácio imperial e principiou a desonrar toda a Rússia».

Dizia-se que esse mujique subjugara a czarina, tornando-se o homem forte substituto de Stolipine, que nem Kokovtsev nem o velho e impotente Goremikine haviam conseguido destronar.

O assassínio de Stolipine

Savvitch Pankratov, testemunha directa dos acontecimentos, relata o sucedido na noite de 1 de Setembro de 1911, na ópera de Kiev. As

---

* «Considero o cinema um entretenimento vazio, inútil e mesmo perverso. Só uma pessoa anormal pode pensar que esta actividade tem qualquer relação com a arte. É estúpido tudo quanto lhe diz respeito e não deverá atribuir-se-lhe importância». Era esta a ideia que Nicolau II fazia do cinema (cf. Jay Leyda).

autoridades preparavam-se para demonstrar a sua simpatia pelo imperador. Estavam presentes militares em uniforme de gala, magnatas polacos, nobres ucranianos, em suma, todas as figuras de mais alta hierarquia russa. Houvera luta para se obterem os bilhetes para a representação excepcional de *O Conto de Czar Saltan* de Rimski-Korsakov. A plateia cintilava com o branco das sobrecasacas dos uniformes e dos vestidos das senhoras. Assistiam ao espectáculo quase todos os ministros: Kasso, Sukhomlinov, Sabler e, nas primeiras filas, V. Kokovtsev e P. Stolipine. O czar apareceu pelas nove horas, acompanhado das filhas, Olga e Tatiana, ocupando a frisa em conjunto com Boris Tirnovski da Bulgária e os grão-duques André Vladimirovitch e Sérgio Mikhailovitch.

«De onde me encontrava, distinguia bem os ministros, nomeadamente Stolipine, instalados nas primeiras filas da esquerda e, portanto, próximo da frisa do czar. Era manifesto o facto de Stolipine pouco interesse prestar ao espectáculo; olhava para a direita e para a esquerda, visivelmente pensando em outra coisa. No intervalo, toda a gente se dirigiu ao átrio, incluindo o imperador, mas Stolipine permaneceu no lugar. Formara-se um grupo em redor dele e distingui Essaulov, da sua guarda pessoal.

«Foi no último entreacto que, passeando eu pelo corredor, ouvi dois disparos secos e pensei tratar-se de alguma avaria ocorrida na rede eléctrica; estava longe de pensar num atentado. No entanto, alguém exclamou: «Um tiro!» Pensou-se de imediato no czar. «Está vivo» – comentava-se. A tensão subiu de repente, gelava-nos a inquietação. Depois, vi Stolipine muito pálido. Despiam-lhe a sobrecasaca com cuidado. Num derradeiro gesto de devoção, virou-se para o czar o fez o sinal da cruz. Ouvi vozes femininas e gritos ao fundo da sala. «Matem-no, matem-no!» Entretanto, os actores, estupefactos, permaneciam em cena. Depois, erguendo os braços na direcção do imperador, gritaram: «Hurra!» A orquestra executou por três vezes o hino imperial e quando Nicolau II saiu da frisa alguém principiou a cantar a solo «Deus salve o czar...», voz a que logo se associaram as da companhia teatral.»

O *Istoritcheski Vestnik* de Outubro de 1911 escrevia que o assassino se chamava Dimitri Grigorevitch Bogrov, que era judeu e que ao acontecimento se seguiriam os *pogroms*. Na realidade, segundo Richard Charques, o criminoso não era judeu, mas sim revolucionário que se passara para o serviço da polícia. Esta sabia que ele projectava um atentado contra Stolipine e o próprio chefe da polícia lhe arranjara bilhete para o espectáculo. Borgrov foi enforcado antes mesmo da chegada do membro do Senado que se deslocou a Kiev para proceder ao interrogatório.

Disse-se na altura, o que também não era verdade, que o czar não visitou o moribundo, falecido três ou quatro dias após o atentado. Por carta de 10 de Setembro de 1911, dirigida à mãe, Nicolau II dá conta do que fez nesses dias:

«Minha mãezinha querida, disponho, por fim, de algum tempo para te escrever e para falar da nossa viagem, assinalada pelas impressões mais diversas, tanto agradáveis como tristes. Começo pela ordem dos acontecimentos. No dia 27, parti para Kiev (...). No dia 1 à noite, no teatro, verificou-se um abominável atentado contra Stolipine. Acompanhavam-me Olga e Tatiana e acabávamos de deixar o camarote ao intervalo, pois fazia nele um calor terrível. Ouvimos dois barulhos, como se um binóculo tivesse caído do varandim para o chão. Reentrei à pressa no camarote e, à direita, distingui um grupo de oficiais e de outras pessoas que arrastavam alguém. As mulheres gritavam e vi Stolipine à minha frente, erguendo a cabeça para mim devagar e saudando-me com a mão esquerda. Só então notei a sua palidez e o sangue que lhe manchava a sobrecasaca. Sentou-se e principiou a desabotoá-la auxiliado por Freedericks e pelo professor Reim. Olga e Tatiana tinham entrado comigo na frisa e viram o que se passou. Enquanto ajudavam Stolipine a sair do teatro, ouviu-se grande alarido ao fundo, como se quisessem abater o criminoso. Por infelicidade, acho eu, a polícia conseguiu tirá-lo das mãos do público e metê-lo numa sala para um interrogatório preliminar; seja como for, foi espancado e perdeu dois dentes. Em seguida, o teatro voltou a encher-se, tocaram o hino e saí com minhas filhas às onze horas. Nem imaginas como me sentia. Alice não estava a par do que acontecera e, quando lhe contei, recebeu a notícia com calma. Tatiana ficou muito abalada e chorou bastante nessa noite e deram-lhe injecções de morfina. No dia seguinte, 2 de Setembro, efectuou-se uma grande parada militar a cinquenta *verstas* de Kiev. Regressei à cidade no dia 3 e fui ver Stolipine à clínica. Encontrei a mulher, que não me deixou entrar no quarto. No dia 4, assisti à festa do primeiro estabelecimento do ensino secundário de Kiev, que festejava o seu jubileu.»

O czar enclausurado

Nicolau II passava cada vez mais tempo em Peterhof. Mas, sempre que possível, preferia viver em Livadia, na Crimeia, no novo palácio que mandara construir. Sentia-se então descontraído, jogava ténis e nadava – autênticas férias, em suma. Desde que Moscovo lhe deixara apenas más recordações, Tsarskoie Selo tornara-se o seu local favorito para residir. Agradava-lhe essa Versalhes em miniatura, tão próxima da natureza. Confiava no comandante da guarda do palácio. V. Freedericks ocupou esse posto até 1917. «Elegante e impecável, suscitava admiração quando, no dia de festa do regimento, desfilava, comprimido na couraça, o capacete doirado tendo no cimo a águia, cavalgando um cavalo árabe de cor negra». Comandava a escolta pessoal de Sua Majestade formada por cavaleiros caucasianos, o mais garboso destacamento incumbido da guarda do imperador. Tinha também o comando de um batalhão de militares de escol, constituído após o atentado de 1881. A polícia do palácio estava igualmente sob as ordens do conde Freedericks e compunha-se de agentes da corte que vigiavam as imediações, tanto da residência imperial de Tsarskoie Selo como das outras onde o czar se encontrasse.

Desde há anos que o imperador vivia cada vez mais enclausurado, assistindo a espectáculos com muito menos frequência e residindo em Tsarskoie Selo ou em Livadia com o seu pequeno mundo, a mulher a quem dedicava verdadeira devoção, as quatro filhas e Alexis.

Olga, a mais velha, era inteligente, viva, simples e directa, o paradigma da jovem russa, sensível e amorosa, recta e desabrida. Recusara-se categoricamente a desposar Carol, o príncipe herdeiro da Roménia, por ser russa e querer ficar no seu país. Seguia-se-lhe Tatiana, jovem de porte altivo, que eclipsava as irmãs pela elegância, esbelteza e beleza. De aparente «jovialidade, era reservada e piedosa como a irmã mais velha». A preferência de Nicolau ia para Maria. Meiga e garrida, só pensava em amor, casamento e filhos. Tinha paciência e doçura, tal como o pai.

Anastásia, a mais nova, era a cómica da casa, uma maria-rapaz, como a consideravam, que alvejava os soldados com bolinhas de papel no dia da mobilização. Era o oposto do pai, que admirava em segredo essa pequena atrevida.

Quanto a Alexis, tratava-se de um rapazinho maravilhoso, inteligente e com sentido de humor. Mas, com seis anos apenas, estaria gracejando ao dizer ao presidente do Conselho: «Quando o herdeiro entra, senhor, as pessoas levantam-se.»?

Apesar da doença, nada de muito grave lhe sucedeu na infância. As quatro irmãs, muito amigas umas das outras e que assinavam as cartas com as primeiras letras dos respectivos nomes, *OTMA*, cuidavam de Alexis, vigiando-o de perto. Conheciam o perigo que para ele representava ferir-se ou chocar contra qualquer obstáculo. Mas o rapazinho era tão traquinas como Anastásia e a família vivia sempre em estado de alerta.

O primeiro acidente grave ocorreu em Spala, onde o czar fora a uma caçada ao auroque. Alexis, proibido de montar a cavalo, passeava de barco num dos lagos da floresta de Bialowieza. Deu uma queda desastrosa e a hemorragia estancou com dificuldade.

A partir daí, a saúde do herdeiro transformou-se em autêntica ideia fixa para a família. Qualquer hemorragia era susceptível de revelar-se mortal e Alexandra atribuía a si própria essa responsabilidade, culpa que se aliava à sua angústia de mãe. Em tais condições, não é difícil imaginar a afeição apaixonada que a ligou a Rasputine, indivíduo possuidor de grande magnetismo pessoal e de dotes hipnóticos, apresentado por uma das damas de companhias da imperatriz, Ana Virubova, quando este conseguia muitas vezes aplacar as dores da criança. Para a czarina, mulher já de si muito crente, tratava-se de um milagre. O seu misticismo aumentou ainda mais e o poder de Rasputine cresceu de dia para dia.

Os círculos místicos em redor de Alexandra

Formou-se então à volta da imperatriz um pequeno círculo de místicos, de pregadores e de hipnotizadores constituído por um certo Filipe, o seu discípulo Papus e logo depois Rasputine, apresentado pelo bispo Teofano, reitor da Academia Teológica de São Petersburgo. Nomeado *Lampadnik* imperial, Rasputine tinha o encargo de providenciar para que as velas se mantivessem permanentemente acesas diante dos santos ícones. Deste modo, estava sempre no palácio e encontrava-se com o czar, grande apreciador de ícones, que o incumbiu de iluminar uma preciosa colecção destes.

Em simultâneo, Rasputine alargava o círculo dos seus conhecimentos organizando reuniões místicas semelhantes às do rito *Khlistovskie Korabli*, uma das inúmeras seitas que se haviam desenvolvido no seio da ortodoxia. Estes «sectários», denominados *Khlisti* ou «flagelantes», intitulavam-se a si mesmos «adoradores de Deus vivo», personificando a divindade num homem que, provisoriamente, era dele o representante; segundo eles, haveria assim uma série de Cristos. Rejeitavam qualquer conhecimento escrito e, num gesto simbólico, tinham lançado ao Volga as Sagradas Escrituras.

O êxito dos *Khlisti* provinha mais dos ritos praticados do que das crenças mantidas; tal como os primeiros cristãos, reuniam-se em segredo e cantavam e dançavam até ao esgotamento, pois, para eles, os sentidos abriam caminho ao êxtase. Homens e mulheres flagelavam-se em conjunto, num torvelinho frenético. Atingiam assim o fervor (*Radenie*) que, à volta de uma cuba de água a ferver, terminava por vezes no «pecado colectivo», o pecado da carne; a fustigação transformava-se assim em luxúria religiosa, pois esse pecado da carne era considerado um meio de domar o orgulho do espírito.

Tais práticas, originárias dos recessos dos campos russos, tinham invadido a capital e alastrado à aristocracia sob a forma de um ramo da *Khlistovsdsine* cujos adeptos eram denominados *Skakuni* porque, em vez de dançarem, saltavam antes de se entregarem às doçuras do «amor de Cristo».

Nem a imperatriz nem o czar participavam de tais reuniões, mas estas eram notórias na corte e, ao organizá-las em Tsarskoie Selo ou em São Petersburgo, Rasputine não fugia necessariamente aos hábitos, muito embora – segundo a análise feita por um perito em seitas, Bontch-Bruievitch – fosse ortodoxo e não *Khlist* ou sectário.

Boatos e escândalos envolvendo Rasputine

As reuniões do *starets* (título reservado aos homens santos mas não religiosos) adquiriam renovada importância. Incumbido pela Duma de fazer o relatório das suas actividades, o presidente desta, Rodzianko, recorda o primeiro «êxito», ainda tímido, do *starets* e a maneira como agia para aumentar a clientela. Tendo sabido da influência que Rasputine exercia sobre o monarca, uma mulher da província deslocou-se a São Petersburgo a fim de obter do *starets* uma audiência destinada a pedir-lhe que intercedesse junto do imperador para que o marido conseguisse uma promoção. «Ele repreendeu-me com severidade, dizendo: 'Não tens vergonha? Vem ter comigo para que te arrependas, mas fá-lo de ombros descobertos. De contrário, não venhas'. Trespassava-me com o olhar, tomou comigo certas liberdades e saí indignada, disposta a não prosseguir as diligências. Mas, aflita, perturbada e também inquieta, fascinada, em suma, comprei um vestido decotado e fui ter com ele, muito pálida. Recebeu-me, fixando-me de novo intensamente, sem no entanto se aproximar de mim. Dias depois, meu marido obtinha a promoção».

Acusado de imoralidade pelo bispo Hermógenes, que percebia os efeitos nocivos da presença do *starets* na corte, Rasputine foi chamado e recebido pelo prelado na presença do monge Heliodoro, do tenente-coronel Rodionov, de seu irmão e do peregrino Mítia. «Exorto-te a não mais pores os pés na corte do czar!» disse o bispo. Rodionov testemunha:

«Foi violenta e brutal a resposta de Rasputine ao discurso indignado do eclesiástico. Seguiu-se uma cena tempestuosa, no decurso da qual Rasputine, depois de cumular de injúrias o bispo Hermógenes, se recusou peremptoriamente a ceder às suas exigências, ameaçando-o mesmo de ajustar contas com ele à sua maneira e prometendo aniquilá-lo. Tendo-se-lhe esgotado a paciência, o prelado gritou-lhe: "Com que então, vil debochado, atreves-te a desobedecer às minhas ordens episcopais! Nesse caso, fica sabendo que, na minha qualidade de bispo, te amaldiçoo!" A tais palavras, Rasputine investiu de punhos cerrados contra o bispo. Rodionov observou que, nesse instante, desaparecera do rosto de Rasputine qualquer expressão humana. Temendo que ele, cego de raiva, maltratasse

Hermógenes, Rodionov desembainhou o sabre e, juntamente com os outros circunstantes, precipitou-se para socorrê-lo. Foi com enorme dificuldade que conseguiram livrá-lo desse louco furioso. Valendo--se da sua grande força, Rasputine desembaraçou-se dos homens que o seguravam e pôs-se em fuga. Foi depois alcançado e agredido por Heliodoro, o irmão leigo e pelo peregrino Mítia. Mas, tendo-se libertado de novo, Rasputine saiu para a rua, gritando: "Espera pela pancada! Hás-de lembrar-te de mim!"»

«Ao que nós chegámos!» – exclamou V. Purichkevitch, deputado da extrema-direita, comentando o caso com Rodzianko – «Querem destruir-nos no último reduto, a Santa Igreja Ortodoxa. Assistimos já à revolução, atentatória do poder supremo, felizmente que sem êxito, pois o Exército permaneceu fiel. Agora, para cúmulo da desgraça, as forças das trevas investem contra a derradeira esperança da Rússia, a sua Igreja. E o pior é que tais malefícios dir-se-ão provir do alto do trono imperial. Um vil impostor, um *khlist*, um mujique analfabeto ousa zombar dos nossos prelados. Não receio sacrificar-me matando esse canalha».

O escândalo aumentava e com ele cresciam os boatos. Em 1911, o jornal *Golos Moskvy*, publicava no seu número 19 uma carta à redacção intitulada «Grito de um paroquiano ortodoxo» e assinada pelo chefe de redacção da revista *A Biblioteca Religiosa e Filosófica*, Miguel Novosselov:

«*Quousque tandem*... É este o grito indignado que escapa sem querer do coração de todos os cristãos face ao subtil conspirador que trama contra a Santa Igreja Ortodoxa, face ao vil corruptor de corpos e de almas, Gregório Rasputine, o qual se permite ocultar as suas malfeitorias sob a capa da santidade da Igreja. *Quousque*... É esta a pergunta que todos os autênticos filhos da Igreja Ortodoxa são obrigados a dirigir ao Sínodo ao verem com angústia a terrível tolerância desta alta instituição eclesiástica para com Gregório Rasputine.

«Como explicar o silêncio dos bispos que estão perfeitamente a par da conduta do mistificador? Por que motivo se calam os guardiões da Fé quando, nas cartas que me dirigem, chamam a este falso médico pseudo-sectário, erotómano e charlatão? Onde está a santidade do Sínodo, se, por incúria ou cobardia, nada faz para manter e salvaguardar a pureza da religião cristã e se, pelo contrário, permite a um «sectário» encobrir todas as suas trafulhices com o véu da santidade? Onde está o seu poderio, se não se dispõe a fazer o mínimo esforço para impedir que a Igreja seja conspurcada pela vizinhança de tal herético?»

A confiscação da brochura de Novosselov e a interpelação na Duma relativa a tal medida confirmaram com retumbância os boatos que corriam acerca da influência e da conduta da Rasputine na corte imperial. «Ninguém poderá duvidar por mais tempo da sinceridade de tudo quanto se diz de tal personagem», comentava Rodzianko. Como estes casos fossem objecto de grande publicidade e como Rodzianko recebesse impressionante número de cartas de mães cujas filhas haviam sido ultrajadas por Rasputine, o czar acabou por receber o incómodo relator.

— Conhecei-lo ao menos? – perguntou Nicolau II.
— Sempre me recusei a isso. Semelhante aventureiro inspira-me repulsa – declarou Rodzianko.
— Fazeis mal em assim pensar – replicou o imperador. — É um bom russo, simples e piedoso. Gosto de conversar com ele nos meus momentos de angústia e de dúvida, pois, após as nossas conversas, o meu coração readquire a calma e a serenidade.

Rodzianko resumiu ao imperador os termos do seu *Relatório* invocou o incidente com o bispo Hermógenes e leu-lhe o artigo publicado no *Golos Moskvi*.

— Mas por que motivo todos acusam sempre Rasputine, por que o consideram perigoso?
— Muitos prelados foram transferidos por sua causa. Isso impressionou a opinião pública.
— Hermógenes é bom homem e será chamado de novo dentro em breve. Mas foi-me impossível deixar de castigá-lo por ter desobedecido a uma ordem imperial. E que provas possuís de Rasputine ser um *Khlist*, um depravado?
— A polícia descobriu que frequenta os banhos na companhia de mulheres.
— Que mal tem isso? – respondeu o czar. — Trata-se de uma prática habitual entre a gente do povo.

Rodzianko forneceu então a Nicolau II os nomes de diversas pessoas de alta sociedade, seduzidas por Rasputine, como o caso de uma das amas dos filhos do Imperador, mulher do engenheiro Laktine, que enlouquecera, sendo depois internada num hospício.

O czar pareceu impressionado, fumando *papirossy* atrás de *papirossy*, sem acabar de consumi-los.

— Não acreditais em mim? – perguntou Rodzianko.
— Acredito – garantiu o imperador, manifestamente comovido.
— Nesse caso, permiti-me que anuncie a toda a gente que Rasputine não regressará à corte.

Após um instante de hesitação, o czar disse:

— Não, não posso permitir tal coisa. Mas creio absolutamente no que me dissestes.

Isolamento familiar

O círculo familiar reduzia-se cada vez mais. Ana Virubova tornara-se a confidente da czarina; corria mesmo o boato de que mantinha relações pecaminosas com Alexandra. Dizia-se que a dama de companhia era estúpida e tagarela. O seu diário esclarece as relações estabelecidas entre ela, Rasputine, a czarina e Nicolau II. Os três reforçaram no imperador a ideia de que a Duma era inimiga do czarismo e de que concordar que o governo fosse responsável perante a assembleia constituiria verdadeira capitulação. A presença de Rasputine, que encarnava simultaneamente a Igreja, o mujique e a Santa Rússia aos olhos do czar, tranquilizava esse pequeno mundo desamparado, sem apoio tanto na cidade como na corte, onde grão-duques e príncipes murmuravam contra o czar incapaz.

Degradavam-se as relações de Nicolau II com os membros da família. Em primeiro lugar, tinha de intervir constantemente para que não surgissem conflitos entre a mãe e Alexandra. As duas não se entendiam. A imperatriz-mãe gostava de divertir-se, era alegre e sensual, inteligente e fútil. Alexandra era austera, e apreciava o cerimonial. Em todas as circunstâncias, o desacordo entre as duas mulheres punha Nicolau em embaraços. A imperatriz-mãe aconselhava o filho a rodear-se de pessoas inteligentes, tais como Witte ou Stolipine, mas a czarina sugeria figuras de maior respeito como Goremikine ou Sturmer. Tinham um único ponto concordante: ambas detestavam Willy (Guilherme II), preferindo o tio Bertie, ou seja, Eduardo VII.

Além destes atritos, havia ainda as desavenças entre Nicolau II e os tios, pois o imperador colocava-se deliberadamente a favor dos Nicolaievitch contra os Mikhailovitch e Sérgio fora um dos seus raros conselheiros. Além disso, o czar e Alexandra não suportavam o grão-duque Nicolau, virtual chefe das forças armadas.

Entretanto, verificou-se o «caso» Cirilo, filho do tio Vladimiro, assunto que muito afectou Nicolau II, sempre atento à ordem familiar. Cirilo estava proibido de voltar a casar-se, mas desobedecera ao costume instituído. Nicolau II soube-o em plena revolução e, a 5 de Outubro de 1905, escrevia à imperatriz-mãe:

«Minha querida mamã,
 Verificou-se esta semana o drama familiar do infeliz casamento de Cirilo (com a grã-duquesa Vitória Fedorovna). Lembrar-te-ás porventura das sanções em que incorreria se se casasse, sanções que lhe recordei: 1. Expulsão das forças armadas. 2. Proibição de entrada na Rússia. 3. Perda de todos os réditos e apanágios. 4. Perda do título de grão-duque. Ora, Cirilo casou-se no dia 25 de Setembro. Soube-o por Nicky (Nicolau, príncipe da Grécia), o qual, durante a caçada, me comunicou que Cirilo chegaria no dia seguinte. Devo

confessar que fiquei extremamente aborrecido com tamanha impertinência. Tratou-se de facto de impertinência, pois ele sabia não ter o direito de regressar uma vez casado. A fim de impedir a vinda de Cirilo cá a casa, encarreguei Freedericks de ir a Tsarskoie para lembrar-lhe os quatro pontos antes referidos e para exprimir-lhe, além disso, a minha indignação. No dia seguinte, nem de propósito, iríamos receber Frederico-Leopoldo (o príncipe), ave de mau agoiro. Almoçou connosco juntamente com o tio Vladimiro (pai de Cirilo). Este tomou a defesa do filho e, a seu pedido, consenti que deixasse o serviço. Desde então, não mais ouvi falar de Cirilo, excepto numa carta de Nicky, na qual me suplicava que lhe suavizasse o castigo. Ele era comandante da guarda marítima e a ordem do dia foi bem recebida na Marinha. Mas não chegou a redigir-se o documento relativo à perda do título de grão-duque. Era o primeiro caso.

«Ao mesmo tempo, assaltaram-me as dúvidas: estaria certo castigar publicamente várias vezes seguidas a mesma pessoa e numa altura em que a família em geral é encarada a uma luz pouco favorável?

«Depois de reflectir no problema a ponto de provocar dor de cabeça, decidi aproveitar a ocasião do dia do aniversário do teu querido neto (o *czarevitch* Alexis) e telegrafei ao tio Vladimiro informando-o de que restituiria a Cirilo o título perdido. Na verdade, senti-me como se me tivesse livrado do peso de uma montanha que transportava aos ombros (...)

«Desculpa-me, querida mamã, por ter preenchido a carta com um único tema, mas quis que ficasses a saber por mim toda a verdade. Que Cristo esteja contigo!

«Teu Nicky, que te ama de todo o coração».

O general Bogdanovitch comentava: «Este círculo, esta família, não passam de parasitas! O grão-duque Alexandre Mikhailovitch leva uma vida de libertinagem em Ialta. Astaschef, comandante do iate imperial, organiza, em conjunto com o seu tenente, festas requintadas. Seduziu o czar mostrando-lhe a colecção de postais pornográficos que possui. Todos sabem que Astaschef não passa de um impostor, mas o czar protege-o e arranja-lhe ocupações rendosas. Este tipo de gente contribui para o descalabro da monarquia. Quanto a Nicolau Nicolaievitch, incompatibilizou-se com o czar. Em Paris, o grão-duque Vladimirovitch faz-se acompanhar de mulheres durante a Quaresma (1908) que o envolviam em serpentinas.

«No Mónaco, a grã-duquesa Maria perdeu uma fortuna à roleta. Quanto à Baletta, a amante do grão-duque Alexis Alexandrovitch, fica-nos mais cara do que a derrota de Tsu-Xima».

Nicolau II estava a par de todos estes factos. Mas, assim que se aludia a um membro da família ou a um dos protegidos, o rosto tornava-se-lhe impenetrável; olhando obstinadamente o exterior através da ja-

nela, suspendia a audiência. Além do mais, sabia não poder contar com a ajuda de nenhum deles. Em Agosto de 1906, quando reunira os grão-
-duques e levantara o problema da cedência dos respectivos feudos aos camponeses, o grão-duque Vladimiro Alexandrovitch replicara que tal pedido fazia lembrar o «mãos ao alto» dos anarquistas. Todos se mostraram contrários à ideia, inspirada por Stolipine, ideia que, no entanto, lhes forneceria seis milhões de rublos.

Ruptura com Willy a seguir à conferência de Björkö
(23 a 25 de Julho de 1905)

Se houve um parente que contribuiu para atormentar Nicolau II, esse foi sem dúvida Willy. Durante o período de 1905-1906, bombardeia-o com cartas e telegramas. Nicolau lê-os, por certo, mas não responde. Guilherme II mistura informações – «os Japoneses acabam de encomendar à Inglaterra quatro navios de guerra» – a conselhos respeitantes quer à guerra – «é impopular, há que terminá-la» – quer à política interna – «que golpe para ti, esse crime abominável! (a morte de Sérgio). Não posso crer que os miseráveis anarquistas saiam das fileiras dos teus súbditos moscovitas. São certamente estrangeiros provenientes de Genebra, pois a grande massa do teu povo sempre confiou no seu Czar-
-*Batiuchka* e venera a tua santa pessoa. Cita-se com frequência o exemplo de Nicolau I, que abafou uma revolta bastante grave ao avançar por entre a multidão levando o filho nos braços. Uma palavra tua proferida em circunstâncias idênticas suscitaria a veneração das massas e conduziria à derrota dos agitadores. Estes só têm influência porque não disseste tal palavra. Comenta-se que isto é da autoria de Witte, aquilo de Pobiedonostsev; mas, num regime autocrático, deve ser o chefe a dar a palavra de ordem. Todos esperam que o imperador desfira um golpe de mestre para reforçar o seu poder, que ele participe na acção».

Nicolau II não é totalmente indiferente a tal solicitude; o que Willy diz corresponde ao que ele próprio pensa. Sente-se abandonado pela França desde que esta assinou a *Entente Cordiale* com a Inglaterra, aliada do Japão.

Quando Guilherme II lhe propõe um encontro, a 6 de Julho, Nicolau II aceita, sugerindo a ilha de Björkö. Assuntos de família interferem na política internacional: «Lançámos ferro na ilha de Kavitsa. Aguardávamos a chegada do *Hohenzollern*, atrasado duas horas e meia. Chegou quando jantávamos. Guilherme veio ao meu iate, de excelente humor, e depois levou-nos com ele, a mim e a Micha, e ofereceu-nos a ceia».

No *Diário*, apenas a seguinte anotação: «Regressei com a melhor impressão das horas passadas com Guilherme e sinto-me feliz por tornar a ver as crianças, não os ministros».

Com efeito, nas costas dos ministros, Nicolau II acabara de assinar com o primo o tratado de Björkö, que constituía um verdadeiro desvio das alianças estabelecidas. «Se um dos dois Estados for atacado, o outro compromete-se a auxiliá-lo». A aliança franco-russa perdia assim o seu valor, pois a Rússia tomava um compromisso idêntico com a Alemanha. O artigo 4 propunha pedir à França que se associasse ao tratado. Guilherme II ficou muito satisfeito, mas Nicolau II mostrava-se um tanto inquieto. Convocou o ministro Witte, perguntando-lhe: «Confiais em mim?» Witte relata: «Depois da minha resposta, o czar disse: 'Nesse caso, assinai este documento. Como vedes, tem já a minha assinatura e a do imperador da Alemanha e está já referendado sob o nome de Guilherme. Cabe-vos a vós referendá-lo também.' E o documento foi referendado pelo almirante Birilev».

O tratado de Björkö só passaria a vigorar depois de concluída a paz entre a Rússia e o Japão. Do lado russo, as negociações nesse sentido foram conduzidas por Witte. Por telegrama cifrado, Nicolau II informou Willy dos termos em que aceitaria assinar a paz: «Pensei muito no caso. Todos os russos honestos estão dispostos a prosseguir as hostilidades se o Japão insistir nos dois pontos seguintes: anexação de território e pagamento de reparações de guerra. Nada me forçará a aceitar qualquer deles. Por tal motivo, não existem esperanças de paz neste momento. Sabes bem como me horroriza o derramamento de sangue, mas ele é mais aceitável do que uma paz vergonhosa».

De facto, graças à interferência dos Americanos, já na altura hostis ao Japão, e graças à habilidade de Witte, os Japoneses, pela paz de Portsmouth, conseguiam a península de Liao Tung, o protectorado sobre a Coreia e o Sul da Sacalina, mas nem um só metro quadrado de território propriamente russo (havia certas dúvidas quanto à pertença do Sul da Sacalina) passava para a posse do Japão, que aceitou prescindir das indemnizações de guerra.

Witte pôde assim regressar satisfeito; Guilherme II também, visto que, a partir desse instante, entrava em vigor o tratado de Björkö. Conferiu ao ministro o título de conde e a grã-cruz da Águia Negra. Nicolau II, porém, considerou o gesto uma enorme indelicadeza: Witte fora condecorado por um alemão antes de ser distinguido pelo seu soberano; e, além disso, o ministro fora bem sucedido num assunto em que ele próprio não chegara a ter êxito. Decididamente, não conseguia suportá-lo por mais tempo.

Por sua vez, Guilherme II rejubilou, endereçando a Nicolau uma última mensagem a lembrar-lhe como a França o abandonara: «Há doze anos, tivemos Toulon e Kronstadt (a visita da esquadra russa a Toulon e a da esquadra francesa a Kronstadt). Foi um casamento por amor. Mas, tal como em todo este tipo de uniões, seguiu-se-lhe o desencanto, sobretudo após a guerra de 1904-1905. Temos agora Brest e Cowes (a visita recíproca das esquadras inglesas e francesas para consolidar a *Entente Cordiale*) ou seja, um matrimónio de conveniência, o que me parece um sentimento bastante frio. Seria útil aos Franceses que segurasses as rédeas com firmeza. Os dez mil milhões que colocaram na Rússia impedi-los-ão sem dúvida de quebrar a aliança; regressando à imagem do casamento, Marianne não deverá esquecer-se de que é tua mulher. Portanto, deve dormir na tua cama, concedendo-me de vez em quando um beijo ou uma carícia. O que não deve é entrar às escondidas no quarto daquele que constantemente faz intrigas com toda a gente».

Nicolau II estava sem dúvida pesaroso face à ajuda diplomática prestada pela Inglaterra ao Japão e ainda mais por constatar que, durante a guerra, o aliado francês mostrara uma solicitude mais que discreta. O tratado de Björkö constituía assim a expressão de um despeito duplo e do ressurgimento da diplomacia entre príncipes.

Mas, de regresso a São Petersburgo, o conde Lamsdorf, ministro dos Negócios Estrangeiros, bem como Witte e o grão-duque Alexandre fizeram compreender a Nicolau II a loucura de enfraquecer assim a aliança com a República, visto que a «França era o cofre». O czar reconheceu a justeza de tal opinião, o tratado não teve seguimento e não foi ratificado, resultando daí um duplo rancor.

De facto, Guilherme II ficou ressentido com Nicolau por este se contradizer e viu nisso o sintoma de ele não mandar na própria casa; face a Guilherme II, foi isso precisamente que mais humilhou o czar. Como agravante, sentia que se deixara enganar em Björkö. Os seus ministros eram a prova de que tal acontecera, abrindo nele outra ferida que não cicatrizava. Os dois imperadores encontraram-se ainda por diversas vezes antes de 1914, mas já não presidiu a tais encontros o sentimento que os animara nas vezes anteriores.

De resto, após a morte de Cristiano IX, em 1906, as reuniões de família em Copenhaga haviam perdido o carácter das de outrora. A diplomacia dos Estados sobrepusera-se às relações pessoais, fugazmente renovadas em Björkö. Com a morte de Cristiano IX, morria também a diplomacia de corte. Cristiano X procurou ressuscitá-la, mas sem êxito. Em 1915, em plena guerra, escreveu a Nicolau II instigando-o a reconciliar-se com o primo Willy. Depois, por iniciativa do *Kaiser*, Cristiano X propôs ao czar, uma vez mais, que enviasse a Copenhaga um emissário. Ele, porém, cortou cerce as tentativas de aproximação. Em finais de 1916, surgiu a hipótese da viagem de Protopov a Copenhaga, mas é incerto o objectivo desta, desconhecendo-se mesmo se chegou a efectuar-se.

Entretanto as relações germano-russas tinham-se deteriorado seriamente a seguir às crises dos Balcãs, que conduziriam ao primeiro conflito mundial.

Da «pequena» à Grande Guerra.

Até aí, a política russa fundamentara-se na aliança privilegiada com a França, nas relações amigáveis com a Alemanha, no *status quo* com a Áustria-Hungria quanto aos problemas balcânicos, na relativa cooperação com a Inglaterra, estratégia anulada pelo acordo anglo-japonês de 1902 e pela crise do Extremo Oriente.

Foi o agravamento da rivalidade naval anglo-germânica que alterou tal equilíbrio. Esse agravamento resultou do desafio lançado pelo *Kaiser* à supremacia britânica nos mares, forçando o governo inglês apostar no *two-powers-standard* (devendo a *Home Fleet* ser igual à soma das duas esquadras estrangeiras que a desafiavam).

A Inglaterra aproximou-se então da Rússia por influência da França e, no seguimento dessa iniciativa inglesa, efectuaram-se negociações entre Arthur Nicolson e A. Izvolski.

O acordo concluído em 1907 deu origem, de facto, à partilha da Pérsia em duas zonas de influência, conservando a Inglaterra as suas posições no Afeganistão, mas cedendo terreno no Tibete. Durante as negociações, Nicolau II encontrou-se com Guilherme II para pôr fim à frieza instalada entre ambos devido à não ratificação do tratado de Björkö; na verdade, o acordo assinado com os Ingleses era pouco propício a tal coisa. A tornar o seu significado ainda mais opaco, a França e a Rússia subscreveram um acordo com o Japão. O chanceler Bulow não se deixou iludir, vendo nele um mau presságio para a futura paz na Europa, apesar das repetidas garantias dadas por Nicolau II à Alemanha quanto à sua indefectível amizade. Sem dúvida que o czar não desejava indispor o *Kaiser*, e Stolipine exprimiu da melhor forma o que pensava ao lembrar que águia russa tinha duas cabeças, uma voltada para Oriente e a outra para Constantinopla. A aliança inglesa poderia franquear-lhes os estreitos. No entanto, a visita de Eduardo VII a Revel, em 1908, logo seguida da chegada do presidente Fallières, selou esta Tripla *Entente*, reforçada pela visita de Nicolau II tanto a Inglaterra como a França no ano seguinte.

Houve nisto uma espécie de paradoxo que os liberais ingleses e E. Vaillant, em França, não deixaram de sublinhar: a reacção stolipiniana atingira o apogeu e, pudicamente, as democracias ocidentais associavam-se à autocracia, desviando os olhos. É certo que, na terceira Duma, a oposição – na circunstância, o KD – aplaudia também com entusiasmo os acordos com os regimes parlamentares; a prática destes poderia revelar-se contagiosa. E, tal como comentava o historiador Miliukov, permitiam consolidar a posição da Rússia precisamente no ponto onde se achavam as raízes russas – em Constantinopla.

Uma certa dose de imperialismo continuava assim a animar a política czarista. Dietrich Geyer mostrou que esse imperialismo não foi apenas a conclusão da vontade dos capitalistas, muito embora estes tivessem também objectivos expansionistas em territórios isolados onde havia pouco a temer da concorrência inglesa ou alemã; o imperialismo russo visava sobretudo compensar, no plano externo, as dificuldades que o regime encontrava no interior, tanto em termos económicos como políticos.

Ora, Nicolau II sofreu mais duas humilhações, bastantes graves desta vez: em primeiro lugar nos Balcãs, onde a diplomacia czarista apoiava as pretensões de Pedro I Karageorgevitch, rei da Sérvia, que sonhava com uma Jugoslávia em que se incorporassem os Eslavos do Sul.

A crise que estalou brutalmente em 1908 constitui o primeiro lance da partida de xadrez que, nos Balcãs, conduziu à Grande Guerra. As relações austro-russas eram aí bastante sombrias desde 1897, mas tornaram-se ainda piores quando Viena pretendeu construir uma linha de caminho-de-ferro até Constantinopla, passando pelo Sandjak de Novy Bazar, a maneira de melhor vigiar a Sérvia.

Aproveitando-se da crise sobrevinda na Turquia, Viena anexou a Bósnia-Herzegovina no próprio momento em que d'Aerenthal, ministro de Francisco José, negociava com Isvolski as compensações a pagar à Rússia. Ao czar, coube o papel de logrado quando, tendo a Sérvia protestado contra a anexação, Guilherme II dirigiu à Rússia um ultimato. A conferência proposta por Isvolski para resolver tal contencioso não chegou a efectuar-se.

A impotência da Rússia no campo militar, três anos após o desaire sofrido no Extremo Oriente, dificultava qualquer compromisso, pois este seria interpretado como novo recuo. Isso tornou inútil a grande reunião «familiar» em que, tal como nos bons velhos tempos, os Hesse, os Hohenzollern e os Romanov se visitam, ou seja, o *garden-party* de Potsdam, em 1910, que não resolveu coisa alguma; faltou-lhe o clima propício.

O projecto BBB – Berlim-Bagdade-Bahn – e o apoio incondicional da Alemanha à Dupla Monarquia nos Balcãs revelou o profundo interesse das potências pelos Estreitos, para os quais a diplomacia russa lançava de novo as vistas, sobrestimando o peso da aliança inglesa e da aliança francesa, viradas para outros horizontes. Desempenhando sozinho o seu papel, Sazonov, sucessor de Isvolski, conseguiu reagrupar os pequenos Estados balcânicos, na esperança de bloquear o *Drang--nach-Osten* dos Austro-Alemães. Conseguiu-o, mas os Sérvios, os Búlgaros e os Gregos, em vez de se unirem contra a Áustria, atacaram vitoriosamente a Turquia, o que levou os Russos a impedirem a entrada dos Búlgaros em Constantinopla e a oporem-se em seguida às reivindicações dos Sérvios, que estiveram na origem da segunda guerra balcânica entre os vencedores. A diplomacia russa ficou totalmente desconsiderada e recebeu o golpe de misericórdia quando o Sultão apelou para o general germânico Liman von Sanders para reorganizar e comandar as forças armadas turcas. Face aos protestos do czar, o general viu-se dotado de um título mais discreto.

Mas o efeito gerara-se já e «o tema da luta dos Eslavos contra os Germânicos» fez o seu reaparecimento. A imprensa russa, sobretudo, explodiu numa germanofobia duplamente oportuna – pois não era a czarina de origem alemã?

Assim, pelo menos duas vezes, Willy punha obstáculos aos planos de Nicolau II, azedando as relações entre a Alemanha e a Rússia. Foi debalde que, através de um relatório, P. Durnovo demonstrou ao czar que uma guerra contra a Alemanha e contra a Áustria, mesmo que vitoriosa, apenas daria à Rússia territórios «inúteis e perigosos», a Poznânia e a Galícia, cuja aquisição tornaria ainda mais insolúvel o problema polaco, conferindo maior actualidade ao tema da autonomia ucraniana. Consolidava-se a Tripla Entente, «enquanto a aliança com a Inglaterra nada nos traz»; a aliança com os Franceses corria o risco de conduzir à guerra que, contra a Alemanha, a Áustria e a Turquia, talvez se revelasse desastrosa para a Rússia.

Tendo escolhido a via pacífica, Nicolau II nem por instantes pensa que o atentado de Sarajevo originará um conflito armado. «É apenas mais uma crise balcânica». Depois da entrega do ultimato austríaco a Belgrado, faz saber que, desta vez, apoiará a Sérvia. Solicita à Inglaterra que tome posição, que reúna o tribunal de Haia ou que proponha uma conferência internacional. Mas a engrenagem entra em funcionamento. Após a declaração de guerra da Áustria à Sérvia, o czar ordena a mobilização parcial, relativamente à Áustria apenas, e, em seguida, a mobilização geral. Não responde ao ultimato de Guilherme II, que lhe exige a suspensão dos preparativos. Nicolau II compreende como são decisivos esses momentos. Enviara um telegrama ao *Kaiser*, dizendo: «Será justo submeter o diferendo austro-sérvio ao tribunal de Haia. Conto com o teu bom senso e com a tua amizade». Dias depois, dizia a Sazonov, que disso nos deixou o testemunho:

«"Ele pede-me o impossível. Dir-se-á ter esquecido ou não reconhecer que a Áustria procedeu à mobilização antes de nós. Exige agora que a suspendamos, sem uma só palavra a propósito da austríaca. Como sabeis, moderei os nossos preparativos e só consenti a mobilização parcial. Se actualmente aceitasse as exigências da Alemanha, ver-nos-íamos desarmados face à Áustria, o que seria loucura".

«Observei-lhe atentamente a expressão do rosto, no qual podia seguir as diversas fases da luta íntima que o torturava e que também a mim fazia sofrer, tanto como a ele. O destino da Rússia e do povo russo dependia da sua decisão (...) Tinham-nos empurrado para um beco sem saída (...)

«Articulando com dificuldade as palavras, o imperador disse-me: «Tendes razão, nada nos resta fazer se não prepararmo-nos para quando formos agredidos. Transmiti ao chefe do Estado-Maior General as minhas ordens de mobilização».

A Rússia por fim unida

Ao meio-dia de 2 de Agosto de 1914, o imperador emitia um *Manifesto* ao seu povo. O único estrangeiro convidado para o acto solene como representante de uma potência aliada – só dois dias depois a Inglaterra declararia guerra – foi Maurice Paléologue, embaixador de França, que testemunha:

«É majestoso o espectáculo. Na enorme galeria de São Jorge, paralela ao cais do Neva, encontram-se reunidas umas cinco ou seis mil pessoas. A corte inteira veste trajo de gala e todos os oficiais da guarnição envergam fardamento da campanha. No meio da sala, foi erguido um altar encimado pelo ícone miraculoso da Virgem de Kazan, privando-se da imagem por algumas horas o Santuário de Nevski que costuma albergá-la.

«Em religioso silêncio, o cortejo imperial atravessa a galeria e vai postar-se à esquerda do altar. O imperador convida-me a ocupar o lugar à sua frente, querendo assim – como ele me diz – prestar pública homenagem à fidelidade da França sua aliada.

«O ofício divino principia de imediato, acompanhado dos extensos e patéticos cânticos da liturgia ortodoxa. Nicolau II reza com um recolhimento ardente que lhe transmite ao rosto pálido uma tocante expressão de misticismo. A imperatriz Alexandra Fedorovna está a seu lado, de tronco hirto, cabeça erguida, lábios violáceos, olhar fixo e pupilas embaciadas. Cerra os olhos por instantes e a face lívida faz lembrar uma máscara mortuária.

«Depois das últimas preces, o capelão da corte lê o manifesto que o czar dirige ao povo (...) e, em seguida, este ergue a mão direita sobre o Evangelho. Tem um ar ainda mais grave, mais recolhido, como se se preparasse para comungar. Em voz lenta, diz: «Juro solenemente não assinar a paz enquanto existir um inimigo no solo pátrio».

«Um coro de vivas acolhe a declaração, copiada do juramento que Alexandre proferiu em 1812. Durante cerca de dez minutos, mantém-se na sala o tumulto frenético, reforçado pelas aclamações da multidão que se comprime lá fora em frente do palácio.»

De imediato, logo seguida pela Áustria, a Alemanha declarava guerra à Rússia e depois à França. Dias mais tarde, a Inglaterra juntava-se aos seus aliados, tal como prometera.

III
A DERROTA. O CZAR ANIQUILADO

Em França, face à ameaça da guerra e à pátria em perigo, o toque de clarim e o içar da bandeira tricolor fortalecem as energias e revigoram os ânimos; na Rússia, são os sinos que cumprem tal função. Nos sinos ressoa o eco profundo das manifestações de fé, a sua identificação com a nação e com a pátria. Não há um hino em louvor da terra que não cante igualmente a ortodoxia. Os sinos tocaram nas guerras contra os Turcos, os Infiéis, e repicaram também em 1914.

Mas, em 1905, permaneceram mudos. É verdade que houve manifestações de cariz patriótico, mas vindas apenas de estudantes e de militares. O czar não apelou para o povo, porque, para ambos, provocar os Japoneses não era fazer a guerra.

Porém, quando os Alemães rosnaram em 1914, o czar apelou a Deus. Não é a própria Igreja que se dirige todos os anos «àqueles que pensam que os monarcas ortodoxos não sobem ao trono em consequência de uma dádiva especial de Deus e que, quando ungidos na sagração, a graça do Espírito Santo não lhes é comunicada para cumprimento da sua grande missão»?

A Igreja fala-lhes, como aos ateus e aos heresiarcas, dizendo-lhes: «Anátema, anátema, anátema!»

Nicolau II era um homem piedoso, mas não verdadeiramente místico. Com a escalada do movimento revolucionário, a derrota do exército e da esquadra em 1905 e com o progresso inexorável da doença de Alexis, a religião constituía para ele o único refúgio e consolo; e, em 1914, representou um autêntico sustentáculo.

A notícia da declaração de guerra deu origem à sua maior alegria. Deslocara-se a São Petersburgo com toda a família para assistir a um *Te Deum* solene, a que a corte inteira compareceu. Após o ofício divino, o protodiácono fez a leitura do manifesto da declaração de guerra. Segundo a antiga fórmula, convidava os soldados a baterem-se «com o gládio na mão e a cruz no coração». Todos os presentes se precipitaram a beijar a mão do imperador. Depois Nicolau e Alexandra apareceram na varanda. Os boletins noticiosos Pathé exibiram então a cena ímpar de milhares de russos ajoelhados que se ergueram de seguida, aclamando e agitando galhardetes em que se lia «Ajuda o pequeno irmão sérvio». O czar e a czarina, apanhados de surpresa, observavam admirados, fazendo um gesto de saudação.

A banda sonora destas imagens mudas mas gritantes é-nos dada por Rodzianko, presidente da Duma, que testemunhou a cena: «A multidão ajoelhara para entoar o hino 'Deus salve o czar' e depois ergueu-se dando vivas. A mole humana gritava e vociferava. O imperador quis dizer algumas palavras, mas só se ouviam as aclamações da multidão, que lhe abafaram a voz».

Incógnito, o presidente da Duma perguntou então a dois operários: «Que é feito das vossas greves, das reivindicações na Duma?» os interpelados responderam: «São assuntos de que nos ocuparemos, mas agora é preciso defender a pátria». Numa simples frase, definiam o vínculo sagrado que, como por magia, reagrupava à volta do trono a corte, a Duma e os partidos. «No curto espaço de uma hora, mudavam-se assim os sentimentos de um povo inteiro. Nada restava das greves, das barricadas e do movimento revolucionário, tanto em São Petersburgo como no resto do país» (Kerenski).

«Sou um czar sem sorte»

No final da cerimónia da declaração de guerra, o grão-duque Nicolau, que seria colocado à frente dos exércitos, precipitou-se para o embaixador de França e beijou-o, exclamando: «Milagre, milagre! Se Deus e Joana d'Arc estiverem connosco, ganharemos a guerra!»

Nicolau II quis tomar o comando das forças armadas, mas o primeiro-ministro, Goremikine, e, sobretudo, Sazonov, ministro dos Negócios Estrangeiros, dissuadiram-no de tal coisa.

— Teremos necessidade de recuar nas primeiras semanas e Vossa Majestade não deverá expor-se a críticas – objectaram.

— Alexandre I também recuou em 1812.

— Isso é verdade. Mas foi alvo das censuras de toda a gente.

O imperador acabou por ceder. Nomeou então o grão-duque Nicolau e não o general Sukhomlinov, ministro da Guerra, que cobiçava a categoria de generalíssimo; este não escondeu a sua fúria. Ainda as operações na frente não tinham começado e já na retaguarda se tramavam ardis e se armavam laços.

Um outro factor de conflito era a aversão que os Russos sentiam pelos barões bálticos e de origem alemã que pululavam na corte: o con-

de Freedericks, ministro da Casa Imperial, o barão Korf, grão-mestre de cerimónias, o general Grünewald, escudeiro-mor, o conde Benckendorv, grande-marechal da Rússia, todos os Meyendorv, Budberg e Kotzebue.
Afirmava-se também desde Agosto de 1914 que, se Rasputine ainda estivesse na corte, teria evitado a guerra. No fim de Junho, sofrera uma facada desferida por uma das amigas, Khinia Gussieva, que se dizia ser prostituta e que foi internada como louca. Depois disso, Rasputine fora fixar-se na aldeia natal, situada perto de Tobolsk, na Sibéria. A condessa R. comentava para o embaixador de França: «Rasputine teria evitado a guerra e o morticínio, enquanto os nossos ministros nada entenderam e nada souberam impedir. Vede do que depende o destino do império: uma mulher pública vinga-se de um mujique ordinário. O czar perde a cabeça de imediato e eis o mundo inteiro a ferro e fogo!»
Dizia-se que a czarina telegrafava diariamente a Rasputine. A única certeza era a de que o *czarevitch* estava mal de saúde. Não pudera sair da cama no dia da declaração de guerra e o czar não tivera possibilidades de mostrar o herdeiro ao povo.
«Sim, sou um czar sem sorte» – o imperador dias depois.

Guerra e revolução: «Eles enlouqueceram!»

«Mas eles enlouqueceram!» – a poetisa e ensaísta Zinaida Hippius ao ver os compatriotas, delirantes e ébrios de entusiasmo, à passagem dos soldados. O próprio governo está inquieto e desnorteado e o príncipe A. Obolenski, comandante militar da capital, decide pôr fim às manifestações patrióticas.

Contudo, nem em todos os lados a mobilização se revestira de idênticos excessos*. Ressurgira a velha questão da resistência ao alistamento. De facto, nuns trinta distritos, as desordens provocaram entre duzentas e cinquenta a quinhentas vítimas, muito menos do que as autoridades temiam, aliás. No entanto, um pouco por toda a parte, quando os sinos repicaram e os cossacos em massa se apresentaram a alistar-se, a Santa Rússia esteve presente para defender o solo sagrado das investidas dos Turcos e dos Teutões.

Semanas antes, a mesma Zinaida Hippius anotara já um outro acesso de loucura, a dos manifestantes em greve, no início do Verão:

«Estes distúrbios – como direi – não os compreendi e tenho a certeza de que o mesmo se passou com os que comentaram. Foi óbvio que os manifestantes operários não entenderam o motivo por que viravam os carros e faziam parar os comboios. Quanto à *intelli-*

---
* Sobre a violência das greves de 1914, consulte-se o artigo de L. Haimson.

gentsia, sempre pronta a fazer barulho, também para ela os acontecimentos não tiveram mais significado do que uma tempestade de Verão.»

A violência das greves e das manifestações e o frenesi da partida para a guerra pareciam inquietantes a Zinaida Hippius. E outros factos surpreendentes se produziam também.

No início de 1914, o movimento revolucionário e pacifista aumentara e expandira-se, prestes a tudo submergir. Mas eis que em escassos dias, a maioria dos revolucionários se unia na defesa da pátria tendo à sua frente o marxista Plekhanov e o anarquista Kropotkine! Dizia-se, é certo, que, de acordo com a palavra de ordem lançada por Lenine, os revolucionários deveriam assegurar em cada país o derrube dos respectivos governos. Mas ninguém o secundara no seio da Segunda Internacional. Na quarta Duma, os bolcheviques foram os únicos deputados que se recusaram a votar as verbas de natureza militar, a bem dizer os únicos socialistas europeus, salvo Karl Liebknecht, na Alemanha. Mas qual o seu peso? Em tudo o mais a União Sagrada triunfava espontaneamente. A situação invertera-se por completo.

O czarismo reencontrava assim o antigo vigor e legitimidade – 1914 foi o seu ano de glória. Porém se a derrota sobreviesse – e ela perfilou-se no horizonte ao fim de um ano – se se revelasse a incapacidade ou se a penúria se acentuasse, a situação revolucionária reapareceria de imediato. Isso sucederia de facto em plena guerra e face a um inimigo bem mais perigoso do que o de 1905.

Lenine mostrou com clareza que, para cumprimento da revolução, deveriam reunir-se duas condições: descontentamento real das massas e falta de confiança na capacidade de reacção dos dirigentes. No período de 1915 a 1917, foi esta última faceta a primeira a manifestar-se.

Depois das violências verificadas em 1905, parte da *intelligentsia* pressentiu que um «cataclismo» se produziria, cataclismo por muitos desejado, aliás. A partir de 1915, surgiu um facto novo: também a própria classe dirigente, o governo, tal como os seus opositores da Duma, ouviu com terror o troar a tempestade próxima. Entre o governo e a população deixara de haver qualquer espécie de confiança. E quanto à Duma, aquando da revolução de 1917, desconhecia se as manifestações eram a seu favor ou contra ela, não sabendo também como agir para evitar o descalabro militar e a escalada de greves e de manifestações urbanas. Gostaria de desembaraçar-se de um governo «incapaz», mas não sabe como: «A direita recusa-se a ver a catástrofe que se avizinha e impede que se faça seja o que for. O centro – ou seja, os outubristas – repete que nos encaminhamos para o desastre, mas vai marcando passo. A esquerda avança, embora não saiba para onde vai...» Todos são unânimes em apontar um bode expiatório, isto é, Rasputine.

Todavia, após o seu assassínio no final de 1916, verifica-se que nada mudou. No estrangeiro, dizia-se às vezes que a Rússia era um gigante com pés de barro. Mas não seria antes um colosso de cérebro paralisado? A guerra e a revolução iriam revelá-lo.

O czar e o seu exército

Após as derrotas sofridas em 1904 e 1905, o Exército russo registara grandes reformas graças à influência do general Baiev sobre a Escola de Guerra e graças também ao impulso dado pelo grão-duque Nicolau, afastado do alto-comando desde 1908. Apesar da sucessão de dez chefes do estado-maior durante uma década e da superioridade dos Austro-Alemães no ramo da artilharia, o Exército russo fez boa figura durante o primeiro ano de guerra; tinha de novo a chefiá-lo o grão-duque Nicolau.

Depois de uma grande vitória inicial sobre os Alemães em Gumbinnen e de uma outra na Galícia sobre os Austríacos, sofreu grandes perdas na batalha de Tannenberg, mas cumprira a sua missão a Leste, impedindo assim Guilherme II de se superiorizar no Ocidente; sem o êxito em Gumbinnen, não se teria verificado a vitória dos Franceses no Marne.

Mas, tal como a declaração de guerra parecera constituir o dobre de finados do movimento revolucionário, também essas primeiras campanhas se revelaram enganosas. Na Rússia – assim como nos outros países – pensara-se a princípio que a guerra seria curta. Depois, porém, chegou-se à conclusão trágica de que os abastecimentos à artilharia haviam sido feitos calculando uma campanha de doze semanas apenas. A indústria só tinha possibilidade de satisfazer um terço das exigências militares. Na retaguarda, como a indústria e os transportes estivessem ao serviço das forças armadas, a penúria e a carestia da vida não demoraram a fazer-se sentir.

Na mesma altura, na corte, a czarina principiara a inquietar-se com os êxitos pessoais do grão-duque Nicolau. Alexandra não lhe perdoara sobretudo o desprezo votado a Rasputine. Quando este último manifestara o propósito de aparecer no quartel-general principal, o grão-duque afirmara: «Pode vir, mas será enforcado». Como a campanha de 1915 se apresentasse com perspectivas sombrias, a czarina receou que, mais cedo ou mais tarde, a responsabilidade dos erros recaísse sobre o marido. Deste modo, escreveu-lhe: «Desagrada-me que o grão-duque participe nas conferências em que se discutem problemas *internos*. Impõe-se aos ministros com os seus gestos e voz tonitruante. E, além disso, traiu o homem de Deus (Rasputine), não beneficiando assim da graça divina. O que ele fez nunca poderá dar bons resultados».

Em boa verdade, o czar invejava o grão-duque Nicolau. Que imponente figura a daquele gigante! Media quase dois metros e sabia falar aos soldados, enquanto ele, o imperador, quando discursava, tinha de recorrer a textos escritos que os ministros seguravam, ocultando-os atrás do gorro. O generalíssimo era muito popular, conquanto a sua fama pessoal fosse sem dúvida algo exagerada. De facto, as pessoas mais íntimas percebiam perfeitamente que, a pretexto de constituir um alvo fácil, ele se mantinha sempre bem longe da frente em atitude de grande prudência. Nicolau II era bastante mais corajoso; em documentos cinematográficos ingleses de actualidades vê-se o imperador visitando os soldados feridos, na primeira linha. Renova por diversas vezes tais visitas, como se o enviassem ao sacrifício, mas nem uma só bala perdida o atinge.

Por fim, de repente, Nicolau II decidiu destituir o generalíssimo e assumir pessoalmente o comando das forças armadas (Verão de 1915).

Um espantoso conselho de ministros

O czar foi levado a destituir o grão-duque por influência do ministro da Guerra, o general V. Sukhomlinov, que aduziu como principal argumento condenatório a atitude de conciliação daquele para com os representantes da Duma; permitira aos generais que convidassem Gutchkov e os membros da comissão de guerra da Duma a visitar a frente a fim de poderem colaborar no reabastecimento de munições aos exércitos. «Tal interferência poderá tornar-se muito perigosa» advertira Sukhomlinov. Mas o czar dera o seu acordo a que a comissão se constituísse com o objectivo de melhorar o reabastecimento das tropas e destituíra N. Maklakov, ministro do Interior, que entravara declaradamente tal cooperação.

A comissão de guerra hostilizou então Sukhomlinov e a Duma transformou-o no bode expiatório do mau sistema de abastecimento dos exércitos, uma acusação exagerada, sem dúvida, pois o problema ultrapassava a competência exclusiva do ministro da Guerra. A campanha foi orquestrada pela Duma, que deveria abrir os trabalhos a 19 de Julho de 1915. Apesar do desagrado de Alexandra, Nicolau II, entretanto, cedera à pressão de certos generais e dos representantes da Duma, demitindo Sukhomlinov a 11 de Julho de 1915. «Vi-me forçado a sacrificar-vos» – confessava o czar na carta enviada ao ministro.

Soube-se então que, no seguimento da ofensiva do general Mackensen, os Alemães haviam entrado em Varsóvia; prosseguindo o avanço, dentro em breve ocupavam Brest-Litovsk e depois Kovno. Num caos indescritível, principiaram então a evacuar-se populações inteiras para a retaguarda. «Essa enorme migração organizada pelo quartel-general principal precipitará o país no abismo, na revolução e na sua perda» – afirmava A. Krivocheine, ministro da Agricultura.

A notícia da destituição do grão-duque Nicolau e da sua substituição no comando supremo chegou ao conselho de ministros ao mesmo tempo que aqueles informações sinistras. Graças ao relato feito por A. Iakhontov, adjunto do chefe da chancelaria, que, a esse título, registava os debates, sabe-se exactamente a maneira como o conselho de ministros recebeu a novidade e as reacções que ela suscitou, o que aconteceu na sessão de 6 de Agosto de 1915.

O debate versou sobre as medidas de evacuação dos judeus polacos, considerados espiões susceptíveis de recorrerem a represálias quando muito molestados, represálias porventura consubstanciadas no suspender dos empréstimos feitos pelos bancos. Discutiu-se também o problema do pré dos soldados e o do movimento revolucionário na retaguarda, que instigava os operários a suspeitarem da traição do governo.

O ministro da Guerra, o general Polivanov, pouco participou dos debates, permanecendo calado. Algo o perturbava e o tique na cabeça e nos ombros acentuara-se mais do que habitualmente. O presidente Goremikine deu-lhe então a palavra. Disfarçando com dificuldade a tensão que o dominava, o ministro falou em voz entrecortada:

> «A situação é mais grave do que nunca. De um momento para o outro, pode sobrevir a catástrofe, tanto na frente como na retaguarda. O Exército não bate em retirada... corre em retirada, isso sim. Gera-se o pânico ao aparecimento de uma simples patrulha alemã e é o salve-se quem puder, sucedendo isso com regimentos inteiros. Até aqui, valeu-nos a artilharia, mas já não dispomos de munições. O quartel-general principal perdeu a cabeça.
>
> «Mas chega daquilo que nos ameaça na frente! Conto com a acção de certos factores, tais como a vastidão do território e a lama e rezo a São Nicolau. No entanto, um outro acontecimento ainda mais *horrível* ameaça a Rússia. Vou violar um segredo, quebrando a palavra dada de que permaneceria calado por algum tempo. É meu dever informar o governo de que, esta manhã, ao apresentar o relatório, Sua Majestade me comunicou a decisão de retirar ao grão-duque Nicolau o comando dos exércitos e ocupar ele próprio o cargo.»

Tais revelações provocaram grande alarido de surpresa na sala. As notícias eram bastante graves, mas «aquela era a mais *grave* de todas as desgraças».

> «Sabedor do carácter inflexível e desconfiado de Sua Majestade, tudo fiz para dissuadi-lo de tomar tal decisão, tudo fiz...»
>
> O príncipe N. Chtcherbatov disse: «Ouvi certos boatos a propósito do que se tramava em Tsarskoie Selo contra o grão-duque, mas nunca imaginei que se desferisse tal *golpe* no meio de todos estes desastres». Palavras de S. Sazonov, dirigindo-se ao primeiro-ministro: «Por que motivo ocultou aos seus colegas do governo este perigo que ameaça a Rússia? Talvez tivesse sido possível evitá-lo».

Goremikine: «Não, não vejo como fosse possível revelar aquilo que Sua Majestade me ordenou que mantivesse secreto. Não sou como o general Polivanov, pertenço à velha guarda. Para mim, uma ordem de Sua Majestade é lei. Devo dizer-vos que também tentei dissuadi-lo, mas debalde. Sua Majestade confidenciou-me por mais do que uma vez que nunca perdoara a si próprio o facto de se não ter colocado à testa dos exércitos durante a guerra com o Japão. O dever e o cargo ditavam-lhe a necessidade de acompanhar os soldados. Agora que a catástrofe se anuncia, quer estar entre os seus, vencer ou morrer juntamente com as tropas. É esta a sua noção do dever que lhe incumbe, uma espécie de mística. Inútil procurar influências externas; isso vem de muito longe. Nada podemos fazer se não inclinarmo-nos perante a sua vontade».

Oito dos ministros recusaram-se a fazê-lo e assinaram um documento contra a decisão tomada pelo czar. Nunca tal se vira, pois os referidos ministros não provinham da Duma, tendo sido quase todos eles escolhidos por Nicolau II, pela czarina e por Goremikine.

«Não cedais e não me mandeis embora, pois, se o fizerdes, os liberais da Duma protestarão ainda com mais energia» – dissera N. Maklakov ao czar semanas antes. De facto, os protestos da Duma foram bastantes mais enérgicos, visto que, na altura, a assembleia exprimira-se no próprio seio do governo, que se antecipava na previsão da catástrofe.

Nicolau II começou por ignorar a petição dos ministros. Em seguida, a 2 de Setembro, prorrogou a Duma. No dia 4 do mesmo mês, a Comissão de Guerra, presidida por Chingariev e por Chulguine (filiado no KD e membro da União do Povo Russo), endereçou-lhe um angustiado apelo para que renunciasse à decisão.

«Sire, é do nosso conhecimento...»

«Sire,
«Os exércitos russos, e com eles todo o país, passam por duras provações na hora actual e é isso que nos leva a pedir-vos, Sire, que tomeis em conta a presente exposição. Nela exprimimos de forma resumida tudo quanto nos foi dado saber sobre a guerra e sobre os métodos que deram origem à difícil conjuntura que hoje atravessamos. Por outro lado, expomos aqui tudo quanto porventura remediará a grave infelicidade que sobre a nossa pátria se abateu (...)

«Sabemos que o nosso garboso exército, após haver sofrido mais de quatro milhões de baixas entre mortos, feridos e prisioneiros, não só bate em retirada como recuará ainda mais.

«Estamos também a par das causas dessa retirada, que tanto sofrimento provoca em nós. Sabemos que, para combater o adversário, o nosso exército não dispõe de armamento igual e que, enquanto o inimigo despeja sobre nós ininterruptas torrentes de chuva e de aço, apenas lhe damos réplica com escassíssimo número de balas e obuses.

«Fomos também informados de que, enquanto o inimigo possui peças de artilharia ligeira e de artilharia pesada em abundância, nós quase não dispomos desta última e, quanto aos canhões ligeiros, as peças estão de tal modo gastas que dentro em breve ficarão imprestáveis.

«Sabemos além disso que, enquanto o adversário aumenta todos os dias o número de metralhadoras até este ter atingido, segundo o ministro da Guerra, a impressionante cifra de cinquenta e cinco mil, nós só temos as imprescindíveis para substituir as que perdemos e as que ficam fora de uso.

«Sabemos ainda que, enquanto o inimigo é abastecido com amplo suprimento de espingardas, dispondo cada soldado de uma delas, há centenas de milhar dos nossos privados de armamento, tendo de esperar que os camaradas tombem em combate para se apossarem das respectivas armas.

«É também do nosso conhecimento que, embora muitas coisas respeitantes a esta guerra ultrapassem a capacidade de raciocínio humana, sendo impossível prevê-las, muitas outras houve que poderiam ter sido evitadas se não existisse tão elevado grau de negligência criminosa por parte de certos chefes militares.

«Foi-nos dado a saber igualmente que, desde Setembro do ano passado, os informes provenientes da frente alertavam quanto à escassez de obuses, aconselhando que com tempo se providenciasse nesse sentido. Mas o conselho não foi seguido. Só quando o perigo se tornou iminente e inelutável, os responsáveis caíram em si, tentando remediar a falta. Todavia, serão precisos vários meses, se não para igualar o inimigo, pelo menos para se atingir um nível de armamento próximo do adversário.

«Ficámos também a par de muitos outros pormenores, como sejam, por exemplo, as condições em que se operou a retirada na Galícia. As nossas tropas quase nunca puderam contar com posições defensivas antecipadamente preparadas. Depois de marchas esgotantes, os soldados viam-se constrangidos, de sua própria iniciativa, a abrir trincheiras ridículas, feitas à pressa e de qualquer maneira, nelas permanecendo até nova aproximação do inimigo, para que este dirigisse a fúria de artilharia pesada contra os nossos homens enfraquecidos, esgotados e indefesos dentro de covas acabadas de escavar. Temos conhecimento, além disso, de que nem mesmo as cidades mais importantes do nosso país estão fortificadas ou que são insuficientes as suas defesas (...)

«Sabemos também que a nomeação dos candidatos a postos militares de maior importância como, por exemplo, comandantes de divisão e de corpos do exército, se efectua de acordo com a antiguidade das patentes segundo uma lista especial que confere essa antiguidade aos generais, abrindo-se excepções apenas para os que possuem protectores poderosos. Deste modo, não são a coragem, o talento, a competência ou o valor militar, comprovados pelos factos, que influem na promoção dos candidatos, mas considerações de natureza bem diferente. Assim sendo, as pessoas verdadeiramente capazes, os chefes autênticos, susceptíveis de conduzirem as tropas à vitória, só em casos raros atingem os cargos cimeiros; de modo geral, os postos superiores são confiados a oficiais com antiguidade, mas menos competentes. Ora, talvez três quartos do êxito em matéria de arte militar dependem da escolha judiciosa do comando; por isso mesmo se revela desastroso para a globalidade da nossa causa o actual método de nomeação.

«Tudo isto sabemos, Sire, mas tomámos também conhecimento de algo ainda mais deplorável: as desgraças e o caos chegaram ao ponto de afectar o próprio espírito do Exército e do povo. Apercebendo-se da negligência, da inadvertência e da falta de organização reinantes em todos os sectores, as tropas deixaram de depositar confiança nos chefes (...)

«O mesmo espírito de desconfiança, de descontentamento e de exasperação – e isto em grau mais elevado – faz-se também sentir entre o povo. Este tem conhecimento da escassez de balas e de obuses de que dispomos, sabe que essa escassez é da responsabilidade de alguém, mas vê como a iniciativa se empenha com energia em reparar antigos erros, em recuperar o tempo perdido e em concentrar todos os esforços capazes de prover ao equipamento do Exército. Não são portanto os erros do passado que inquietam o povo no momento actual.

«Porém, este não entende qual o motivo da insuficiência de trincheiras para resguardo das tropas ou por que razão apenas se providencia nesse sentido quando o inimigo se encontra já a curta distância, efectuando-se os preparativos de defesa em grande desordem. Não compreende por que, depois de reunidas dezenas de milhar de homens, estes permanecem inactivos durante vários dias ou são simplesmente mandados regressar a casa.

«O povo está disposto a trabalhar em defesa da pátria escavando com afinco metros cúbicos de solo russo a fim de proteger a terra natal por meio de uma linha intransponível de fortificações à maneira dos seus aliados franceses (...)

«Tomámos a liberdade de dizer-vos, Majestade Imperial, que percebemos a inevitável desarticulação entre o poder que se acha à frente do Exército e o poder que governa o país. E estamos profundamente convictos da impossibilidade de conseguir-se a defesa nacional sem a existência de uma autoridade suprema a unir todo o conjunto. O poder indiscutível do imperador é o único capaz de obter a harmonia entre a *Stavka* do grão-duque generalíssimo e o governo.

«O czar pode ordenar aos chefes militares e civis o estabelecimento antecipado de um plano de acção válido para um extenso período de tempo, plano que tenha em conta a complexidade e a diversidade das consequências, e pode alterar decisões já tomadas a fim de que cessem as medida caóticas, concebidas para o imediato e não fundamentadas na mínima visão do futuro.

«O imperador pode alargar o espectro dos cálculos e das considerações. Pode impor como objectivo não o imitar timidamente o inimigo, mas sim suplantá-lo em matéria de equipamento e de prevenção, aplicando nisso, com empenho, todos os esforços de um país imenso e poderoso.

«Só o czar pode fazer que os cargos importantes sejam confiados aos que comprovaram o seu valor em combate, e não a pessoas incapazes de cumprir com êxito a dura tarefa da guerra. Só ele pode aglutinar todas as energias da grande Rússia a fim de que se criem linhas defensivas intransponíveis para salvaguarda da pátria até ao instante supremo em que a Providência se digne conceder-nos a vitória definitiva sobre o inimigo, esgotado face à nossa firmeza.

«Temos fé nessa vitória, Sire».

O texto, com data de 4 de Setembro de 1915, era assinado pelos «súbditos fiéis de Sua Majestade Imperial», *A. Chingariev, presidente da Comissão de Guerra, e pelos outros sete elementos da mesma.*

Mas o czar não respondeu à súplica e os ministros, desesperados, viam o perigo principiar a concretizar-se e a pairar sobre eles próprios. No entanto, a sua cegueira não lhes permitia distinguirem para além da Duma. P. Kharitonov afirmava: «O Exército e a população já não confiam em nós, mas sim na Comissão das Indústrias de Guerra e na Duma». E o príncipe Chtcherbatov dizia: «Estamos suspensos no ar, nós e o governo. Nada nos sustenta, nem em baixo nem em cima. Como combater a revolução que progride se me garantem que nem nas próprias tropas se pode já confiar?»

A evacuação dos judeus polacos, objecto de polémica na Duma, terminou melhor do que principiara. Goremikine reuniu o Conselho de Ministros na Stavka, o Supremo Quartel-General, comentando: «A vossa previsão foi das piores. Afirmásseis que haveria uma revolução se acaso prorrogasse a Duma, mas ela não se verificou».

Por sua vez, o czar anunciava. «Vinda de algures, chegou até mim uma ordem. Lembro-me muito bem de que, quando ajoelhava diante do grande ícone do Senhor na nossa igreja de Tsarskoie Selo, uma voz interior me instigou a tomar o comando supremo e a comunicar tal coisa ao grão-duque, independentemente daquilo que o nosso amigo (Rasputine) me dissera».

Na véspera desse conselho, no dia 15, Nicolau II recebera carta de Alexandra, onde ela lhe dizia: «Meu muito querido e precioso, não vos esqueçais de conservar na mão a Sua imagem e de vos penteardes por diversas vezes com o Seu pente, antes de comparecerdes ao Conselho de Ministros. Ah, como eu rezarei por vós nesse momento!»

Nicolau II resistiu às pressões dos ministros. No dia 16, todos eles eram demitidos.

Alexandra, «dona» do palácio

Be more autocratic, my very own sweetheart, show your mind («Sede mais autocrático, meu amor querido, fazei valer a vossa vontade»). Encontrando-se na frente de batalha, Nicolau II recebe quase todos os dias missivas contendo trechos deste género. Por carta datada de 4 de Setembro de 1915, depois de Nicolau haver prorrogado a Duma, Alexandra diz ao marido: «Combateis sozinho para defender o trono. Que coragem! Coragem jamais vista em vós».

E acrescenta: «Não vos preocupeis quando aos assuntos deixados para trás, pois zelarei pelos vossos interesses. Não zombeis de mim, meu querido; tenho pulso firme e obrigarei o velho (Goremikine, o primeiro-ministro) a agir com energia».

De facto, enquanto Nicolau comanda os exércitos, é Alexandra quem exerce o poder na retaguarda. A sua correspondência testemunha a sua ubiquidade: vigia as nomeações, consulta e ordena. As quatrocentas cartas escritas nessa época e remetidas diariamente ao marido constituem autênticos relatórios sobre os negócios da corte e do governo. Trata-se de extensas missivas escritas ao correr da pena, nas quais se misturam, aliás, pormenores sobre os filhos, mexericos, futilidade e conselhos de ordem estratégica.

Alexandra sabe o que quer. De 11 de Setembro de 1915 a 15 de Março de 1916, remete a Nicolau cerca de quinze cartas insistindo para que ele nomeie N. Khvostov para o ministério do Interior. Sempre que a oportunidade se lhe apresenta, Alexandra não deixa também de dar o seu parecer – muitas vezes o de Rasputine – sobre a Duma, sobre a ofensiva de Brussilov, etc. Consegue assim, juntamente com Rasputine, a nomeação de diversos ministros. E explica ao marido, por exemplo: «Não está em causa a pessoa de Trepov* ou de Protopopov** por si mesma, mas sim mostrar quem manda, que sois vós o autocrata e não a Duma. Sede como Pedro, *o Grande*, como Ivan e como Paulo! Mandai para a Sibéria os Miliukov, os Ludov, os Gutchkov e os Kedrenski!***»

Em carta escrita a Alexandra com data de 3 de Setembro de 1915, Nicolau revela-lhe as suas preocupações: «A situação mostra-se ameaçadora em Dvinski e Vilna, é grave no centro e boa no Sul (general Ivanov). As dificuldades têm a ver com as condições prevalentes nos nos-

---

* Primeiro-Ministro durante algumas semanas.
** Ministro do Interior a seguir a Khvostov.
*** Kerenski.

sos regimentos – só a quarta parte deles está completa. Os novos efectivos de reserva não estão prontos de imediato e já não há espingardas. Estes informes destinam-se a vós apenas; não os transmitais a ninguém».

Tudo se explica nesta curta missiva: o balanço trágico do Verão de 1915 – quase dois milhões de vítimas – a penúria em homens e, sobretudo, a inexistência de espingardas. Falta a este quadro, todavia, um pormenor importante: as peças de artilharia não têm munições. É certo que todos os beligerantes conheceram situação idêntica, visto ninguém ter previsto que as hostilidades se prolongassem por tanto tempo; mas em parte alguma foi tão dramática a escassez de munições. O comando viu-se forçado a compensá-la ordenando ataques suicidas à baioneta a fim de iludir o inimigo quanto à situação real em que o exército se encontrava. Conseguiu assim responder aos ataques, mas viu-se constrangido a evacuar toda a Polónia.

À referida carta de Nicolau, Alexandra responde: «Não falarei a ninguém das informações que me transmitisteis, salvo a Ele, que vos protege aonde quer que vos acheis». «Ele» era Rasputine, a par de todos os segredos.

Eis o testemunho de N. Khvostov, ministro do Interior da época:

«Nessa altura, ele encontrava-se em Tsarskoie Selo e aí foi procurá-lo o banqueiro Rubinstein para saber se o Exército russo passaria ou não à ofensiva; conforme a resposta, assim mandaria ou não cortar madeira na região de Minsk. Ofereceu de beber a Rasputine, que acabou por confessar: «Vi o paizinho (o czar) e notei-lhe um ar sombrio. 'Que se passa?' perguntei. Ele respondeu: 'Calúnias... Queixam-se que não têm calçado nem espingardas. Mas é impossível atacar'. 'Então quando passaremos ao ataque?' 'Nunca antes de dois meses. Quando tivermos espingardas'».

Verídicos ou não – Khvostov depunha perante uma comissão do governo provisório, depois da revolução de Fevereiro – estes dados e as cartas demonstram bem como circulavam as notícias e como eram tomadas as decisões. Na época, denominava-se «camarilha» o círculo restrito de iniciados que, em conjunto com Alexandra, Rasputine, Virubova e os ministros da confiança do *starets*, conduzia uma política que, segundo se pensava, levaria o país à ruína. O poder situava-se cada vez a maior distância do país, da Duma e dos próprios ministros.

Sacrificar o czar para salvar o czarismo – a primeira tentativa

As derrotas sofridas em 1915, a substituição do grão-duque Nicolau na chefia dos exércitos pelo próprio czar, a crise do abastecimento a partir da retaguarda, a escassez de munições na frente e a intranquilidade face a tamanha incúria provocaram a revolta das «classes activas». A burguesia que se dedicava ao ramo dos negócios, os membros dos *zemstvos* e o comando militar, pressentindo a iminência do perigo, sobretudo os riscos de uma revolução em plena guerra, fomentaram a ofensiva contra a pessoa de Nicolau Il, o «czar incapaz», que se tornava necessário substituir para salvar a Rússia e o czarismo.

A ideia surgiu após o aparecimento do artigo da autoria de V. Maklakov no *Rousskie Vedomosti* («Notícias Russas»), no Outono de 1915, intitulado «A situação trágica e o condutor louco». A parábola ficou célebre, circulando por toda a Rússia: «Imagine o leitor que se encontra dentro de um veículo a deslocar-se a uma velocidade louca por um caminho sinuoso e estreito, à beira de um precipício. De súbito, constata que o condutor não tem competência para guiar o carro. Dar-se-á o caso de não saber servir-se do volante ou de ter perdido o domínio dos nervos? Seja como for, se continuar guiando, a catástrofe será inevitável. Por felicidade, dentro do veículo seguem pessoas que sabem conduzir. Portanto, é necessário que substituam o condutor o mais depressa possível. Mas a substituição será extremamente perigosa num veículo rodando a tamanha velocidade. Além disso, por cegueira ou por brio profissional, o condutor teima em não deixar o volante, não permitindo que outra pessoa tome conta dele. Que fazer em tais circunstâncias? Um só gesto da parte dele e a viatura precipitar-se-á no abismo. O condutor sabe-o e os passageiros também. Mas o primeiro ri-se da angústia e da impotência dos últimos, que não se atreverão a tocar-lhe. Tem razão – de facto, não ousam fazê-lo. E ainda mais: não só o deixam prosseguir, como o apoiam com os seus conselhos, no que também estão certos; assim tem de ser. Mas que sentiria o leitor se constatasse que nem mesmo com a sua ajuda o condutor conseguia ser bem sucedido e se a sua mãe, conhecedora do perigo, lhe pedisse auxílio, acusando-o de negligência cobarde?»

O condutor era Nicolau II, a mãe a Santa Rússia e as pessoas competentes as associações privadas mas de interesse público que, aos poucos, tomavam as rédeas da causa nacional.

Face à «incúria» dos governantes, segundo a expressão da época, tinham-se constituído associações, que o czar ou os dirigentes haviam autorizado a apoiar o governo na salvação do país. Como é natural, esses grupos tinham tido de agir com prudência para não entrarem em conflito com a burocracia, ciosa das suas prerrogativas. A Comissão da Cruz Vermelha dera o exemplo. Organização modesta de início, tomara gradualmente à sua conta a administração sanitária do país. Também os *zemstvos* se haviam congregado numa União, presidida pelo príncipe Lvov, que coordenava o acolhimento dos refugiados, a distribuição dos prisioneiros de guerra, etc. Depois formara-se a Comissão das Indústrias de Guerra, animada e presidida por Gutchkov, que tinha por objectivo racionalizar a produção destinada à defesa. Simultaneamente, face à penúria existente na retaguarda, os consumidores fundavam uma rede de cooperativas que, em 1917, subiam a trinta e cinco mil, totalizando mais de dez milhões de associados.

Tais iniciativas atestavam a vitalidade social, mas o governo encarava-as com desconfiança. Pouco a pouco, a administração via-se desapossada das suas funções e impotente para travar o movimento. Sem disso tomarem consciência, os Russos principiavam a governar-se a si próprios – o Exército por um lado e os produtores e os consumidores por outro.

A revolução não existia ainda nos espíritos, mas iniciara-se já nos factos.

Dupla trama para evitar a revolução

Tal como sucedia no caso das associações e dos *zemstvos*, também a oposição legal se mantinha timorata; aliás, os mesmos homens e as mesmas ideias desempenhavam os mesmos papéis, nomeadamente na Duma, onde se tinham quebrado as tréguas concluídas em 1914. Incentivada pelos outubristas, uma maioria de eleitos constituiu-se no Bloco Progressista, ao qual aderiram certas figuras do Conselho do Império, bem como alguns ministros. Os objectivos do Bloco mantinham-se moderados, porém, visto nem sequer se atrever a exigir ministros responsáveis perante a Duma, mas apenas um governo da confiança daquela. Como é natural, pedia a mudança de métodos por parte do governo, o fim das medidas persecutórias contra quem não cometera quaisquer delitos, o regresso dos condenados a exílio administrativo, o término das perseguições por motivos religiosos, a abolição das medidas contra os judeus e o restabelecimento da imprensa ucraniana, da actividade dos sindicatos e dos organismos de auxílio mútuo, etc.

Sempre atento quanto se travava de defender as prerrogativas da autocracia, o ministro Goremikine desaprovou a constituição do Bloco Progressista, formado «ilegalmente». Este desenvolveu então uma campanha antigovernamental, aliando-se o KD ao movimento. O primeiro-ministro considerou inoportuno e ilegítimo esse alarido e a situação não tão grave como parecia.

«Ou o governo nos esconde a verdade e nos engana ou é cego, demonstrando assim a sua incompetência» – interpelou-o Miliukov na Duma, suscitando uma tempestade de aplausos. Goremikine pôs fim à sessão da assembleia.

A cólera de Gutchkov, de Miliukov, de Maklakov e de Rodzianko, presidente da Duma, foi tanto mais viva quanto é certo que se propunham impedir o progresso da oposição ilegal, por todos pressentida, tão abafado se tornara o clima, tanto na retaguarda como na frente, num momento em que a penúria, a queda do poder de compra e a repressão suscitavam o descontentamento traduzido numa escalada grevista de extraordinária amplitude.

O sincronismo das manifestações revelava a existência de um núcleo organizativo. De facto, haviam-se restabelecido estreitos contactos entre os agrupamentos clandestinos russos – bolcheviques, mencheviques, socialistas revolucionários e anarquistas – e os respectivos dirigentes exilados no estrangeiro. «Os desaires no campo militar propiciam a queda do czarismo e facilitam a união dos trabalhadores revolucionários» escrevia Lenine, refugiado na Suíça, a Chliapnikov, que permanecera na Rússia. Lenine redigia na altura a obra *O Imperialismo, Estádio Supremo do Capitalismo*, em que argumentava que, contrariamente ao que os socialistas pensavam antes de 1914, a revolução se desencadearia não no país onde o capitalismo se mostrava mais forte, mas sim num Estado pouco desenvolvido no plano económico e incapaz de sustentar o esforço de guerra. Esse conceito derrubava os termos da dogmática marxista e tornava a explosão mais provável na Rússia do que em qualquer outra parte do mundo.

Nos finais do ano de 1916, a oposição legal desconhecia ainda que a hora chegara, é certo, mas, convicta da incompetência do imperador, calculava ser tempo de agir para evitar que o pior acontecesse.

Como que em deliberado propósito de provocar a Duma, Nicolau II e Alexandra escolheram, para substituir Goremikine, uma das «criaturas» de Rasputine, o governador Sturmer, antigo elemento da Ocrana, que se gabava de ser reaccionário, mas que criticava a extrema direita. O dirigente desta, Purichevitch, invectivava a «camarilha», acusando-a de germanófila e favorável a um tratado de paz separado. Todos culpavam Rasputine.

O reinado de Rasputine

Havia anos que Rasputine vinha ampliando o seu império. Segundo o padre Jorge Shavel'skii, capelão da corte, o *starets* exercia sobre a czarina autoridade moral sem limites. Não se passava o mesmo com o czar, sem dúvida, mas este deixara-se contagiar aos poucos pelo círculo místico de Alexandra, submetendo-se-lhe cada vez mais.

A antecâmara de Rasputine transformara-se numa espécie de sala de espera onde se aglomeravam peticionários de todas as categorias sociais – este pretendendo ser metropolita ou general, aquele aspirando ao cargo de ministro, etc. Havia também toda a casta de infelizes que imploravam auxílio. Entre o escol do país e sobretudo na corte, a indignação aumentava, pois sabia-se que, aos poucos, o «homem santo» ia infiltrando no aparelho de Estado as «criaturas» que lhe eram afectas.

Apesar de P. Stolipine, S. Sazonov, V. Kokovtsev e outros ministros nada deverem a Rasputine e de o ignorarem ostensivamente, os seus adeptos não deixavam de pulular na residência do monarca. Entre eles, contavam-se o professor de teologia dos filhos do czar, o arcipreste Vassiliev, o general Voiekov, comandante da guarda do palácio, o metropolitano Pitirim, o mordomo do paço Taneiev e a filha deste, Ana Virubova, dama de companhia da czarina. À lista, acrescentar-se-iam dentro em breve dois ministros. Em 1916, o presidente do Conselho, B. Sturmer, e o ministro do Interior, Protopopov, figuravam entre os sequazes de Rasputine que assistiam às sessões de «mesas levitantes». O escândalo das libertinagens do *starets* não o perturbava, tão grande era o seu ascendente sobre Alexandra, conseguido à custa dos cuidados que dispensava ao *czarevitch*. Em 1915, tendo acompanhado o pai na deslocação deste à frente de batalha, Alexis teve uma hemorragia nasal sendo conduzido de urgência a Tsarskoie Selo onde, novamente, Rasputine se revelou mais eficaz do que os mestres da Faculdade de Medicina.

A sua ascensão suscitara invejas e ódios. Tanto na corte como na cidade, Rasputine multiplicara assim o número de inimigos, sobretudo daqueles que se sentiam excluídos. Achava-se mesmo sob a vigilância da Ocrana e a presença de uma «criatura» de Rasputine no ministério do Interior não anulava tal vigilância. A polícia dispunha de agentes que se serviam de indivíduos dúplices como testemunhas oculares do que se passava e do que se dizia em pelo menos algumas das salas onde Rasputine tinha por hábito entregar-se aos seus prazeres.

Estava-se em plena *Rasputinchtchina*.

Um diálogo travado entre o czar e o capelão-mor do Exército e da Marinha, no Outono de 1916, revela bem o descrédito do regime. Nicolau II tinha consciência de tal facto.

O padre Shavel'skii conseguira ser recebido em audiência pelo imperador a fim de lhe falar, entre outros assuntos, dos malefícios de Rasputine. O eclesiástico limitou-se a repetir os comentários que circulavam por toda parte, nada acrescentando de novo ou de concreto. Depois inquiriu:

— Sire, sabeis o que se passa no país, nos exércitos ou na Duma? Acaso ledes os discursos de P. Miliukov e de V. Chulguine?

— Leio.

— Se assim é, sabeis que na Duma deixou de haver esquerda e direita. As duas partes uniram-se, formando o partido do descontentamento contra o governo. Sabeis também que acusam de traidor e de ladrão o presidente do Conselho de Ministros.

— Que infâmia!

— Mas por que motivo se não justificou ele, se lhe assiste tal direito?

— Como é possível alguém justificar-se face a semelhante absurdo? – retorquiu o imperado. — Conheço Sturmer desde que foi governador de Iaroslav.

— Comenta-se ainda que Protopopov é louco.
— Ouvi falar disso. Mas desde quando o acusam de loucura? Desde que o nomeei ministro. E não fui eu que o elegi para a Duma e sim o governo da sua província. Foi a nobreza de Simbirsk que lhe conferiu o marechalato. Foi a Duma que fez dele o seu vice-presidente e depois presidente da comissão enviada a Londres. Nessa altura, não era doido... Mas, assim que o nomeei ministro, logo todos gritaram que ele o era – rematou o czar um tanto perturbado.

A firme teimosia do imperador, o seu devotamento à czarina e a fé que ambos depositavam no *starets* acabaram por gerar uma atmosfera irreal, pois tanto os meios governativos como a corte atribuíam a Rasputine uma acção e uma responsabilidade política e militar que de facto não tinha, conquanto, como se sabia, fosse de opinião que a guerra originaria a queda do czarismo e considerasse que, no fim de contas, era mais lógico o acordo com a Alemanha do que a aliança com a República Francesa. Anos antes, P. Durnovo opinara de igual modo.
Na realidade, Nicolau II permanecia fiel aos seus aliados e com ou sem Rasputine encaminhava-se cegamente para a catástrofe.
Não obstante o êxito fugaz da ofensiva de Brussilov, em 1916, sentia-se que todo o sistema económico se desmoronava e que o Exército deixaria de ser reabastecido dentro de pouco tempo. No campo político, as críticas elevavam-se de todos os quadrantes com uma violência e uma acrimónia desconhecidas em países em guerra. O general Denikine relata o caso de um deputado socialista da Duma que aceitou o convite para inspeccionar os exércitos e que ficou tão estupefacto perante a liberdade que «os oficiais tomavam em todas as circunstâncias, nas salas de convívio, ao referirem-se à ignomínia do governo e ao aviltamento da corte, que julgou estar sendo vítima de uma cilada».
Aludindo ao «atoleiro» em que a Rússia se transformara, o embaixador Cambon diz que, nesse princípio de 1917, Petrogrado parecia ao general de Castelnau uma espécie de hospício de loucos. Como enviado à conferência aliada sobre os objectivos de guerra – em que o czar reconheceria a legitimidade dos direitos franceses sobre a Alsácia-Lorena, recebendo como contrapartida o reconhecimento dos «interesses especiais» da Rússia sobre os Estreitos – a França optara por Castelnau pelo facto de ser aristocrata e mais livremente poder falar ao imperador da necessidade de ter o apoio da Duma. Samuel Hoare, delegado inglês à conferência, publicou um memorando, que lhe fora entregue por P. Stuve, em que este explicava que a opinião pública se convencera sem razão da germanofilia de Alexandra e da sua «camarilha», dizendo que só um governo constituído com a concordância da Duma resgataria tal hipoteca, pondo fim à suspeita. Protelar os trabalhos da Duma que deveria reunir a 14 de Fevereiro conduziria necessariamente a incidentes graves, como afirmava o memorando. Um grupo de depu-

tados deu a conhecer o documento aos representantes aliados na esperança de que, em nome do interesse comum, eles intercedessem junto de Nicolau II. Mas o general Castelnau bem depressa percebeu que falar no assunto ao imperador constituiria o meio mais seguro de fazer fracassar a sua incumbência sobre os objectivos da guerra. Assim, resolveu calar-se, a menos que lhe fizessem perguntas.

O grão-duque Nicolau, face à insistência da imperatriz-mãe e de Olga, decidiu dirigir um último apelo ao czar, apelo que era também uma advertência:

«... Se conseguisses afastar a contínua ingerência das forças obscuras, a Rússia caminharia rapidamente para a recuperação e readquiriria a confiança perdida da grande maioria dos Teus súbditos. E quando a hora chegasse – hora já próxima – do alto do Teu trono, Tu mesmo poderias distribuir as responsabilidades ministeriais e legislativas, satisfazendo assim tantos anseios ardentes. Isso ocorreria com facilidade, por si mesmo, sem pressões externas, ao contrário do que sucedeu aquando do memorável decreto de 17 de Outubro de 1905. Hesitei durante muito tempo em falar-Te frontalmente, mas fi-lo depois que a Tua mãe e Tuas irmãs me incitaram a tomar tal decisão. Estás em vésperas de novo período de conflitos, direi mesmo, de novos atentados. Se assim insisto para que Tu próprio *desates* as peias que se criaram, não o faço, crê em mim, por considerações de ordem pessoal, mas sim na esperança de salvar-Te, de salvar Teu trono e a nossa querida pátria das mais penosas e irreparáveis consequências.»

O assassínio de Rasputine

Ao assassinar Rasputine, na noite de 16 para 17 de Novembro de 1916, o príncipe Iussupov julgava desempenhar o primeiro acto da «regeneração» da Rússia. Livre do *starets*, o czar ouviria por fim a voz da nação, isto é, a voz da Duma, recobraria ânimo, sairia vitorioso da guerra e restauraria o país. Era esse também o sentimento dos amigos do príncipe, grão-duques e deputados, tanto da extrema direita, tal como V. Purichkevitch, como da facção liberal da Duma – V. Maklakov, A. Gutchkov ou o seu presidente, V. Rodzianko – exasperados pela influência crescente do clã Rasputine.

Mas, em boa verdade, à guisa de «regeneração», a Rússia fez a revolução mais completa de todos os tempos; e, para certas pessoas, o assassínio de Rasputine constituiu o seu sinal premonitório. Por isso mesmo, a partir de 1919, o príncipe inverteu o significado do gesto, afirmando: «Rasputine encarnava o bolchevismo em marcha». Iussupov apresentava-se assim como o pioneiro de todos quantos tentaram evitar a sua vitória.

Paradoxalmente, em 1978, o historiador dissidente Andrei Amalrik retomou esta interpretação, observando existir certa coincidência entre os objectivos de Rasputine e o programa político de Lenine: a terra para os camponeses, a paz com a Alemanha, a igualdade de estatuto de russos e de não russos dentro do império. Na realidade, tal analogia é enganosa. As medidas tomadas por Lenine em Outubro a fim de salvar a revolução e de se manter no poder tivera-as Rasputine em mente um ano antes e pretendera vê-las adoptadas, mas com objectivos opostos, ou seja, impedir a revolução e salvar o czarismo.

Nos argumentos explicativos do seu acto, o príncipe Iussupov não se coloca neste plano. Expõe com crueza o ponto de vista familiar: constata que os Romanov preferiam um mujique à companhia dos primos e que o *starets* tinha entrada franca em Tsarskoie Selo; insurge-se pelo facto de essa influência lhe ter permitido nomear governadores e ministros; quis desembaraçar Nicolau de tão nefasta preponderância, decapitar o «partido alemão» – Alexandra, Protopopov, etc. – e abater o homem cujas intrigas e costumes «desonravam» a dinastia.

Em boa verdade, Alexandra desejava que a paz reinasse de novo entre a família do marido e a dos pais e primos. Protopopov e Sturmer, tal como Rasputine, consideravam que o prosseguimento das hostilidades poria em risco a dinastia, mas não há provas de que a czarina tenha desempenhado um papel particular nas negociações que, segundo se crê, Protopopov levou a efeito em Copenhaga. Constata-se apenas que a corte dinamarquesa era o local mais indicado para falar tanto de assuntos familiares como políticos; parece, contudo, que o czar permaneceu alheio a tais diligências.

O príncipe Iussupov relatou os preparativos para o atentado e os pormenores do crime, praticado de acordo com a linha mais pura e tradicional das conjuras e assassínios na corte dos czares. Segundo disse, muito embora estivesse prevenido quanto aos dotes de magnetismo de Rasputine, foi hipnotizado pelo *starets*. Convidou este a passar um serão em sua casa, onde esbirros armados o apoiariam. No momento fatal, depois de Rasputine ter ingerido veneno e de ter sido trespassado por diversas balas, o príncipe, perplexo, viu-o erguer-se de súbito, ameaçador, quando todos o julgavam morto. Rasputine era sem dúvida um portento da Natureza, dotado de ânimo terrível.

A czarina ficou aniquilada e Gilliard, preceptor dos filhos, relata que «a despeito dos esforços para conter-se, era perceptível nela um enorme sofrimento. Fora assassinada a única pessoa capaz de salvar-lhe o filho. Ia principiar a espera, a espera do inevitável».

Quanto a Nicolau II, que não se encontrava na altura em Tsarskoie Selo, mas sim no quartel-general principal, ao receber a notícia da morte do «homem santo» afastou-se assobiando alegremente – segundo o relato de uma testemunha. De facto, a autoridade de Rasputine começara a pesar-lhe. Semanas antes, escrevera a Alexandra: «Peço-vos que não permitais que o nosso Amigo interfira na nomeação dos ministros. Desejo escolhê-los eu próprio com inteira liberdade».

Apesar disso, o imperador não deixou de ordenar severas medidas punitivas de exílio contra os assassinos do *starets*. Depois de a polícia ter descoberto o corpo, revestido de leve camada de gelo, o príncipe Iussupov teve ainda tempo para partir para o estrangeiro, mas o grão-duque Dmitri Pavlovitch foi exilado para a Pérsia, o mesmo sucedendo à sua meia-irmã, por havê-lo acompanhado à estação quando as autoridades tinham proibido formalmente quaisquer gestos de despedida.

Conluio contra Alexandra, conluio contra o imperador

«Isto não pode continuar! Dir-se-ia que estamos na época dos Bórgias!» – repetia o grão-duque Nicolau Mikhailovitch. Com efeito, tal como em Milão, arquitectava-se uma conjura no seio da própria família real, na qual estariam implicados os grão-duques Gabriel Constantinovitch, Cirilo, Boris, André e a imperatriz-mãe.

O conluio tinha por principal objectivo desembaraçarem-se de Alexandra, tida por responsável de todas as desgraças que afligiam a Rússia e abertamente acusada de germanofilia. De facto, sob a influência de Rasputine e estando a própria czarina convencida dos perigos do prolongamento da guerra, achava de toda a conveniência pôr fim às hostilidades; no entanto, não há quaisquer provas da sua intervenção nesse sentido, muito pelo contrário. Quando, por exemplo, em plena guerra, o irmão Ernie se encontrou secretamente com ela, enviado pelo *Kaiser*, Alexandra recusou-se a dialogar.

Alexandra era alemã, é certo, mas gostaria de ter nascido inglesa e sobretudo russa, pois também o eram o marido e os filhos. Além disso, detestava Guilherme II. Logo no início do conflito, manifestara com clareza os seus sentimentos. «Tenho vergonha de ser alemã» dissera, ao inteirar-se das crueldades praticadas pelas tropas do *Kaiser* na Bélgica ocupada. Consagrara-se de corpo e alma à administração dos hospitais de campanha, pondo nisso verdadeiro empenho; ela que tão indolente fora antes do conflito, revelara-se então uma mulher dinâmica. Queria ser a *Matiouchka* – a mãezinha – dos soldados russos. Tanto para a família como para o povo russo, porém, não passava da *Nemka* – a alemã.

Deu certa substância à denúncia de germanofilia a detenção e posterior execução de S. Miasoiedov, por iniciativa do general Ianuchkevitch, chefe do estado-maior do grão-duque Nicolau. Miasoiedov, antigo colaborador de Sukhomlinov, fora acusado de espionagem a favor dos Alemães e Alexandra defendera-o. Segundo parece, estava inocente, tão inocente como Beilis o fora, mas, enquanto os liberais fizeram da defesa deste último um ponto de honra, agiram, pelo contrário, como acusadores de Miasoiedov. Para eles, o caso representava uma excelente oportunidade para provarem que a traição grassava na corte e no Exército, podendo imputar-se aos seus fautores as derrotas sofridas pelo 10.º Exército aquando da retirada em 1915. O assunto teve uma repercussão tanto mais considerável quanto é certo que Gutchkov se batera em duelo anos antes por haver afirmado que Miasoiedov era traidor.

A influência de Alexandra tornara-se insuportável à família imperial. A imperatriz-mãe jurara mesmo não pôr os pés em Tsarskoie Selo quando a nora aí se encontrasse. A maquinação da família visava exilar Alexandra para a Crimeia, agindo com apoio do Exército e das organizações sociais regidas por Gutchkov para confiar a regência ao grão--duque Nicolau ou a Miguel, irmão de Nicolau II.

Este último dir-se-ia mais surdo do que nunca às advertências para constituir um governo da confiança da Duma. Eram-lhe insuportáveis os pedidos lancinantes nesse sentido que lhe chegavam de todos os lados e via neles indícios de conjura, não obstante a exigência ser considerada por todos como o caminho da salvação. O descontentamento alastrava em Petrogrado, fomentado, aliás, pelas filípicas da Duma, e os liberais temiam que sucedesse o pior, ou seja, a revolução, que, segundo pensavam, só um governo popular evitaria.

Para melhor vincar os seus sentimentos, Nicolau II resolveu excluir do Conselho do Império os membros do Bloco Progressista, substituindo-os por elementos da direita, que reconquistou assim a maioria. Não deu resposta aos desejos da assembleia da nobreza reunida em Novgorod, que solicitava «a partida das *forças obscuras*» e «um governo *de confiança*». A Bazilevevski, marechal pertencente à nobreza moscovita, o czar exprimiu «os seus agradecimentos pelo interesse manifestado no destino da pátria... Mas era necessário cerrar fileiras». Ao receber Rodzianko, presidente da Duma, que o alertava para os perigos da revolução pressentida, Nicolau respondeu: «As informações de que disponho diferem das vossas. E se a Duma prosseguir os ataques, como tem feito nos últimos tempos, dissolvê-la-ei».

A 10 de Fevereiro de 1917, na presença da czarina e de Miguel, o grão-duque Alexandre afirmou ao imperador não ver outra saída para além da nomeação de um ministro da confiança da Duma.

— Isso dá vontade de rir – replicou Alexandra. — Nicolau é um autocrata e nada tem que repartir com a Duma.

O grão-duque Alexandre Mikhailovitch não se conteve, explodindo:
— Pois então dentro em breve sossobrareis juntamente com o vosso marido! Mas, atenção, nós não queremos associar-nos à vossa louca cegueira! Não tendes o direito de arrastar-nos na derrocada!

A família abandonava assim o imperador antes da revolução eclodir, ao mesmo tempo que se solidarizava com Gutchkov e com os militares.

Na qualidade de presidente da Comissão das Indústrias de Guerra, sediada em Moscovo, Gutchkov estava em contacto permanente com os militares. Ao contrário de Miliukov, que pretendia lutar com a Duma pela via parlamentar, Gutchkov, apoiado pelos militares e pelos «provincianos», considerava imprescindível a ajuda das organizações civis – os *zemstvos* ou comissões locais – e ser necessária também a concordância da esquerda do KD, os socialistas mais moderados, caso fosse preciso. Eram diferentes estas duas modalidades tácticas, mas tinham um objectivo comum: o êxito da revolução palaciana a fim de evitar a revolução autêntica, sobretudo em plena época de guerra.

A recusa do primeiro-ministro Sturmer de encomendar espingardas à Inglaterra deu o sinal do ataque. Gutchkov redigiu uma carta-circular, em que dizia: «Se pensardes que o governo é chefiado por Sturmer, homem que, se acaso não é ainda traidor, se prepara para sê-lo, compreendereis a nossa ansiedade quanto ao futuro da mãe-pátria». O original foi enviado ao general Alekseiev. Nicolau II inteirou-se do facto e advertiu o generalíssimo de que deveria cessar a troca de correspondência com Gutchkov.

Antes disso, já Nicolau se indispusera com Alekseiev por este ter proibido Rasputine de visitar os quartéis. Com o envio da referida carta, a desconfiança mais se acentuou no espírito do czar e Alekseiev mergulhou numa depressão nervosa; foi recompor-se para a Crimeia, sendo temporariamente substituído pelo general V. Gurko (Novembro de 1916).

No Ano Novo, por intermédio do presidente do município de Tiflis*, o grão-duque Nicolau, relegado para o comando dos exércitos do Cáucaso, recebeu a proposta de suceder a Nicolau II quando a oportunidade surgisse. Recusou, porém, argumentando que «em plena guerra, o país não compreenderia tal gesto», muito embora não considerasse má a ideia e não prevenisse o czar. Os generais Brussilov e Ruzski, o primeiro dotado da aura conferida pelas vitórias obtidas na frente da Galícia em 1916, deram o seu acordo ao projecto de Gutchkov, afirmando: «Se for necessário optar entre o imperador e a Rússia, então escolhemos a Rússia». O herdeiro seria Alexis e Miguel o regente.

Segundo Maurice Paléologue, embaixador de França, que se encontrou com Nicolau II no início de 1917, o czar perdera o ânimo e deixara de ter fé na sua missão; tal como o general Alekseiev, também ele adoecera moralmente, uma forma de abdicar. A morte de Rasputine não o afectara, mas sentia-se cada vez mais isolado. Tinha contra ele a mãe e os tios e a extrema direita aplaudira o assassínio do *starets*.

Em meados de Fevereiro, o czar deixou o quartel-general principal para passar algum tempo na companhia da mulher e dos filhos doentes. Mas, inopinadamente, voltou a partir para Moghilev no dia 22.

---

* Presentemente, Tiblissi.

Não obstante ter de separar-se de Alexandra, Nicolau gostava de viver junto das tropas. Não interferia nas decisões do alto-comando, na circunstância as de Alekseiev, regressado da Crimeia, mas visitava a frente, dialogava com os soldados e reconfortava os feridos. Cumpria esse ritual com convicção, fazendo-se por vezes acompanhar do herdeiro do trono, orgulhoso de assim lhe ensinar as futuras funções, quando o próprio pai negligenciara esse aspecto da sua educação. No entanto, a presença de Nicolau II junto das tropas tinha conotações diferentes e bem mais dramáticas.

De acordo com as memórias do general Dubenski, historiógrafo do czar, o general Spiridovitch, antigo chefe da segurança, deslocara-se de urgência da Crimeia, onde residia parte da família imperial, para prevenir o seu antigo superior, o general Voiekov, dos boatos de conjura que corriam em Livadia, uma trama visando o assassínio da imperatriz e de Ana Virubova. Mas o general Voiekov não deu importância ao caso. O czar, porém, teve a intuição de que algo se maquinava, pelo menos no seio do Exército, quando o irmão Miguel lhe falou do descontentamento reinante na *Stavka* devido à sua ausência prolongada. Na verdade, o alto-comando pensava que, uma vez em Tsarskoie Selo, o czar recaía sob a influência da «camarilha».

Por seu turno, Nicolau II inteirara-se da pressão que os aliados tinham querido exercer sobre ele durante a conferência de Petrogrado, no mês de Janeiro. Sabia que o embaixador de Inglaterra, sir George Buchanan, se mantinha em permanente contacto com Gutchkov, com Miliukov e com os grão-duques. Mas ignorava sem dúvida ser Alexandra o alvo de todos eles; se o soubesse não a teria deixado. Assim, seguira o conselho do irmão e regressara a Moghilev. À partida, Alexandra – a quem o marido tudo revelava – sentiu a ansiedade que o consumia. «Meu querido, deixei-te partir, mas o meu coração encheu-se de uma angústia lancinante. Sofro contigo. O nosso caro amigo (Rasputine) também reza por ti no outro mundo. A situação parece melhorar. Mantém-te firme, sobretudo. Mostra-te autoritário; é disso que os Russos precisam. Já lhes testemunhaste a tua bondade; chegou a hora de fazeres sentir a firmeza do teu pulso. Aperto contra o seio a tua cabeça dolorida. Não sentes meus braços que te enlaçam, meus lábios que poisam com ternura sobre os teus, sempre inseparáveis?»

Nicolau II regressara à frente a pedido de Alekseiev. Encontrava-se em Pskov, sob a protecção do general Ruzski, quando se deram os acontecimentos de Petrogrado e as jornadas de Fevereiro. A revolução avançara mais depressa do que a conjura, mas, na encruzilhada, encontravam-se os mesmos homens: Rodzianko, que alertava o czar para os perigos que ameaçavam o governo; Gutchkov e Miliukov, que prometiam a coroa a Miguel; e os generais, os quais supunham que a conjura se sobrepusera ao motim e que obrigam o czar a abdicar e que, dois dias depois, recebiam também a notícia da abdicação de Miguel.

Fevereiro de 1917: cinco dias para derrubar o czarismo

Quando estala a revolução de Fevereiro, o imperador acaba, pois, de regressar a Moghilev. O governo vigente resulta da escolha de Alexandra. O presidente do Conselho de Ministros, nomeado de fresca data, é o príncipe Golitzine, sem qualquer experiência política, homem que Alexandra conhecera na qualidade de organizador dos serviços hospitalares do Exército e que muito apreciara. O príncipe recusara a presidência do conselho de Ministros alegando incompetência e definindo-a «de tal modo que, tratando-se de qualquer outra pessoa, a obrigaria a bater-se em duelo»; vira-se forçado a aceitá-la, no entanto.

O homem forte do governo era A. Protopopov, indivíduo de alto nascimento, protegido de Rasputine e adepto das mesas levitantes. O *starets* curara-o de um tipo de sífilis que o deputado folgazão contraíra no convívio mundano de São Petersburgo. O homem que, para grande espanto do czar, fora acusado de doido após tornar-se ministro, tornara-se de facto louco. Trocara a casaca de deputado pelo uniforme de general da milícia da segurança pública a pretexto de ter passado a ocupar o cargo de ministro do Interior. Na Duma, onde tinha assento uma dúzia de antigos deportados políticos, os eleitos não consideraram de bom gosto tal metamorfose. O presidente Rodzianko indicara o seu nome ao czar para a constituição de um governo «de confiança» e também Rasputine o aconselhara à czarina. Assim recomendado, Protopopov ascendera a ministro, mas durante a vigência de Sturmer. Rodzianko considerara isso uma traição, pois pretendia ter Protopopov como ministro sob a sua própria tutela. Mas, tal como Protopopov explicou, «Que quereis, toda a vida sonhei ser governador?! Não podia recusar o cargo de ministro».

Odiado pelos outubristas e pelos KD – sem falar dos socialistas e votado ao desprezo pela direita –, A. Protopopov comparecia na Duma exibindo ostensivamente um ícone. Na sua bancada, em voz alta, consultava a imagem antes de dirigir-se à assembleia, repetindo: «Sinto que salvarei a Rússia. Só eu poderei salvá-la».

A terceira figura do poder czarista em Petrogrado era o comandante das forças militares da capital. Em teoria, estava sob as ordens do general Ruzski, chefe dos exércitos do norte. Mas Alexandra, sabedora do ódio que o quartel-general principal de Pskov votava a ela própria, bem como a Ana Virubova, restaurou a jurisdição do distrito militar da capital, suprimida em 1914, colocando-a sob as ordens directas do imperador. À frente dessa jurisdição, a conselho de Rasputine, fez nomear o general Khabalov. Todavia, quando o czar ordenou que lhe enviassem um reforço de duas divisões de reserva, o general Gurko do estado-maior de Pskov, assaz curiosamente, apenas remeteu dois batalhões.

«O edifício abre brechas» observou Zinaida Hippius. De facto, abria fendas no topo e nos alicerces, onde era enorme o descontentamento. Segundo um relatório policial, datado do começo de 1917, «aqui, o proletariado acha-se à beira do desespero. Pensa-se que a mais ligeira explosão devida ao mínimo pretexto originará motins impossíveis de conter. Tornaram-se intoleráveis o custo de vida, que triplicou, a impossibilidade de obter géneros alimentícios, a perda de tempo representada pelas horas nas bichas à porta das lojas, a mortalidade crescente e as proibições que pesam sobre os trabalhadores. A proibição de mudar de fábrica ou de emprego reduziu os operários à condição de gado, pronto a transformar-se em carne para canhão. A interdição de reuniões, ainda que destinadas a organizar cooperativas ou cantinas e a ilegalidade dos sindicatos levaram os trabalhadores a adoptar uma atitude abertamente hostil ao governo».

Por contágio, o descontentamento alastrara também às tropas, a princípio aos batalhões da retaguarda e depois aos da frente, encolerizados devido às hecatombes de 1915 e 1916, cuja responsabilidade imputavam aos oficiais. Na correspondência dos militares apreendida pela censura, falava-se de ajuste de contas quando a guerra terminasse, «ou talvez mesmo antes disso».

Em Petrogrado, em meados de Fevereiro, as reservas de farinha encontravam-se no seu nível mínimo. O comandante da região, o general Khabalov, decidiu recorrer a senhas de racionamento. Tomando conhecimento dessa medida, a multidão aglomerou-se logo no dia seguinte em filas de espera à porta das padarias e depois à de todas as outras lojas de comestíveis. Esvaziadas em poucas horas, algumas delas correram os taipais de ferro. Formaram-se ajuntamentos, forçaram-se as entradas e os incidentes repetiram-se nos dias imediatos, desencadeando-se quando, após longas horas de espera sob uma temperatura de vinte graus negativos, a multidão ouvia o fatídico *nietou* («não há mais»).

A Duma abrira os trabalhos no dia 14 e vários deputados acusaram os ministros de «incompetentes». Intimaram-nos a demitirem-se, acrescentando que em França, ainda não havia muito tempo, o povo soubera «varrer o trono». Mas o novo presidente do Conselho, o príncipe Golitzine e os seus ministros fizeram ouvidos de mercador e, para manifestarem o seu desprezo, abstiveram-se de ocupar a bancada destinada ao governo. Sentindo aproximar-se a tempestade, os deputados de esquerda procuraram contactar com as organizações ilegais. Deputados tais como Kerenski e o pró-bolchevique Chliapnikov, reuniram-se em casa de Máximo Gorki para debater a situação. Mas ninguém estava de acordo; uns tinham fé no movimento, outros não; houve apenas viva troca de palavras entre «defensistas» e «internacionalistas»*.

---

* Face ao estado de guerra, tinham-se esbatido as anteriores classificações (populistas, marxistas, etc.), opondo-se na altura os que preconizavam em primeiro lugar a defesa da pátria, ou «defensistas», aos que pretendiam conduzir uma acção internacional contra a guerra.

Na mesma altura, os partidos socialistas e os sindicatos procuraram organizar uma manifestação para o dia 23 de Fevereiro, dita «jornada operária». Como não chegassem a acordo, porém, as mulheres decidiram agir sozinhas.

Na manhã de 23, quando as operárias, secundadas por alguns colegas do sexo masculino, formaram em cortejo, as organizações fizeram então um apelo para que todas as pessoas aderissem. Nesse primeiro dia, o movimento feminino beneficiou do contributo dos operários recentemente despedidos das fábricas Putilov, logo apoiados por milhares de outros trabalhadores. Temendo distúrbios no centro da cidade, as autoridades ordenaram o encerramento de lojas e de escritórios. Os funcionários foram convidados a não comparecer nos locais de trabalho; assim, assistiram ao desfile e, tal como muitos curiosos, engrossaram o cortejo. «Os grevistas mostraram-se sérios e dignos» notou uma observadora. Os pequeno-burgueses de Petersburgo associavam-se também aos operários na manifestação contra o czarismo. Pela primeira vez na história russa, a classe operária saía do seu gueto acolhida por testemunhos de simpatia da parte de outros grupos sociais.

Os ânimos estavam bastante alegres. «Dir-se-ia um dia de festa», os eléctricos tinham parado, os cossacos patrulhavam as ruas, as pessoas endereçavam-lhes gestos amistosos e a passividade da polícia provocava o espanto de toda a gente.

No *segundo dia*, 24 de Fevereiro, as operárias continuaram a desempenhar um papel fundamental, estando previsto um desfile na avenida Nevski que atraísse o maior número possível de pessoas. Às oito da manhã, os operários juntaram-se às mulheres e, dos bairros periféricos, todos se dirigiram para o centro da cidade. Mas, desta vez, a polícia tomara posições de modo a impedir que os manifestantes transpusessem as pontes do Neva. Eles, porém, atravessaram o rio sobre as águas geladas e reconstituíram-se em cortejo na margem oposta. De estandartes vermelhos à cabeça dos desfiles, entoavam a *Marselhesa*. Concentrou-se assim uma mole imensa no extremo da avenida Nevski, na praça Znamenskaia, hoje praça de Outubro. Davam-se vivas à república. Os cossacos pavoneavam-se nos seus corcéis e eram ovacionados; segundo um manifestante, um deles ter-lhe-á mesmo lançado uma piscadela de olho cúmplice. Mas a polícia a cavalo surgiu, dando ordem de circular. Desembainhou os sabres e carregou sobre os manifestantes, ferindo alguns; porém, não perseguiu os fugitivos por falta de instruções nesse sentido. Uma vez mais, era surpreendente a atitude dos cossacos.

No *terceiro dia*, 25 de Fevereiro, os bolcheviques foram os principais obreiros dos desfiles e das greves, que redobraram de intensidade.

O ministro da Guerra, Beliaiev, recomendara novamente que os manifestantes fossem impedidos de transpor o Neva, dando ordem de não disparar, porém, «por causa da impressão que isso provocaria nos

Aliados, mas que se quebrasse o gelo sobre o rio». No entanto, o general Khabalov não forneceu às forças da ordem quaisquer instruções especiais e, tal como na véspera, os habitantes dos arrabaldes puderam confluir para o centro. Aí, na praça Znamenskaia, ocorreu um incidente. Um orador falava aos manifestantes quando a polícia montada apareceu e procurou dispersá-los, sem que contudo, as pessoas arredassem pé. Um polícia apontou a arma ao orador, a multidão principiou a gritar e, por entre uma nuvem de neve e de poeira, surgiu um cossaco que abateu o *faraó** com um golpe de sabre. A multidão ficou perplexa, sem saber o que pensar.

À tarde, o debate no Conselho de Ministros foi tempestuoso. O ministro do Interior estava furioso pelo facto de, na sua ausência, o presidente do Conselho se ter avistado com Rodzianko, presidente da Duma, e gritava: «Mandarei prender o vosso Rodzianko e dissolverei a Duma!» Mas a reunião foi sobretudo assinalada pela presença do general Khabalov, que acabara de receber um telegrama do czar nos seguintes termos: «Ordeno que cessem a partir de amanhã os distúrbios na capital, intoleráveis em tão grave momento de conflito com a Alemanha e com a Áustria – Nicolau». Mais tarde, depondo perante a comissão constituída pelo governo provisório, o general Khabalov explicaria:

«Esse telegrama... como dizer-vos com franqueza e sinceridade... foi para mim um verdadeiro golpe. Como terminar os distúrbios no dia seguinte? Que fazer? Quando pediam pão, dava-se-lhes pão e pronto! Mas quando nas faixas está escrito "abaixo a autocracia!", não há pão que sirva. Que fazer, portanto? O czar ordenara e a única forma de obedecer-lhe seria disparar.»

O *quarto dia* foi domingo. Os habitantes de São Petersburgo acordaram mais tarde do que nos dias de semana. Mas, uma vez na rua, depararam com os soldados ocupando posições de combate. O general Khabalov enviara um telegrama ao imperador: «Hoje, 26 de Fevereiro, a calma reina na cidade desde manhã».

Mas, ao meio dia, os arredores agitaram-se e a população do centro saiu para a rua. A tropa barrava as avenidas e patrulhava as ruas; transmitiam-se ordens a toques de clarim. Todavia, a multidão aproximava-se dos soldados, falava-lhes amigavelmente e eles respondiam. Os oficiais multiplicavam ordens de cessar o diálogo. O comando mostrava-se irritado e nervoso, sentindo que a sua autoridade enfraquecia.

Na Duma, o deputado V. Maklakov propôs um «plano»: proceder simultaneamente à demissão do governo, à suspensão da Duma durante três dias e à constituição de novo governo de confiança chefiado por

---

* Nome dado à polícia urbana.

um oficial popular como o general Alekseiev. Por «governo de confiança», entendia-se um que ficasse responsável perante a Duma. Mas o governo vigente rejeitou a proposta e decretou o estado de sítio. Persuadido de que conseguiria dominar a situação, comunicou ao czar que não haveria um quinto dia de manifestações.

De facto, na tarde de 26, os manifestantes estavam fatigados e haviam perdido a coragem; nas organizações políticas reinava o pessimismo, pensando-se que a revolução fracassara uma vez mais.

> «Às primeiras horas do dia 27, o quinto dia – escreveu Trotski – os operários imaginavam a solução do problema bem mais distante do que na realidade estava. Mais concretamente, supunham que tudo ficara por fazer ou que teriam de recomeçar desde o início, quando, afinal, já nove décimos da tarefa se haviam cumprido. Ignoravam-no, porém. O impulso revolucionário dos operários junto dos quartéis coincidiu com a movimentação dos soldados já decididos a sair para a rua.»

Indignados com a ordem de disparar dada na véspera pelos oficiais, os soldados anteciparam-se aos operários prendendo alguns dos seus superiores, fuzilando outros e juntando-se aos manifestantes. O cortejo dos soldados foi ao encontro do dos operários e ambos se dirigiam ao palácio de Taurídia, sede da Duma. A revolução triunfara.

Nesse dia 27 de Fevereiro, o czarismo ruiu em poucas horas. Como símbolo dessa derrota, um outro cortejo de soldados, de estandarte à cabeça, dirigiu-se ao palácio de Inverno. O conde de Chambrun, um francês que testemunhou os acontecimentos, relata:

> «Enquanto o palácio da Justiça arde, o regimento dos Pavlovski sai dos quartéis, levando à frente a charanga. Vejo passar batalhões compactos, comandados por oficiais subalternos. Instintivamente, sigo-os. Para meu espanto, marcham para o palácio de Inverno, penetram nele saudados pelas sentinelas, invadem-no e ocupam-no. Instantes depois, o pavilhão imperial desde lentamente, puxado por mãos invisíveis. Logo em seguida, face à praça coberta de neve onde me encontro só, sinto o coração apertar-se-me: uma flâmula vermelha flutua sobre o edifício.»

Quando os vinte mil manifestantes penetraram nos jardins do Palácio de Taurídia os deputados perderam a cabeça. Alguns deles, temendo serem massacrados, fugiram do edifício para se confundirem com a multidão. Outros – entre os quais Miliukov consideraram mais digno ficar, enfrentando os acontecimentos. O deputado monárquico Chulguine descreve a ansiedade dos colegas:

«Estariam ali para proteger-nos ou para atacar-nos esses soldados, esse exército, esses manifestantes? Comprimíamo-nos moralmente uns contra os outros, emocionados e inquietos e mesmo os que, durante anos, haviam lutado contra a autocracia, sentiram de repente a presença de algo terrífico e perigoso que a todos ameaçava; esse algo era a Rua.»

«Estariam ali para proteger-nos ou para atacar-nos esses soldados...», palavras que descrevem de maneira admirável a ambiguidade da situação; por um lado, pressentindo o aumento da cólera popular, os deputados da Duma não haviam cessado de pedir ao monarca que lhes aceitasse o apoio para enfrentar o inimigo comum – o inimigo externo, os Alemães e o inimigo interno, os revolucionários; por outro lado, a fim de pressionarem o regime, também não tinham deixado de atacar o governo e o czar, alimentando assim o descontentamento das massas.

A grande figura que dominou a situação foi um deputado socialista, Alexandre Kerenski, que se precipitou para os manifestantes a desejar-lhes as boas vindas da Duma. Esta assembleia cumpriu de seguida o seu primeiro acto revolucionário formando sem ordens superiores uma «comissão para restabelecimento da ordem e os contactos com as instituições e com personalidades», comissão cujo nome constituía o próprio programa. Nesse preciso instante, numa das alas do Palácio de Taurídia, outros deputados socialistas, em conjunto com os chefes de organizações ilegais, fundavam um pré-soviete composto por representantes dos sindicatos, do movimento cooperativo, dos partidos socialista-revolucionários, menchevique, e bolchevique, assim como dos grupos anarquistas. O menchevique Tchkheidze foi eleito presidente e o vice-presidente Kerenski encarregou-se dos contactos entre as duas comissões.

No dia seguinte, constituiu-se um governo provisório, cuja legitimidade era caucionada pelo soviete. Compunham o governo o príncipe Lvov, pertencente à União dos *zemstvos*, como presidente, assim como Gutchkov, Miliukov e Kerenski. Rodzianko não fazia parte dele; como presidente da Duma, procuraria inteirar-se do que se passava no supremo quartel-general e, sobretudo, da reacção do czar.

É certo que a capital aderira por inteiro à revolução e desconhecia-se o que fora feito dos membros do governo. Segundo uma testemunha, quando, na noite de 27, no meio do tiroteio, a luz se reacendeu no palácio Maria, sede do governo, o ministro da Guerra, Beliaiev, foi encontrado escondido debaixo de uma mesa. Era enorme o receio, o medo ansioso por todos sentido, sobretudo os homens que haviam fundado o soviete ou constituído o governo provisório. Estava ainda na memória das pessoas o precedente do ano de 1848, em Viena, quando o imperador da Áustria deixara que os revolucionários tomassem conta da capital para melhor bloquear os insurrectos e esmagá-los. E, em Petrogrado, era também o medo que unia todos esses «inimigos de classe», medo da multidão omnipresente, de dedo sobre o gatilho e tão trémula como eles; sobretudo, medo da repressão, que poderia ser implacável.

Circulavam boatos de toda a espécie: o general Alekseiev acabava de ser nomeado presidente do Conselho; o czar ia reprimir a revolta na cidade; o grão-duque Nicolau era novamente generalíssimo e senhor da fortaleza de Pedro e Paulo. Todos se interrogavam sobre quais seriam as reacções na frente e quais as medidas que o czar tomaria.

«É o nosso fim» – segredava Grinevic, sindicalista membro do soviete, ao ouvido de Sukhanov, um dos seus outros membros. «Agora... só o cadafalso» – pensava Pechekhnov, outro eleito do soviete, ao subir as escadas do Palácio de Taurídia.

A reacção de Nicolau II

Chegado a Moghilev na quinta-feira 23 de Fevereiro – a jornada das operárias – Nicolau II não soube dos acontecimentos desse dia. Respondendo à carta que Alexandra lhe deixara no momento da partida, comentava: «Dizes ser preciso manter-me firme e autoritário e tens razão. Mas, por vezes, meia dúzia de palavras calmas e incisivas bastam para pôr de novo as pessoas nos respectivos lugares (...) Aqui, em Moghilev, sinto o espírito tranquilo – *nem ministros, nem problemas*. Mas sofro com a nossa separação; odeio-a. Não permanecerei cá por muito mais tempo».

A 24, no segundo dia, Nicolau continua a desconhecer as manifestações, de que é informado a 25 por carta de Alexandra datada do dia anterior, na qual a czarina lhe dá conta do discurso de Kerenski na Duma, comentando: «Espero que o enforquem. Estamos em tempo de guerra e é necessário fazê-lo».

O supremo quartel-general e o czar tomaram então conhecimento oficial dos distúrbios de Petrogrado: o general Khabalov enviou a Alekseiev pormenores dos primeiros motins, enquanto Protopopov, ministro do Interior, telegrafou ao chefe da guarda do palácio, o comandante Voiekov, que viajava com o czar e residia na mesma carruagem, a dizer que, apresentando o movimento um carácter caótico, se haviam tomado «medidas enérgicas para reprimir os distúrbios». O estado-maior e o czar reagiram de modo idêntico, o primeiro transmitindo ordem ao comandante da frente norte de tudo fazer para apressar a chegada de tropas de confiança – «O nosso futuro depende disso»; por sua vez, Nicolau II telegrafou a Khabalov ordenando-lhe que «cessassem a partir do dia seguinte os distúrbios inadmissíveis».

Esta mensagem, que tanto embaraçara o general Khabalov, não preocupou grandemente o imperador. «O soberano parece inquieto, mas hoje tinha um ar tão alegre» – observava o general Lukomski. No seu diário, nas datas de 25 e 26 de Fevereiro, Nicolau não se refere aos acontecimentos. Escreve à mulher: «Espero que Khabalov saiba acabar com os distúrbios dentro de pouco tempo. Protopopov deverá transmitir-lhe instruções claras e precisas. Que o velho Galitzine não perca a cabeça!» Preocupa-o muito mais a doença dos filhos, engripados, e anuncia a Alexandra o regresso a Tsarskoie Selo dentro de dois dias.

Em Petrogrado, o domingo decorreu de maneira inesperada. Ao meio-dia, tudo se mantinha ainda calmo. O estado-maior e o czar receberam notícias tranquilizantes, mas, pelas onze horas, a czarina deu parte da sua ansiedade ao imperador. À tarde, principiou o tiroteio. Rodzianko, enlouquecido, e ignorando as ordens transmitidas pelo czar a Khabalov, expediu ao imperador um primeiro telegrama, que Nicolau II recebeu com um dito humorístico: «O gorducho Rodzianko continua a escrever-me patetices; nem sequer lhe responderei».

O dia 26, domingo, escoou-se «com tranquilidade», segundo o general Dubenski. O czar continuou a ler a *Guerra das Gálias* de Júlio César e à tarde tomou o seu chá, como de costume.

No dia seguinte de manhã, 27, recebeu de Beliaiev e de Khabalov notícias tranquilizantes; anunciavam ao czar os motins ocorridos durante a noite e ambos solicitavam reforços de urgência, mas as medidas implacáveis preconizadas pelo ministro da Guerra sossegavam Nicolau II.

Assim, na tarde de 27, o quinto dia, quando a comissão da Duma e o soviete de Petrogrado se constituíram simultaneamente, era clara a posição tomada por Nicolau. Na antevéspera, recusara-se a escutar os generais Ruzski e Brussilov que recomendavam a formação de um governo com Rodzianko. A 27, o imperador nomeava «ditador» o general Ivanov e anunciava a partida para Tsarskoie Selo. Optava assim pela repressão. Dizia ao irmão Miguel que não protelaria o regresso a Tsarskoie Selo, que, uma vez em Petrogrado, só modificaria o elenco ministerial se o julgasse conveniente, e que o general Ivanov se encarregaria de reprimir os tumultos e que iriam chegar tropas de confiança.

As três fases de uma agonia

Mas nada disso aconteceu. O general Ivanov não conseguiu aproximar-se da capital; o estado-maior cortou-lhe os víveres julgando que em Petrogrado a Duma dominava a situação. Quanto ao czar, também impossibilitado de atingir Tsarskoie Selo por os ferroviários terem sabotado a via férrea no seu percurso, tal como no de Ivanov, regressou a Pskov, onde soube que tanto o Exército como o governo exigiam a sua abdicação.

1. A odisseia do «ditador»

Numa altura em que toda a capital se encontrava já nas mãos dos insurrectos, o czar prosseguia as discussões com o general Ivanov, que lhe explicava a maneira como, em Kharbine, em 1906, pusera fim a uma revolta. Em outra ocasião, em Kronstadt, durante uma desordem de marinheiros, pegara em dois deles pelo colarinho e ordenara-lhes «que se ajoelhassem». Os marinheiros tinham obedecido e a rixa terminara perante a admiração de todos os assistentes.

O general Ivanov contava entrar em Petrogrado sem derramamento de sangue. «Mas claro que sim!» – replicara o czar, que nessa noite se deitara às três da madrugada. No decurso da noite de 27 para 28, no dizer de testemunhas, mostrara-se «amável, gentil e silencioso».

No dia 28, na ignorância do cariz que haviam tomado os acontecimentos na capital – a constituição do governo provisório com o acordo do soviete de Petrogrado – o generalíssimo Alekseiev dirigiu a todos os comandantes do Exército uma circular em que historiava as «jornadas de Fevereiro», qualificando de amotinados os insurrectos da capital e lembrando a cada um o seu dever para com o soberano. De modo que, no instante em que a revolução triunfava por completo, o comboio imperial punha-se em marcha para Tsarskoie Selo ignorando o desenrolar dos acontecimentos. O czar e o seu estado-maior mantinham-se ainda solidários. Nicolau II não estava verdadeiramente privado de informações, mas não encarava a hipótese de uma solução política para a revolta; apenas tomava medidas de ordem militar.

O «ditador» deixou Moghilev no dia 28 de manhã. Contava viajar por caminho de ferro até Tsarskoie Selo com um batalhão de cavaleiros de São Jorge. Uma vez chegado, analisaria a situação em conjunto com a czarina, enquanto aguardava reforços vindos de Pskov ou de Revel. O primeiro incidente produziu-se na estação de Dno. O comboio do general Ivanov cruzou-se aí com uma composição proveniente de Petrogrado. Os civis e os soldados que nela viajavam contaram então às tropas do «ditador» os acontecimentos extraordinários ocorridos na capital. Num abrir e fechar de olhos, o comboio do general ficou vazio, indo a multidão de curiosos aglomerar-se no outro cais. Da sua carruagem, o general Ivanov ouvia repetir: «Todos iguais... liberdade...» Procurou então reunir os soldados, mas estes evitavam-no. O «ditador» precipitou-se então para o grupo mais próximo, ordenando: «De joelhos, prisioneiros!» Ao apito do chefe da estação, porém, o outro comboio arrancou, conduzindo para a liberdade as tropas de Ivanov.

Mais adiante, foram os ferroviários que fizeram parar o comboio do general. «A linha está danificada» – informaram. Ivanov obrigou-os a repará-la, mas os trabalhos demoraram várias horas. Em Tsarskoie Selo, esperava-o uma decepção: o regimento de São Jorge, considerado o mais fiel, declarou que, em caso de conflito com os habitantes da cidade, se esta aderisse à revolução, a unidade manter-se-ia neutra, pois o juramento comprometia-a apenas a defender «a pessoa do czar»; este, porém, não se achava presente e o regimento içou a bandeira branca. Com a concordância da czarina, Ivanov achou por bem bater em retirada. Aguardaria as tropas frescas de que necessitava.

Em vez de tropas frescas – que não chegaram a aparecer – Ivanov recebeu dois telegramas do supremo quartel-general de Moghilev e depois de Pskov, um do generalíssimo e outro de Nicolau II, ordenando-lhe ambos expressamente que suspendesse as operações e aguardasse a chegada do imperador. Ficou a saber também que Gutchkov, em nome do governo provisório, se avistaria com ele algures no percurso. Sem tropas nem instruções, o «ditador» não sabia que fazer. Os ferroviários tinham tirado as chulipas da via depois de ele ter passado a fim de que ninguém pudesse alcançá-lo. Ao atingir Semrino, o general «ditador» impacientou-se, reclamando uma locomotiva nova. Demorava tanto assim o abastecimento de água? Lá por isso não era a dúvida! Visto que exigia outra locomotiva de imediato, o pessoal dos caminhos-de-ferro deu-lha, escolhida ao acaso. Uma hora depois, já a certa distância de Semrino, o comboio do «ditador» parou por falta de água, desta vez definitivamente, terminando assim a odisseia de Ivanov.

2. Os militares impacientam-se

Entretanto, face à situação cada vez mais grave, a 27 de Fevereiro, antes de desaparecer, o ministro da Guerra, Beliaiev, dirigiu ao chefe do estado-maior dos exércitos, o general Alekseiev, um último telegrama com cópia para o supremo comandante dos exércitos da frente norte, o general Ruzski, dizendo: «A situação em Petrogrado tornou-se muito grave. As raras unidades fiéis já não conseguem reprimir a rebelião e passam-se para os rebeldes cada vez em maior número. É imprescindível enviar para aqui unidades de confiança e em número suficiente».

Ao mesmo tempo, o presidente da Duma, Rodzianko, remetia outro telegrama alarmante ao general Ruzski. Insistia no assunto da crise alimentar, das greves e da paralisia geral.

> «Se não se restabelecer a ordem, a vergonha e o descrédito ameaçarão a Rússia e, em tais condições, o país não poderá prosseguir a guerra. A única solução está em incumbir de formar governo um homem que disponha da confiança do país. É impossível esperar mais tempo; esperar significa a morte.»

No texto, não se falava de responsabilidade perante a Duma e com razão, pois, em Petrogrado, esta deixara de poder agir sem a concordância do soviete.

Ao receber os telegramas, o general Ruzski telegrafou ao czar informando-o dos seus receios face aos distúrbios. Argumentando que o Exército representava todas as classes da sociedade e permitindo-se assim dar um conselho, concluía: «As medidas repressivas só poderão agravar o estado das coisas».

Na mesma altura, o imperador recebia outro telegrama assinado por vinte e dois membros do Conselho do Império, entre os quais figuravam o conde Tolstoi e o príncipe Trubetskoi, recomendando estes últimos «respeitosamente a Sua Majestade que alterasse de maneira radical a política interna e escolhesse um primeiro-ministro da confiança do país».

Face às pressões múltiplas e convergentes, Nicolau II, por seu turno, expediu um telegrama em que ordenava ao general Ivanov «que nada fizesse até à sua chegada a Tsarskoie Selo». Ignorava, porém, que o estado-maior travara já a acção do general por pensar que a Duma dominava os acontecimentos em Petrogrado; tolher a marcha de Ivanov significava o reconhecimento implícito da assembleia como nova detentora do poder.

Durante todo este tempo, Nicolau II viajava para Tsarskoie Selo. A 28, às três da tarde, telegrafava a Alexandra, dizendo: «Espero que tudo corra bem. Tempo magnífico. Chegam da frente reforços numerosos. Amo-te com ternura, Nicki».

Sabia ter-se constituído a comissão da Duma, presidida por Rodzianko – acontecimento datando da antevéspera – mas nem por isso deixou de confirmar à czarina que «estaria em casa no dia seguinte de manhã».

No decurso do dia 1 de Março, «evitou aludir aos acontecimentos» no comboio imperial. «Que vergonha!» – observa simplesmente Nicolau no diário. «Impossível atingir o palácio de Tsarskoie Selo, mas o meu coração e pensamentos não se arredam dele. Como deve ser penoso para a minha pobre Alix ter de enfrentar sozinha todos estes acontecimentos!»

Quanto à imperatriz, esta apelava para Paulo, irmão do czar e comandante da guarda. «Por que motivo não procura ele forçar a situação?» Mas, de acordo com os outros grão-duques, Paulo preferiu redigir um manifesto a submeter ao czar:

«Assim que a guerra termine, propomo-nos instaurar um novo regime. É-nos extremamente penoso verificar que, enquanto no campo de batalha se decide o destino da Rússia, a agitação desvia o povo das tarefas necessárias à finalização das hostilidades e à obtenção da vitória. Tendo fé inabalável na Providência, estamos certos de que, para a prosperidade da pátria, o povo russo recuperará o bom senso, não permitindo que triunfem as intrigas do inimigo.

«Fazendo o sinal da cruz, conferimos ao Estado russo um regime constitucional e ordenamos que se retomem os trabalhos do Conselho de Estado e da Duma, interrompidos pelo nosso ucasse. Incumbimos o presidente da Duma de constituir imediatamente um elenco ministerial provisório e, de acordo connosco, de convocar uma assembleia legislativa encarregue de analisar sem delongas o projecto de constituição a propor ao governo.

Os grão-duques Paulo, Miguel e Cirilo
1 de Março de 1917.»

Nas suas *Memórias*, Paulo regista que a imperatriz aprovou o texto e os passos dados nesse sentido. Mas é pouco provável que fosse verdade. De facto, Alexandra escreveu ao marido as seguintes palavras, que ele provavelmente recebeu: «Paulo pretende salvar-nos por meio de um processo nobre mas insensato. Redigiu um manifesto idiota, prometendo que, após o fim das hostilidades, dará ao país uma constituição». Enviou-lhe também uma carta, a sua derradeira mensagem na qualidade de imperatriz, carta que, no entanto, o czar não receberia: «Tudo está contra nós. E os acontecimentos progridem com rapidez fulgurante. É óbvio que não querem que te encontres comigo a fim de te obrigarem a assinar um documento, uma constituição ou qualquer outra coisa. Estás só, sem exército, tal como um rato caído na ratoeira. Que poderás fazer?»

Às vinte horas do dia 1 de Março, o czar chegava por fim a Tsarskoie Selo. Impaciente, o general Ruzski, comandante dos exércitos do norte, aguardava-o na estação. Os telegramas de Rodzianko, de Alekseiev e de Ivanov haviam-se acumulado durante todo o dia à espera de resposta urgente. Porém, o czar decidiu: «Primeiro que tudo, vamos jantar».

O general Ruzski ficou impressionado com o facto de pessoas tais como o grão-duque Sérgio, o general Brassilov e o adido militar inglês, Hanbury Williams sugerirem ao czar que desse ao país uma constituição e um governo responsável. Impressionaram-no ainda mais o levantamento moscovita e a adesão do almirante Nepenine ao movimento revolucionário. Convicto de que Nicolau II perdera demasiado tempo, o general Ruzski pressionou-o ainda mais. Percebia que o czar e o respectivo círculo não tinham consciência da amplitude do desastre e que culpavam sobretudo o general Khabalov por não ter reprimido os distúrbios. Felizmente que ainda restava Ivanov, a quem seriam enviadas instruções.

Foi para Nicolau II um choque inteirar-se do conteúdo dos telegramas que noticiavam a revolução em Moscovo, na esquadra do Báltico e em Kronstadt. No entanto, logo que Ruzski lhe falou em governo responsável, o czar rejeitou de imediato a sugestão «com calma e frieza, mas profundamente convicto», comentando: «E, além disso, quando fracassarem, esses ministros lavarão daí as mãos. Não agirei contra a minha consciência».

Às onze horas, chegou um telegrama do general Alekseiev pedindo igualmente ao czar que constituísse um governo responsável. O imperador acabou então por ceder, mas, no *Manifesto* elaborado nesse sentido, reservava-se o direito de nomear os ministros da Guerra e dos Negócios Estrangeiros. O general Ruzski voltou à carga ao receber um apelo de Rodzianko. Comunicou-lhe de imediato que o czar o nomearia primeiro-ministro, mas o presidente da Duma respondeu: «É evidente que Sua Majestade e vós mesmo desconheceis a situação aqui. Só abdicando salvará a situação».

Rodzianko assistia à reunião do soviete com a Duma que constituía o governo provisório com o acordo do primeiro. Explicou ao general Ruzski que, mesmo sendo objecto de emenda, o *Manifesto* não correspondia às exigências da situação; o imperador teria de abdicar para impedir que o país caísse na anarquia. Nas condições em causa, Ruzski achava preferível não divulgar o documento.

Por seu turno, o generalíssimo Alekseiev fora informado dos motins ocorridos nos batalhões de Luga, que se tinham recusado a colocar-se sob as ordens do «ditador» Ivanov. Às dez e quinze, o generalíssimo fez a ronda dos comandantes supremos, resumindo-lhes as conversações havidas e, de acordo com isso, incitou-os a recomendar ao imperador a abdicação para «salvar a independência do país e para garantir a salvaguarda da dinastia». Todos os generais, salvo o general Evert, deram a sua concordância imediata.

Ansioso, o general Ruzski pediu nova audiência e o czar recebeu-o na presença do conde Freedericks, do general Danilov e do general Savitch. Às mãos do soberano, tinham já chegado os telegramas dos diversos generais pedindo-lhe a abdicação, assim como um outro, enviado pelo grão-duque Nicolau Nicolaievitch.

Nervosamente, o czar fumava cigarro após cigarro e a atmosfera estava tensa. De repente, disse: «Tomei uma decisão e abdicarei a favor de Alexis». Depois persignou-se. Dirigiu-se então ao general Ruzski, abraçou-o e agradeceu-lhe os valorosos serviços prestados. No texto destinado a Rodzianko, pedia que o deixassem permanecer junto do filho até este subir ao trono.

O general Voiekov, o almirante Nilov e o conde Freedericks, furiosos, irromperam então pela sala no intuito de prenderem o general Ruzski. Nicolau mostrou-lhes os telegramas, comentando: «Que podia eu fazer se não isto? Todos me traíram, até mesmo Nicolacha».

Consultou o médico para inteirar-se do real estado de saúde do filho, que lhe confirmou as suas poucas esperanças de vida. Alterou então os termos da renúncia, escolhendo como sucessor o irmão Miguel.

3. O czar abdica

Uma vez mais, porém, um acontecimento inesperado impediu o aparecimento do manifesto da abdicação: Gutchkov e Chulguine, delegados da Duma, chegaram a Pskov. O círculo do czar, nomeadamente o general Voiekov, alimentava ainda alguma esperança, que nesse momento se desfez. Em nome da Duma, os delegados vinham impor ao czar a sua renúncia. Tal como os militares, consideravam imprescindível agir depressa, «no interesse da dinastia». Chulguine relata:

«Fizemos uma vénia e o imperador saudou-nos apertando-nos a mão em atitude amistosa. Sentou-se junto de uma mesinha encostada à parede revestida de cetim verde. Gutchkov instalou-se em frente dele e eu ao lado. Estava presente também o conde Freedericks. Muito transtornado, Gutchkov principiou a falar. Expôs com clareza as ideias, mas dominava a custo a emoção e a voz saía-lhe rouca. O imperador fitava um ponto à sua frente, o rosto pálido e impenetrável. Não consegui desviar dele os olhos. Gutchkov relatou os acontecimentos ocorridos em Petrogrado, tapando a face com as mãos para melhor se concentrar. Não olhava para o imperador, falando como se se dirigisse a si próprio.

«Disse a verdade sem exageros e sem nada omitir. Contou o que vira em Petrogrado, sem mais poder acrescentar. De facto, desconhecíamos o que se passara no resto do país. Fora Petrogrado que *nos* convencera e não a Rússia. Olhando sempre a direito, Nicolau II mantinha-se impenetrável. O seu rosto parecia revelar uma só coisa: a inutilidade desses longos discursos.

«Ruzski surgiu então e inclinou-se perante o imperador, sem interromper Gutchkov, indo sentar-se entre mim e o conde Freedericks. Gutchkov terminou o relato com um pouco mais de energia, dizendo: "A solução será talvez abdicar".

«Em tom ausente e como que alheado, Nicolau II replicou: "Decidi abdicar. Até às três horas de ontem, pensei fazê-lo a favor de meu filho Alexis. Mas mudei de parecer e renunciarei a favor de meu irmão Miguel. Espero que compreendais os sentimentos de um pai".

«Pronunciou as últimas palavras em tom muito brando. Não estávamos de forma alguma preparados para tal desfecho; julgáramos ir encontrar resistência e mesmo cólera, ignorando, bem entendido, que antes da nossa chegada já o assunto se decidira. Impressionou-nos a calma do imperador e a sua aparente indiferença. Demitia-se do império como um oficial do respectivo esquadrão.»

Elaborado o texto da renúncia, o czar voltou a partir para Moghilev. Na estação, os oficiais continham as lágrimas a custo. Nicolau II fez-lhes continência e, a passo decidido, subiu para a carruagem. No bloco-notas, registou simplesmente «Deixei Pskov de coração oprimido por tudo quando se passou. À minha volta, há apenas traição, cobardia e perfídia».

Um olhar sobre a abdicação

Semanas depois, em carta dirigida à mãe, Ana Virubova relatava tudo o que o imperador (papá) lhe dissera quanto à renúncia:

«Esgotado e afligido pelos boatos inquietantes, temendo pela família e, sobretudo, pela Mamã e pelo pequeno, disse-me: "Receei e continuo a recear ainda mais que a Mamã seja vítima dos ódios. E o pequeno, será possível salvá-lo? Esse pensamento abalou-me de tal maneira que só na prece encontrei alívio. Nesse momento, apareceram Chulguine e Gutchkov. Bastou-me olhar para este último para adivinhar o golpe terrível. Foi Chulguine quem falou. Tinha a voz trémula e os olhos marejados de pranto. Disse-me que deveria abdicar a favor do pequeno, assistido por Miguel. Não compreendi de imediato, mas depois entendi o essencial: o pequeno estava vivo. Perguntei-lhe com dificuldade se a minha família se encontrava sã e salva. Gutchkov retorquiu, nos olhos uma expressão de temor: 'Sim, Sire, tanto quanto nos for possível, tudo faremos para proteger vossa família"».

«Papá saiu, pedindo uns minutos para reflectir. Assaltava-lhe o espírito um pensamento: colocar a salvo o Bebé. Depois teve uma ideia terrível: separá-lo-iam do Papá e da Mamã, o que poderia matá-lo. Seria preferível pô-lo imediatamente a recato. Por isso Nicolau decidiu abdicar, tanto por ele próprio como pelo Bebé. Disse também: "É uma decisão forçada, tomada com uma lâmina suspensa sobre a minha cabeça e se quiserem poderei prová-lo. Se assim não fosse, representaria um descanso para todos nós, todos reunidos e longe de tudo. Basta de suplícios, basta de receios!" Beijando a cruz do *starets*, recordou-lhe as palavras: "Faz sempre o que te vem ao espírito de imediato. O primeiro pensamento é o da salvação, vindo de Deus; tudo o que vem a seguir pertence ao Diabo".

«Lembrando-me disso, assinei o documento, quer pelo Bebé, quer por mim próprio. Ficaram bastante confundidos. Gutchkov disse-me: 'Sois mais pai do que czar, Sire'».

Tais palavras definem admiravelmente o carácter do soberano, dúplice, de certo modo – o autocrata e o homem – e que, na renúncia, torna óbvia a incoerência fundamental que conduziu à revolução.

Encarnando um princípio, a autocracia, que crê dever perpetuar, Nicolau II não tem outra saída se não demitir-se numa altura em que teria de ceder, o que a sua «consciência» lhe proíbe. De facto, constituir-se um governo de representação popular seria contrário ao próprio princípio autocrático. Neste ponto, Nicolau permaneceu sempre inflexível desde que subiu ao trono e as concessões que teve de fazer foram-lhe sempre arrancadas a ferros, isso não impedindo que as contrariasse por diversas vezes. A consistência do seu comportamento não sofre um único desvio e, tanto em 1906 como em 1911 e 1915, não tem o mínimo propósito de partilhar o poder, aceitando, quando muito, ouvir alguns pareceres. É-lhe insuportável, face ao juramento de czar, que mesmo isso lhe seja imposto. Sempre lhe desagradou a Duma, e todas as actividades de fiscalização do governo, assim como o diálogo com este constituem atentados às prerrogativas que Deus lhe conferiu.

Sofre quando o abandonam na sua obstinação as pessoas solidárias com o seu destino. Transfere para o filho Alexis a solicitude que desejaria que o pai tivesse tido com ele próprio, ensinando-o a desempenhar o cargo, ele que de tal tarefa apenas conhece as aparências e tão incompetente se sente. E eis que a única coisa em que se julga competente – ser bom pai – deixa de fazer sentido face à condenação do filho! A verdadeira tragédia deste homem é o facto de sentir-se na obrigação de transmitir «intacto» ao filho o poder e constatar depois que tal transmissão nunca se fará. Abandona então esse poder que tanto lhe pesou, que tanto o afligiu e aborreceu, sem retractar-se, perfeitamente inconsciente dos crimes que cometeu em nome da autocracia.

A simbólica do czar abatido

As imagens cinematográficas perpetuaram a memória do júbilo extraordinário com que a Rússia soube da abdicação dos Romanov. São soldados que desfilam disparando para o ar, tribunos improvisados ditando palavras de ordem, público alegre e impaciente por tomar a palavra. Todos os Russos têm no bolso um plano acabado para reerguer o país. Ricos e pobre, cocheiros e oficiais, homens e mulheres sucedem-se nas tribunas. O fervor ilumina os rostos, que brilham de felicidade. São imagens de regozijo e de renovação as solenes exéquias das vítimas da revolução, realizadas a 23 de Março de 1917. A marcha fúnebre debita as suas frases musicais acompanhando o primeiro enterro civil da Rússia ortodoxa. «Adeus, irmãos, que haveis cumprido o vosso caminho glorioso!» Enterro civil, ajuntamento, palavra livre – são esses os primeiros sinais de um mundo que se modifica.

A Rússia é o país mais livre do mundo – diria Lenine dentro em breve. De facto, tanto na cidade como nos campos, tanto na igreja como na universidade, as autoridades tradicionais, quando sobreviventes, eram ridicularizadas. «Um dos factos cruciais da época foi o desaparecimento de todo o poder governativo» – observava Kerenski. No espaço de poucos dias, não houve cidade ou aglomerado que não constituísse um órgão revolucionário, soviete ou conselho, substitutos das autoridades tradicionais. O governo anterior desaparecera durante as «jornadas» de Fevereiro, o mesmo sucedendo aos governadores e à Ocrana, tão odiada. Exceptuando as violências cometidas durante as jornadas revolucionárias, nomeadamente contra os oficiais, só os elementos da polícia de Elisabetgrado, responsáveis por inúmeros *pogroms*, foram vítimas expiatórias da revolução de Fevereiro. A mensagem que deixaram antes do fuzilamento exprime bem o clima das jornadas de Fevereiro de 1917:

> «Nós, polícias de Elisabetgrado, saudamos o soviete por ter feito triunfar a liberdade.
> «Caminhando para a morte, prosternamo-nos diante do povo russo e oramos, arrependendo-nos de todo o mal que involuntariamente lhe causámos devido às obrigações do nosso cargo.
> «Ah, como teria sido doce morrer às balas do inimigo, com a alma em paz e dignos do orgulho de nossos filhos!»

«Agora não temos nem Deus nem o Diabo» – declararam os paroquianos ao respectivo pope no dia seguinte à abdicação, palavras esclarecedoras da natureza do czarismo, tal como os mujiques o entendiam. O czarismo constituía para eles a expressão de todas as desgraças; o czarismo e não a pessoa do czar, pois foram raros os camponeses, os operários ou os soldados que, nas petições dirigidas ao soviete de Petrogrado, solicitaram a tomada de medidas contra Nicolau II. O que está em causa é o regime e, mais do que o czar, os seus esbirros. Um capelão regista as seguintes queixas das suas ovelhas, os soldados da frente de batalha: «Deixámos de confiar em ti, pois és um esbirro do antigo regime. Desaparece, se não queres que usemos de violência contra ti».

Segundo outra testemunha, um camponês dirigiu-se ao pope nestes termos: «O czarismo cobria-nos de vexames e estávamos de pés e mãos atados. E vós, que lhe fazíeis companhia, ainda mais nos ofuscáveis e cegáveis, a fim de nem sequer sabermos quem eram os nossos verdugos. Vós só servíeis para cantar em coro 'longa vida para o czar'».

O clero ortodoxo era pois considerado agente da tirania e não beneficiou da fama de benfazejo que reverteu a favor do clero francês durante as revoluções de 1789 e de 1848, por exemplo.

O corpo de oficiais também não compreendeu que, para os soldados, o conjunto das regras disciplinares era atribuível à autocracia e que, uma vez abatido o czarismo, elas seriam automaticamente alteradas. Com efeito, os soldados não punham em causa a disciplina militar em si mesma, mas sim a maneira como era aplicada e os excessos a que dava origem. Sabiam tratar-se de uma garantia da ordem social e que, ao recusarem-se a modificá-las, os oficiais pretendiam, a seu modo manter um czarismo sem czar. Foi essa uma das causas dos motins da Primavera de 1917, que nada tiveram a ver com a recusa de pegar em armas, excepto quando os soldados se apercebiam de que o comando ordenava as ofensivas para ter oportunidade de recuperar o domínio sobre as tropas, graças precisamente a uma disciplina tornada legítima no campo de batalha por garantir a capacidade bélica.

Nas aldeias, à notícia da abdicação de Nicolau II, os chefes de Dvor reuniram-se de imediato; o *Mir* ressuscitou instantaneamente, por assim dizer. Depois de ditarem aos homens de leis ou aos mestres-escolas os desejos que formulavam para si próprios e para a salvação do país, aguardaram a resposta de Petrogrado. Todavia, como esta nunca mais chegasse, apossaram-se das terras incultas, as do imperador e dos apanágios em primeiro lugar. Por que motivo esperar a decisão da assembleia constituinte? Era justo que as terras revertessem a favor deles e a renúncia do czar significava que a justiça seria feito por fim.

A diferença entre o ódio e o ressentimento contra o oficial, o pope e o proprietário, por um lado, e os sentimentos mais benignos dedicados à pessoa de Nicolau II, por outro, foi manifesta durante as deslocações deste, nomeadamente em Tobolsk. É certo que se tratava de uma região relativamente próspera, onde nunca houvera greves importantes com as consequentes medidas repressivas. O epíteto de «sangrento» era dado ao czar sobretudo nos bairros periféricos. Mas mesmo nesses núcleos operários não se reclamou «vingança» à sua passagem, pelo menos aquando da revolução de Fevereiro. Só depois da resistência às reformas por parte das classes dirigentes ou da sua sabotagem da economia – erguiam a cabeça as forças da contra-revolução – é que os discursos sobre a culpabilidade do czar se transformaram em actos hostis e a família imperial foi vítima de violências.

Desapareceu também a simbólica que a pessoa do imperador encarnara, e o poder vigente substituiu por novos ritos o cerimonial do antigo regime: exéquias solenes, manifestações e desfiles de massas populares. Era tal o poder simbólico do czarismo que, à data da queda de Nicolau II, tudo quanto se relacionava com o imperador ficou por isso mesmo desacreditado.

Sob este ponto de vista, foi exemplar o destino da Duma. A assembleia não cessara de reivindicar e Nicolau não cessara de ignorá-la. Conquanto assim fosse, a Duma era já um poder excessivo. Após Fevereiro, esta apagou-se e os deputados não se atreveram a manifestar-se ou a reunir-se, salvo uma ou duas vezes em vários meses; e o dia do seu aparente triunfo – quando se constituiu em comissão e depois em governo provisório foi também o dia da sua morte, tendo-se suicidado, em certo modo, visto representar um elo entre o passado e o presente. Pelo contrário, nunca Lenine nem os revolucionários de Kerenski a Trotski ou a Kropotkine – se haviam dirigido ao czar, negociando com o czarismo, nunca o tinham reconhecido. Eram eles os únicos substitutos possíveis.

Certas pessoas, P. Miliukov, por exemplo, precisamente um historiador, bem depressa se aperceberam disso e, sacrificando a pessoa de Nicolau, tentaram preservar aquilo que ela encarnava.

Segunda tentativa: salvar a dinastia sacrificando o czar

Quando, na noite de 1 de Março, no palácio de Taurídia, terminaram as negociações entre os delegados da comissão da Duma e os eleitos do soviete de Petrogrado, um dos ministros, Miliukov, propôs os nomes dos colegas: Kerenski ficaria no ministério da Justiça, o príncipe Lvov ocuparia a presidência, etc. «Muito bem, é tudo o que interessa» – rematou ele. Elevaram-se vozes, perguntando: «E o programa?» Miliukov respondeu então: «O único documento em que o programa vem expresso está agora nas mãos do soviete. Discutimo-lo com esse órgão e posso fornecer-vos alguns esclarecimentos». Ouviram-se brados, inquirindo: «E a dinastia?» Miliukov retorquiu: «Quereis saber da dinastia? Sei de antemão que a minha resposta não satisfará toda a gente. Mas, seja como for, dá-la-ei. O velho déspota que conduziu a Rússia à ruína terá de renunciar ao trono voluntariamente; caso contrário, será deposto». Estrondearam aplausos. Miliukov prosseguiu: «O poder será transferido para o regente, o grão-duque Miguel Alexandrovitch». Ouviram se então gritos de protesto indignados, seguidos de exclamações de «Viva a República!» e de «Abaixo a dinastia!» Miliukov continuou: «Alexis será o herdeiro...» Os escassos aplausos que acolheram a notícia viram-se abafados por novos protestos, de onde sobressaía a frase «A velha dinastia é a velha dinastia!» Ao que Miliukov respondera: «Pois, é a velha dinastia; mas nem sempre fazemos o que queremos... Será convocada uma assembleia constituinte, que decedirá por sufrágio universal e por voto secreto.»

Na verdade Miliukov mentia: a abolição da monarquia, exigida por vários membros do soviete, fora por ele e por outros deputados rejeitada. Miliukov argumentava que, enquanto não fosse instituído o sufrágio universal, seria ilegítima uma decisão desse tipo. E, pelo menos provisoriamente, o seu parecer prevalecera.

Miliukov, Rodzianko e outros elementos bem depressa tiveram de recuar, porém. Com efeito, o governo deu a conhecer que, na véspera, Miliukov apenas formulara opiniões pessoais quanto à sorte da dinastia. Os novos ministros e os membros da Duma confrontavam-se de novo com o espectro da guerra civil. Os deputados tinham nítida consciência – ideia que os atemorizava – da impossibilidade de dar a conhecer à população que Miguel sucederia a Nicolau II.

Aliás, a notícia chegou a Moscovo de onde, de imediato, centenas de telegramas de protesto foram enviados ao soviete.

À saída do comboio, Gutchkov e Chulguine receberam dois telegramas: receava-se que, ignorando a opinião generalizada na capital, eles divulgassem os informes colhidos em Oskov. «Até que se reúna a assembleia constituinte, é preferível não falar dos Romanov» – explicava Rodzianko. «Se se souber na capital que a Duma e o estado-maior concordam em reconhecer Miguel II, não respondemos pelos acontecimentos». Alekseiev e Ruzski concordaram, procurando recuperar o telegrama expedido. Petrogrado não tomou conhecimento da notícia, muito embora dela se inteirassem Paris e Londres.

Entretanto, na estação de Petrogrado, Gutchkov e Chulguine, supondo transmitirem uma boa notícia ao comunicarem que Nicolau II abdicara e que Miguel II lhe sucederia, quase foram linchados. Gritava-se: «Abaixo os Romanov! Nicolau... Miguel... é tudo a mesma coisa. A moeda branca é igual à moeda preta. Abaixo a autocracia!»

Mas os agentes do governo surgiram a tempo, tranquilizaram o público, subtraíram a Gutchkov a acta da renúncia e sanaram o incidente.

Informado do cariz que os acontecimentos tomavam, Miguel sentiu de imediato não possuir estofo de herói. Fez uma única pergunta aos delegados da Duma que vieram procurá-lo: «Podereis garantir-me a vida caso aceite a coroa?» O resultado do encontro entre Rodzianko, Kerenski e Miguel era antecipadamente conhecido e de nada valeram as censuras de Miliukov. Um certo jurista, Nabokov, redigiu a acta da renúncia de modo a salvaguardar eventuais hipóteses de restauração monárquica (outra concessão feita a Miliukov e a Gutchkov) e o governo decidiu publicar ao mesmo tempo as duas abdicações, a de Nicolau e a de Miguel. Muito emocionado, o último Romanov aprovou tal procedimento, muniu-se da caneta sem hesitar e assinou o documento.

À notícia, o júbilo contaminou a capital. A população reuniu-se de novo, gritando e cantando. «Agora é que foi o fim» – comentava um membro do soviete para um amigo, ambos perdidos na multidão delirante. A seu lado, porém, uma mulher disse em voz suave: «Enganas-te, tiozinho; ainda não correu sangue suficiente».

A ilusão do estado-maior

De facto, ninguém esperava uma revolução tão rápida, um movimento tão violento, e muito menos o estado-maior. Ao anunciar que se constituíra um novo governo, o grão-duque Nicolau ocultou aos soldados a natureza das convulsões e terminou a alocução mandando que a tropa entoasse o hino «Deus proteja o czar». Avisou também, servindo-se das fórmulas que lhe eram familiares, que «todas as tentativas de desobediência às ordens do governo seriam castigadas por força da lei».

Aliás, a família Romanov contava com o grão-duque para dominar os acontecimentos – facto atestado por uma carta de Maria Pavlovna, tia de Nicolau II, dirigida ao filho Boris – e os vencedores de Fevereiro bem podiam temer o possível uso que ele fizesse do exército do Cáucaso. O soviete e Kerenski conseguiram a sua destituição e depois a do general Evert, que se recusara a pactuar com o novo regime.

Objecto das suspeitas da corte, que o acusava de procurar aproveitar-se das circunstâncias para promover a ditadura, o generalíssimo Alekseiev teve um comportamento equívoco. Noticiou que o grão-duque Nicolau fora nomeado generalíssimo por vontade do imperador e que o governo se constituíra no seguimento de um acordo entre a Duma e o Senado, o que sabia não ser verdade. Quanto ao general Brussilov, esse declarou que os acontecimentos tinham sido a manifestação da vontade de Deus e que, tal como antes, os soldados deveriam cumprir o seu sagrado dever. «Que o Senhor nos ajude a salvar a Santa Rússia!» – concluiu.

O alto-comando comportava-se assim como se uma revolução palaciana tivesse chegado a bom termo graças à intervenção da rua.

Mas os distúrbios prosseguiam e isso irritava os comandantes supremos. Alekseiev não queria que lhe enviassem mensagens alarmistas. O general Kornilov, um reconhecido republicano, ao anunciar a sua nomeação ao comando da zona de Petrogrado, retomava a fórmula cara à Duma: «Dado que o velho regime se revelou incapaz, tomou o poder um novo governo». Tanto uns como outros procuravam fazer crer aos soldados que esse movimento viera de cima e em nada alteraria a ordem estabelecida.

Cometeram-se assassínios na capital, onde se fuzilaram alguns oficiais. Mas foi na Marinha que se perpetraram barbaridades relativamente maiores. Com efeito, nas fortalezas de Revel e de Helsingfors achavam-se ainda prisioneiros os amotinados de 1905. O ódio dos marinheiros pelos oficiais de bordo ultrapassou todos os horrores praticados em outros lugares. Por seu turno, o comando da Marinha permanecera muito mais fiel a Nicolau II do que o comando das forças terrestres, preferindo a morte a abjurar.

Era impossível o diálogo entre oficiais e marinheiros rebeldes. Assim, o sangue correu e houve quarenta vítimas, entre as quais o almirante Nepenine, conquanto fosse simpatizante do novo regime. Em Kronstadt, o almirante Viren morreu dando mostras de grande coragem. «Vivi servindo fielmente o meu czar e a minha pátria. Estou pronto. Chegou agora a vossa vez; tratai de dar sentido à vossa vida». Caiu com dignidade quando o fuzilaram.

Aqueles que mais tinham beneficiado dos favores do czar mais depressa se aliaram ao novo regime. O grão-duque Cirilo deu o exemplo, seguido dos cossacos da Guarda, da polícia do palácio e do regimento de Sua Majestade. Raros foram os que lhe permaneceram fiéis e constantes, como o grão-duque Paulo – único que se manteve junto de Alexandra –, a guarda a cavalo de Novgorod, o conde Keller, os Beckendorff e o conde Zamoiski, que se deslocou a pé a Tsarskoie Selo para oferecer os préstimos à czarina. Bunting, governador de Tver, suicidou-se. O antigo ministro dos Abastecimentos, Bark, embora tivesse muitos amigos no novo governo e recebesse a proposta de nele se conservar com a pasta das Finanças, recusou alegando tratar-se de uma «questão de princípios».

Despertando de um sono prolongado, grão-duques e oficiais generais que tudo deviam ao czar abandonavam-no de ânimo leve; meses depois, quando se arrependeram, era demasiado tarde.

O czar privado de liberdade

Constituiu uma digressão triunfal a viagem de Bublikov, incumbido pelo soviete de conduzir o imperador do supremo quartel-general de Moghilev até Tsarskoie Selo. «Em todas as estações, recebia-nos uma verdadeira mole humana, os habitantes faziam discursos e aclamavam-nos. Eu correspondia de maneira idêntica. Também em Moghilev fomos acolhidos com um 'hurra' geral. O delegado do soviete pediu ao general Alekseiev que comunicasse ao czar a sua nova condição de prisioneiro. Não ousando exprimir-se de modo tão directo, este utilizou uma perífrase que Nicolau repetia a todos quanto encontrava: 'Sabei que a partir de agora, o czar se acha privado de liberdade'».

Alexandra desconhecia o que se passava. Em Tsarskoie Selo, impossibilitada de comunicar com o marido, mobilizara as pessoas do seu círculo que lhe permaneciam mais fiéis: Protopopov, disposto a apelar para os manes de Rasputine, e Paulo, «convencido da inutilidade de recorrer à tropa, pois esta se aliaria ao governo provisório». Alexandra escreveu a Nicolau, ignorando que ele abdicara: «Sozinho, desarmado, caído na ratoeira, que poderás fazer? Eis a maior ignomínia que a História jamais conheceu! Se te forçarem às concessões, em caso algum deverás considerar-te preso a compromissos, pois aquelas ser-te--ão impostas por meios indignos».

No dia seguinte, ao receber a visita do grão-duque Paulo que lhe dá a notícia da abdicação, notícia publicada no *Izvestia*, de que o visitante se faz acompanhar, a czarina exclama: «Mas não é possível! Trata-se de uma mentira dos jornalistas. Tenho fé em Deus e no Exército. Deus ainda não nos abandonou». Escreve nova carta em que estigmatiza o general Ruzski, apelidando-o de «Judas»: «É de enlouquecer, de perder a razão, mas isso não acontecerá. Juro que te sentarás no trono novamente. Deus te colocará nele de novo.»

O czar pediu ao general Alekseiev que não se levantassem obstáculos ao seu regresso a Tsarskoie Selo; pediu também para exilar-se até ao fim da guerra, regressando depois para ficar na Crimeia para sempre. O governo provisório concordou com tais pedidos.

Ana Virubova deixou-nos um testemunho do reencontro do czar com a família:

«No presente, Ele pensa numa única coisa: salvar a família. A mãe continua a acompanhá-lo, tratando-o como se cuidasse de um doente. Nicolau não dirige a ninguém uma só palavra de censura. Não se queixa de nada, mas sei por Fedorov (médico na *Stavka*) que teve uma grave crise cardíaca. Nesta altura, esforça-se por recuperar. As pessoas que o rodeiam têm aspecto terrível – dir-se-ão entorpecidas e desoladas, sofrendo sobretudo por ele. Mas também se não queixam. Apenas uma vez ouvi o czar dizer: "Se não fosse cristão, ser-me-ia bem mais fácil terminar de imediato com isto. Seria talvez a solução preferível para a minha família". Tentei convencê-lo de que semelhante saída, além de constituir um atentado à sua própria dignidade, mataria a Mamã. "É isso que receio" comentou. Depois, com um sorriso doloroso, deu-me a palavra de não pensar mais em tal solução.»

Kerenski tenta saltar a vida de Nicolau Romanov

Kerenski, o novo ministro da Justiça, não desejava ser o Marat da revolução russa. Se abrira as portas das cadeias, não era para meter nelas novos «culpados». É certo que os polícias e os agentes da Ocrana tinham bastantes crimes na consciência. Mas, num impulso de generosidade, o revolucionário de Fevereiro de 1917 considerou inocentes tais culpados. «Que fizeste? Por que estás aqui?» – perguntava o guarda ao detido nas vésperas da revolução. «Estou aqui para que não *sejas* mais ferido nem humilhado» respondia o preso ao guarda. E, em Fevereiro de 1917, o preso livrou o carcereiro da sua infame tarefa.

Kerenski concordou com Miliukov, ministro dos Negócios Estrangeiros, a fim de que, «a pedido do governo provisório», o governo britânico recebesse em Inglaterra a família imperial, que seria acolhida «por razões humanitárias». Na verdade, o acto de benevolência representava também para os Ingleses a garantia de que os meios reaccionários não procurariam restaurar o regime monárquico servindo-se de um herdeiro de Nicolau II; esse herdeiro poderia conseguir a paz separada, paz que, na Primavera de 1917, constituía a maior preocupação de Lloyd George. Assim, este agiu com determinação e, ao receber a concordância ao exílio dos Romanov em Inglaterra, transmitida pelo embaixador britânico, Buchanan, a 2 de Março de 1917, o governo provisório apresentou a Nicolau II a opção de partir ou de permanecer na Rússia.

Disse-se também (conquanto não existam provas satisfatórias sobre este ponto) que o ex-czar anuiu ao convite de Willy, comunicado em segredo. Para salvar a mulher e os filhos, Nicolau não terá porventura hesitado em entregar-se ao inimigo. Mas o plano abortou, uma vez mais devido à greve dos ferroviários que, sem o saberem, terão impedido Nicolau de atingir o golfo da Finlândia.

Seja como for, Nicolau aceitou a proposta de Kerenski para partir para Inglaterra e este transmitiu o seu assentimento ao adido Hanbury-Williams. A 6 de Março, estava já elaborado o itinerário, com passagem por Murmansk, e Nicolau anotava no diário o facto de prepararem a bagagem.

A 9 de Março, porém, informada de que o governo provisório oferecera a Nicolau Romanov a possibilidade de exílio em Inglaterra e sabendo que o ex-imperador viajava para Petrogrado, a comissão executiva resolveu «tomar medidas imediatas no sentido de mantê-lo sob prisão». Eis as deliberações da comissão, reunida nesse mesmo dia:

«Acaba de ser dada ordem avisando todas as estações de que os nossos contigentes armados irão fiscalizar a passagem dos comboios. Nomeou-se um comissário interino com plenos poderes sobre as estações de Tsarskoie Selo, Tosno e Zvanka (trata-se de Mstislavski). Foram enviados telegramas a todas as estações ordenando a detenção de Nicolau. O governo provisório foi seguidamente notificado de que o soviete se opõe à partida de Nicolau Romanov para Inglaterra e da sua decisão de transferi-lo para a fortaleza de Pedro e Paulo. Com tal objectivo, a guarnição desta acaba de ser substituída».

Mais adiante, na alínea 13 do Protocolo da reunião de 9 de Março, figuram os seguintes informes sobre a situação em Tsarskoie Selo:

«A guarda do palácio acha-se sob a vigilância total dos contingentes revolucionários. Um *prikaze* estipulou que, doravante, ninguém poderá entrar ou sair do palácio. Foram cortadas as linhas telefónicas e Nicolau é vigiado de perto. Asseguram a vigilância cerca de trezentos soldados do 3º Regimento de Atiradores. Dolgoruki e os Beckendorff foram autorizados a permanecer no palácio. As cartas e os telegramas são também objecto de fiscalização (...) Assinale-se que, no 1º Regimento de Reserva, sediado em Tsarskoie Selo, tem havido manifestações contra o soviete, exigindo as tropas a monarquia constitucional. São os oficiais que dirigem a agitação.»

Mas, depois que o enviado do soviete de Petrogrado, Mstislavski, pôde «ver» o soberano – vê-lo com os próprios olhos no palácio de Tsarskoie Selo, juntamente com a mulher e as filhas – o soviete cedeu aos argumentos de Kerenski, hostil à transferência para a fortaleza; à semelhança de um herói romântico, o bardo da revolução de Fevereiro não desejava que o sangue corresse. Salvara já a vida aos ministros do czar, protegendo-os, com risco pessoal, do ódio dos amotinados; sub-repticiamente, tinham-lhes sido dados passaportes para poderem refugiar-se no estrangeiro. Queria também salvar a vida dos ex-soberanos, o que seria mais fácil se estivessem em Tsarskoie Selo e não presos numa fortaleza localizada num bairro operário.

Semanas depois, porém, a situação modificou-se por completo e não foi o governo provisório russo que se viu em dificuldades, mas sim o de Sua Majestade Britânica.

Na Inglaterra, uma campanha de imprensa preparava o público para a chegada do ex-imperador e respectiva família, recordando «a sua fidelidade aos Aliados». Sabedor disso, o soviete de Petrogrado exigiu explicações. Então Nicolau II não seria julgado? Julgado como o fora Luís XVI e como o seriam os ministros, cujos processos estavam sendo instaurados. Miliukov informou de imediato os Ingleses dos protestos que a transferência suscitaria e Kerenski deu-lhes a entender o inconveniente de uma pressão demasiado óbvia para a partida do imperador se se quisesse que esta se efectuasse a tempo. Recordemos que Miliukov se dizia monárquico e Kerenski republicano.

Lloyd George defrontava-se com um poderoso movimento de oposição: os trabalhistas dos sindicatos protestavam contra o asilo dado pela Inglaterra a Nicolau, o «sangrento» e à mulher, a imperatriz alemã. Esboçava-se a ameaça da greve geral como fruto das extraordinárias notícias recebidas da Rússia, notícias que nos meios sindicalistas e pacifistas suscitavam enorme entusiasmo. A chegada do czar a Inglaterra parecia um acto provocatório. Assim, o governo bateu em retirada de imediato e, na Câmara dos Comuns, lorde Cecil desmentiu que tivesse havido «qualquer convite», o que, tomado à letra, não era inexacto. Perante a amplitude do movimento de protesto e face à escalada grevista, o rei Jorge V interveio pessoalmente para que o governo anulasse a sua proposta de asilo.

Na Rússia, o embaixador Buchanan teve a ingrata tarefa de comunicar ao governo provisório a mudança de parecer da Inglaterra. Tempos depois, Muriel Buchanan, filha do embaixador, revelou que o pai, tolhido pelo dever de reserva, fora ameaçado de suspensão sem reforma se revelasse o papel desempenhado pelo monarca do seu país nessa viragem. Dera-se o caso de que, entretanto, as greves haviam terminado, o czar fora assassinado e, em Inglaterra, Buchanan era responsabilizado pela sua morte.

Mas, na altura, Nicolau passara a ignorar os governos e as respectivas políticas, ou fingia ignorá-los. «Sinto vergonha por Jorge e pela Inglaterra» – comentou ao saber da mudança de opinião do seu parente.

O czar abandonado por todos menos pela imprensa francesa

Um dos momentos mais penosos para o czar foi aquele em que, na presença do filho Alexis, recebeu uma ordem de Kerenski, tendo de obedecer-lhe como subordinado. Em outra ocasião, em meados do mês de Abril, quando passeava, o soldado que fazia o quarto de sentinela deteve o imperador em frente da porta, dizendo: «Não pode passar, meu coronel». Interveio então o oficial que acompanhava o imperador e o filho. Alexis corara violentamente ao presenciar a cena.

O *Diário* prossegue ao mesmo ritmo, tanto enquanto Nicolau é imperador como após a queda, seja o que for que se passe. Dia 9 de Junho: «Faz hoje precisamente três meses que regressei de Moghilev e que estamos aqui confinados como prisioneiros. Como é doloroso não ter notícias da minha querida mamã! Tudo o resto me é indiferente. Hoje faz ainda mais calor do que ontem (vinte e cinco graus centígrados à sombra e trinta e seis ao sol). Há no ar um cheiro a queimado. Depois do passeio, dei lição de História a Alexis. Estivemos no mesmo lugar que ontem e o trabalho rendeu. Alexandra não saiu. Antes de jantar, passeámos os cinco.»

O ex-imperador anota também as suas leituras: no mês de Abril, o livro *A História do Império Bizantino* de Uspenski, «principiado a 4 de Abril e concluído na terça-feira, 25 de Abril, oitocentas e setenta páginas de grande formato». Depois, *The Valley of the Fear*, de Conan Doyle e *A Millionnaire Girl*, terminado a 28. Entretanto, encetou também a leitura do livro de Kasso, *A Rússia sobre o Danúbio* e *Os problemas do Exército Russo* de Kuropatkine. Ao serão, em voz alta, lê sucessivamente *O Mistério do Quarto Amarelo*, *O Perfume da Dama de Negro*, *O Sofá Assombrado*, *The Luck of the Vails* e *Alexandre I*, de Merejkovski.

Só no dia 22 de Junho alude ao mundo exterior: «Passa hoje o aniversário do desencadeamento da ofensiva dos exércitos do sudoeste. Em que estado de espírito vivíamos nessa altura e como hoje é tão diferente! Valei-nos, Senhor, e salvai a Rússia!» (no fim da frase, Nicolau desenhou uma cruz).

O preceptor de Alexis, Pierre Gilliard, que permaneceu até ao fim junto da família imperial, relata que, na sua residência forçada de Tsarskoie Selo, o único consolo do czar era a leitura da imprensa francesa; da imprensa republicana, entenda-se.

Seria de esperar que o imperador extraísse idêntico consolo da imprensa monárquica, que, tal como *o Action Française*, escrevia que o czar abdicara «de livre vontade e precisamente para livrar o povo da revolução». Alexandra serviu-se muitas vezes desse argumento durante a estada na «gaiola doirada» de Tsarskoie Selo; sempre que se queixava do regime de vigilância, cada vez mais rigoroso, dizia que «o czar abdicara para poupar o sangue do povo».

Certos jornais ingleses afirmavam também que a «revolução não era antidinástica nem anti-aristocrática, mas apenas anti-alemã». Mas os Britânicos não se mostravam tão calorosos como os Franceses para com o czar, «o aliado mais fiel» – como escrevia Alfred Capus no *Le Figaro* e depois no *Le Gaulois*. Todos esses extractos da imprensa eram publicados no *Journal des Débats*, que Nicolau II lia e no qual se citavam artigos afirmando que «não tocariam na dinastia Romanov». De facto, é verdade que, até à altura da assembleia constituinte, o pensamento de abolir a monarquia se manifestou apenas (talvez) como desejo e não como realidade.

Isso mudaria depois, como é natural e, dentro em breve, o Le *Canard Enchaîné* ironizava à custa dos vira-casacas: «Ontem, o czar era intocável e hoje...» E a caricatura representava Nicolau II descalço, preso numa cela, com a seguinte legenda: «Ah, se o Gustavo (Hervé) viesse libertar-me!»

Gustavo Hervé, socialista «patriota», escrevera, após a abdicação, um artigo lírico e entusiástico, comentado em toda a imprensa, onde não figurava uma só palavra em desabono do ex-imperador. Era certo que «a autocracia ruíra, mas o eslavismo continuava de pé. A causa dos Aliados obteve aqui a sua maior vitória, o Exército terá por fim a secundá-lo uma administração moderna, honesta e patriótica. Que golpe para o *Kaiser*! E que exemplo para o povo alemão!» Segundo Hervé, tudo se explicava pelo ódio dos Russos à burocracia germanófila ao estilo de Protopopov, mas o reinado deste terminara.

Nicolau II saía intacto de tais hipérboles. A prova disso? Conhecida a prisão do czar, Gustave Hervé e todos os entusiastas da subversão integral ficam preocupados: «Os nossos amigos russos permitam que lhes digamos com toda a franqueza que a prisão do czar nos surpreendeu um pouco. Enveredando por tal caminho, sabe-se onde se principia, mas não onde se termina».

Hervé principiava a exprimir assim aquilo que, embora sem o dizerem publicamente, quase todos os dirigentes franceses Ribot, Painlevé e Pétain, por exemplo temiam: que o caos travasse o esforço de guerra, que a revolução pusesse em causa a prevista ofensiva russa e que, quem sabe, os Russos assinassem uma paz separada.

A linha de pensamento da imprensa francesa iludia o leitor a ponto de transmitir um conforto bem real ao próprio czar.

Salvar o imperador ou salvar o antigo regime

Kerenski, ao esforçar-se por salvar a vida de Nicolau II, foi movido, sem dúvida, por considerações de ordem humanitária, conquanto se orientasse também pela ideia particular que tinha da revolução: o processo revolucionário deveria, acima de tudo, evitar o derramamento de sangue, pôr fim às humilhações e não transformar os verdugos em supliciados, as vítimas em torcionários. Kerenski não era o único a perfilhar esse ideal, mas encarnou-o com mais energia e convicção do que qualquer outro revolucionário, o que explica a sua popularidade. Era republicano tal como todos os socialistas russos e sobre o problema do destino do imperador nunca ninguém o acusou de manobras com objectivos políticos.

Já o mesmo não pode dizer-se de outros protagonistas da revolução de Fevereiro. No governo provisório, por exemplo, Miliukov, ministro dos Negócios Estrangeiros, e dirigente do partido KD, alimentava certos propósitos ocultos. À semelhança do príncipe Lvov e de algumas outras figuras, era monárquico e adversário da autocracia – tal como todos os membros do KD – e pugnava pela constituição como freio ao absolutismo; mas não desejava a democracia dos sovietes, os conselhos operários, as comissões de soldados ou mesmo a república. Isso ficara patente na noite do dia 1 de Março, ao negociar-se o acordo entre a comissão executiva do soviete de Petrogrado, no feroz regateio ao fim da semana revolucionária em que soldados e operários acampavam no palácio Taurídia. Para que o soviete concordasse com a constituição de um governo provisório, fora necessário ceder às exigências: amnistia e liberdade política. Mas, quanto ao terceiro ponto – a não determinação prévia da natureza do futuro regime, república ou monarquia – Miliukov mostrara-se inflexível. Em 1920, Sukhanov, membro da comissão executiva do soviete de Petrogrado, testemunhava: «Não me espantou que ele (Miliukov) tomasse a defesa dos Romanov, mas sim que a transformasse no fulcro das negociações. Compreendo agora a sua ideia e também a sua perspicácia. Tinha em vista ganhar a batalha futura servindo-se de um só Romanov; o resto viria naturalmente. Por isso, não o assustava grandemente a liberdade instaurada nas forças armadas nem a exigência de uma assembleia constituinte».

Miliukov e Gutchkov ficaram furiosos com abdicação de Miguel II. Para ele, as pessoas de Nicolau II ou de Miguel pouca importância tinham comparativamente ao que representavam. Não acontecera o irreversível pois não foi proclamada a república e salvaguardara-se uma eventual hipótese de restaurar a monarquia graças aos bons ofícios de Nabokov, que redigira o documento abdicatório de Miguel II.

Mas quem seria o herdeiro? Olga, irmã mais nova de Nicolau e de Miguel? Olga, a filha mais velha do imperador? Ou Cirilo, o seu herdeiro mais directo, filho de Vladimiro, irmão de Alexandre III e primo direito de Nicolau e de Miguel?

Os comandantes militares consideravam-se logrados. Teriam compelido o imperador a abdicar se conhecessem a amplitude da revolta em Petrogrado? As mensagens enviadas por Rodzianko e Ruzski asseverando que a comissão da Duma dominava os acontecimentos tinham convencido os militares a dar esse passo, militares que de há muito se preparavam para uma tal transferência de poderes e que se iludiam quanto ao rumo dos acontecimentos. Mas o conteúdo do *Prikaze I* sobre os direitos dos soldados revelou-lhes de chofre a extensão do desastre – Gutchkov, o ministro da Guerra e o príncipe Lvov tinham do poder apenas a aparência, só governando *na medida em que* o soviete de Petrogrado aprovava a sua actuação. O czar abdicara há duas semanas apenas e já aquele se referia a «paz sem anexações nem indemnizações de guerra».

É certo que os novos dirigentes resistiam à ideia da «paz sem anexações nem indemnizações de guerra» lançada pelo soviete de Petrogrado, mas o estado-maior percorrera já um longo caminho ao apostar na conjura para derrube do imperador a fim de sustar as negociações com a Alemanha e melhor conduzir a guerra. E eis que, após a queda de Nicolau II, logo se principiava a falar de paz.

A crise de Abril, acompanhada do derrube de Gutchkov e de Miliukov, demonstrava a que ponto se radicalizara o movimento revolucionário. O novo chefe do governo, Kerenski, mostrava-se impotente para estabilizar a situação, sobretudo devido à propaganda bolchevique – que revelava as ambições anexionistas do governo provisório em nome do respeito pelos acordos firmados – aos movimentos de fraternização e ao suscitar de dúvidas quanto à ofensiva bélica projectada, sem falar da amplitude das reivindicações operárias e da acção dos conselhos camponeses.

Na verdade, os cidadãos livres da Primavera de 1917 rejeitavam como sobrevivência czarista tudo aquilo que representasse o Estado. Isso acontecia, em primeiro lugar, com o governo provisório, tornado suspeito como órgão mais ou menos emanado da Duma; opunha-se-lhe o soviete, mesmo sendo como eram os seus dirigentes, socialistas portanto, ministros desde Abril de 1917. Cada cidade, por seu turno, opunha o soviete respectivo ao soviete da capital, iguais por direito. Dada a igualdade, por que motivo não gerir ele próprio os assuntos que lhe diziam respeito? Por sua vez, todas as «bases» colectivas conselhos de fábricas, conselhos de bairros, etc. contrariavam o soviete de deputados. Criavam-se instâncias contrárias à política das comissões executivas e contestava-se de certo modo o regime representativo – a revolução era o governo directo. Qualquer delegação de poderes tinha a marca do opróbrio e tornava-se insuportável o mínimo resquício de autoridade. O edifício do Estado ruía assim, desfeito em mil pedaços, tendência encorajada pela propaganda bolchevique e anarquista.

Para a alta burguesia e para o comando militar, a Rússia agonizava e precipitava-se para a catástrofe. Era necessário pôr termo ao poder duplo, destruir os sovietes, prender os bolcheviques e fuzilar os dirigentes revolucionários. Surgiu assim nos espíritos, naturalmente, a ideia de recorrer a um Cavaignac, ideia que singrou no seio das ligas de oficiais constituídas a partir do mês de Maio.

Arquitectou-se então um modelo anti-revolucionário algo semelhante ao modelo fascista nascido em Itália na mesma época: reacção de defesa contra a revolução social, interferência dos sectores militar e eclesiástico, oposição à luta de classes, apelo à solidariedade viril dos combatentes, recurso a grupos de acção especiais semelhantes a comandos, aparecimento de novas personagens, muitas vezes ex-revolucionários adeptos da defesa nacional – como B. Savinkov, por exemplo –, anti-semitismo, infiltração desestabilizadora no aparelho do Estado, uso de violência contra órgãos democráticos, denúncia da fraqueza dos dirigentes e ingerência activa dos governos aliados.

Não se aludia à monarquia e muito menos aos Romanov; mas, no curto espaço de seis meses, o pensamento evoluíra de tal maneira que os homens que se agruparam para restabelecer de certo modo um czarismo sem czar chamaram Centro Republicano à respectiva organização.

Kerenski destituiu o general Alekseiev, demasiadamente comprometido com o anterior regime e depois o general Brussilov que, aberto às reformas, perdera a confiança dos correligionários; em seu lugar, nomeou Kornilov, um general «republicano», republicano esse que apenas pensava em hostilizar os sovietes e que era o candidato do Centro Republicano, um candidato à ditadura.

«Espero que seja bem sucedido» – comentou Alexandra para o marido, ao saber do que se tramava por intermédio da Ana Virubova e dos círculos monárquicos. «Também eu» – replicou Nicolau.

No começo do Verão de 1917, Kerenski procurou tomar as rédeas das forças armadas e restabelecer a pena de morte na frente a fim de repor a disciplina; aquela, aliás, nunca foi aplicada. «Contanto que tal medida não tenha sido tomada demasiado tarde» – observou o ex-czar.

Redobrando ânimo, os monárquicos procuravam há várias semanas montar uma operação que salvasse Nicolau e respectiva família. «Abençoada seja a Santa Imagem se ele concordar que o império se subleve» – propôs N. Markov, pessoa chegada a Ana Virubova. Em resposta, Alexandra e Nicolau enviaram-lhe o ícone de São Nicolau, *o Taumaturgo*. Mas tanto esse Markov como o outro S. Markov, pertencente ao Centro Republicano e que parece ter arquitectado uma trama para libertar Nicolau, nada puderam fazer. O grupo procurou apoios no estrangeiro, nomeadamente em Londres, onde então se encontrava Dmitri Pavlovitch, um dos assassinos de Rasputine – o que garantia a credibilidade de tais projectos. Buscou também auxílio em Madrid, Nice e Lausana, onde foram impressos os primeiros panfletos apelando ao regresso de Nicolau. Na Crimeia, a imperatriz-mãe e os grão-duques Nicolau e Miguel conseguiam organizar também um grupo de acção formado pela condessa Keller, barão Korf e o senador Taneiev, pai de Ana Virubova. Distribuíram-se assim em Ialta os panfletos *Vperiod za tsaria i Sviatouïou Rous* («Avante pelo czar e pela Santa Rússia!»).

Com a revolta de Julho, que escapou aos próprios bolcheviques e visava o derrube do governo Lvov-Kerenski, avolumou-se a ameaça que pairava sobre a família imperial. As acusações contra Lenine e contra os bolcheviques, agentes a soldo da Alemanha, conduziram à viragem de certos núcleos de soldados, o que fez abortar a insurreição. Único a deter o poder, Kerenski pensou ser necessário colocar a família imperial ao abrigo de uma nova investida popular, tão imprevisível como a do mês de Julho; também não seria de excluir um golpe monárquico. Tais razões militavam a favor de um local de exílio mais distante. Não na Crimeia, onde a opinião pública dificilmente admitiria que o ex-imperador fosse ocupar de novo um palácio e onde a Marinha, de pouca confiança, tanto poderia executá-lo como libertá-lo. Kerenski pensou então na Sibéria Ocidental, em Tobolsk, por exemplo, longe dos perigos, quer da revolução, quer da reacção.

O historiador soviético G. Ioffe descobriu o telegrama que fixava a partida de toda a família para o seu longínquo destino:

«Comboio especial cujo destino é vosso conhecido partirá a 31 de Julho, chegando a 3 a Tiumen. Com tal objectivo, preparai para esse dia o barco a seguir para Tobolsk e o respectivo alojamento.»

Uma escolta de trezentos e trinta soldados e oficiais garantiria a segurança da transferência, a efectuar sob a égide e sob o pavilhão da Cruz Vermelha japonesa. O governo autorizou Miguel despedir-se de Nicolau antes da partida para o exílio. Kerenski achava-se presente e para que ambos pudessem conversar à vontade, disse: «Tapo as orelhas e nada ouvirei. Vamos, podem falar!» Afastou-se para o vão da janela, deixando-os a sós.

Em Tobolsk não houve revolução de Outubro

Tobolsk não conheceu a insurreição de Outubro ou, falando com maior rigor, o poder bolchevique só aí se instalou bastante mais tarde. Se acaso fosse necessário atribuir uma data a esse acontecimento, a de 15 de Abril de 1918 seria sem dúvida a mais exacta.

A realidade dos factos é bem mais complexa, porém. Com efeito, as diferentes parcelas do império não evoluíram todas da mesma maneira. No sentido da radicalização, foi Petrogrado que abriu o caminho e Tobolsk que o fechou. Assim que Kerenski expediu Nicolau e a família para longe das tormentas pressentidas, logo estalou o golpe do general Kornilov, que Kerenski não previra, pois ele mesmo o nomeara para o comando supremo dos exércitos russos.

A réplica foi instantânea. Partiu do próprio Kerenski, que apelou para os sentimentos da população e que se valeu sobretudo da rede de sovietes e de conselhos revolucionários de todos os tipos constituídos na capital depois da revolução de Fevereiro. Em seguimento às jornadas de Julho e à concomitante repressão, os bolcheviques tinham passado à clandestinidade; Lenine vivia escondido, mas os operários e os soldados bolcheviques ficaram ao mesmo tempo surpreendidos e indignados pela acusação de agente da Alemanha dirigida ao seu partido. Com o *putsch* de Kornilov e o apelo do governo menchevique e socialista-revolucionário lançado «a toda a gente», os bolcheviques surgiram à luz do dia. Tinham previsto a reacção militar e pelo facto de se revelarem exactas as análises e os prognósticos dos seus dirigentes, a força do partido duplicou no seu seio dos sovietes; em Petrogrado, nomeadamente, foi um bolchevique, o ex-menchevique L. Trotski a ser eleito presidente.

A derrota de Kornilov deveu-se a todos os partidos socialistas. Não obstante o êxito conseguido, a posição de Kerenski enfraqueceu, deixando este de poder apoiar-se nos elementos moderados e no KD para se opor ao crescente poder dos bolcheviques. Ao radicalizar-se, a rede de sovietes principiou a constituir um Estado paralelo, ao qual faltava porventura uma força orientadora que, em Outubro, seria o partido bolchevique. Inversamente, o Estado legal dispunha sem dúvida desse guia – o governo provisório mas os diversos órgãos não respondiam às suas ordens visto os sovietes dominarem a vida do país.

Em Petrogrado, em outras cidades e nos exércitos, os bolcheviques eram agora maioritários nos sovietes de deputados, de conselhos de fábricas, de conselhos de bairros, etc. Puderam assim tomar o poder e consolidar-se graças a uma sublevação armada que, de certo modo, assinalou o seu domínio do país.

Em muitas regiões, porém, na de Tobolsk nomeadamente, a direcção do soviete de deputados não pertencia aos bolcheviques, mas sim aos mencheviques e aos socialistas-revolucionários. Era este o panorama quando Nicolau e a família para aí foram levados, situação que se manteve até depois de Outubro. Em Tobolsk, o poder efectivo pertencia a uma comissão de salvação, em cujo seio existia reduzido número de bolcheviques. Nomeado por Kerenski para garantir a vigilância do ex-imperador, V. Pankratov proporcionou a Nicolau e à família um regime tolerante, com passeios escoltados à cidade e algumas visitas de membros do clero – a ponto de os soldados incumbidos da vigilância se sentirem isolados e como que prisioneiros numa terra hostil. Estes transmitiram a Petrogrado tais informes, pressentindo que o ambiente tornaria possível a fuga dos Romanov. «Nós morreremos, mas eles daqui não sairão vivos» afirmaram os soldados à comissão revolucionária provisória dirigida por Sverdlov. Conseguiram assim a transferência de V. Pankratov, que foi substituído pelo comissário Pignetti. As coisas pouco mudaram, porém, e os bolcheviques do Ural, mais poderosos em outras cidades do que em Tobolsk, espantavam-se pelo facto de, sem que o poder reagisse, se estabelecerem tantas relações entre o ex-imperador e visitantes cujos propósitos pareciam por demais evidentes.

A correspondência da czarina com Ana Virubova testemunha a enorme passividade de Nicolau II face a tudo quanto lhe sucedia. Existe uma vintena de cartas remetidas de Tobolsk por Alexandra à sua confidente Ana Virubova, a maioria escrita em russo, algumas em inglês e uma delas em eslávico antigo. Todas possuem idêntico cunho místico e traduzem o mesmo amor. Alexandra dirige-se à amiga encarcerada:

«Minha querida mártir, mal consigo escrever, amo-te, todos nós te amamos, te agradecemos, te abençoamos e nos inclinamos perante ti. Beijamos a chaga da tua fronte e os teus olhos cheios de dor. Não encontro palavras certas para exprimir o que sinto, mas tu sabes e eu sei e a distância não modifica o nosso amor... Nossas almas encontram-se unidas e compreendemo-nos ainda melhor através do sofrimento. Os meus abençoam-te e rezam por ti todos os dias (...) O amor não conhece distâncias e, tanto em pensamento como pela oração, não deixamos de estar sempre contigo. Vivemos longe de tudo, tranquilamente, e lemos as notícias sobre os acontecimentos ímpares que se produzem no país. Viveis nesse pavor e isso basta. Não autorizam aqui a entrada de ninguém. Faz um frio terrível – vinte e três graus negativos. Gelamos dentro de casa, o vento sopra através dela e temos frieiras nos dedos. O teu cãozinho Jimmy está a meu lado enquanto toco piano. Procuramos representar farsas francesas, que nos distraem e são um bom exercício de memória. Também jogamos às cartas. Ele lê para nós e eu dou lições às crianças, pois não permitem a vinda do padre. Tens lido a Bíblia que te ofereci? Há edições mais completas, dei uma às crianças e adquiri outro exemplar que contém palavras admiráveis de Jesus e belos exemplos da sabedoria de Salomão. Procuro tudo quanto possa aplicar-se ao nosso caso e esses salmos aliviam-me.

«Ele é surpreendente; sofre, mas tem grande força de carácter. Espanta-me vê-lo assim. Todos os outros membros da família se mostram corajosos e nunca se queixam.»

Em Janeiro de 1918, a ex-imperatriz recebe a notícia de que Ana Virubova travou conhecimento com Gorki e que este se propõe interceder a seu favor. Escreve então à amiga: «Sê prudente, minha querida. Admira-me que o tenhas conhecido. Era um homem horrível, um anormal e escrevia peças e livros repugnantes. Combateu o Papa e a Rússia quando esteve em Itália. Será a mesma pessoa?» Em finais de Janeiro, recomenda de novo: «Sê prudente com as pessoas que vão visitar-te. Estou muito preocupada por causa de Bitter (Gorki, o «amargo», *bitter*, em inglês), que edita um jornal* medonho. Não digas

---
* Trata-se de *Novaia Zizn*, jornal da esquerda menchevique, favorável aos bolcheviques até Outubro e depois hostil a eles.

nada de comprometedor em frente dele nem acerca de tuas amigas, que poderão ser perseguidas. Bitter é um autêntico bolchevique. Tudo corre melhor por aqui, pois permitiram a vinda de um padre».

A chegada desse padre e as relações com o bispo de Tobolsk terão depois as suas consequências.

Que se tramaria exactamente e por que motivo não reagiu o poder bolchevique? Não lhe foi possível fazê-lo em boa verdade. Por exemplo, não conseguiu transferir o czar para Kronstadt, como o exigiam os seus adeptos mais determinados. Pensava-se que nada sucederia até ao degelo dos rios, permanecendo o czar bloqueado pelo menos até à Primavera. Em Moscovo, a nova capital, declarou-se repetidas vezes que «o problema do ex-czar não estava na ordem do dia».

Os Alemães entre monárquicos e bolcheviques

De facto, faziam-se e desfaziam-se ligações nos meios monárquicos, os quais reuniam verbas de grande vulto – para cima de duzentos mil rublos, segundo Beckendorff e talvez mais cento e setenta e cinco mil. O clero de Tobolsk, encabeçado pelo bispo Hermógenes, fundara uma verdadeira rede informativa, que procedia aos contactos e comunicava com a família imperial. Em Janeiro de 1918, o diário de Alexandra alude a «Iarossinski, que não nos esqueceu». Iarossinski financiara outrora os hospitais de que Maria e Anastásia eram protectoras. No mês de Março, Alexandra anota os seus receios pela sorte de Boris Soloviev, genro de Rasputine, em quem, como é natural, depositavam confiança; segundo se dizia, Soloviev planeava algo para salvar o ex-imperador e a família. Formara-se também um grupo monárquico em redor do ex-senador Tugan-Baranovski, que alugara casa em frente da residência do governador habitada pela família imperial. Preparava-lhe a fuga escavando um túnel entre as duas casas. Antes de concluído este, porém, os prisioneiros foram transferidos para Ekaterinburgo.

No entanto, a operação de salvamento mais importante era da autoria do movimento denominado Centro-Direita (*Pravy Tsentr*), à frente do qual se encontravam homens como Krivocheine, Gurko, A. Trepov, o general Ivanov, a princesa Pavlona e aqueles que, no 1.º de Março, tinham proposto publicar um manifesto com vista ao estabelecimento da monarquia constitucional. S. Markov associara-se-lhes e estabelecia o contacto com Ana Virubova e com o clero de Tobolsk. Mas uma dupla divergência interna impedia os elementos do grupo de agir: alguns deles consideravam nula a abdicação; outros aceitavam-na, mas estavam divididos quanto à figura do regente do jovem Alexis, sendo quer partidários de Miguel, quer de Paulo, quer de outros ainda. A outra desinteligência opunha os adeptos da *Entente* aos germanófilos.

Com a abertura e o desenrolar das negociações de Brest-Litovsk, os germanófilos acharam-se em melhor posição para negociar sub-repticiamente com os representantes do *Kaiser* instalados em Moscovo. «Os monárquicos russos precipitaram-se» – afirmou o major F. Bothmer. Propunham restaurar a monarquia por meio da colaboração económica, de que serviriam de penhor, dados os vínculos, os de Iarossinski, sobretudo, que os uniam aos bancos alemães. Mas Guilherme II opôs-se-lhes terminantemente – antes do mais, teriam de chegar a bom termo as negociações com os bolcheviques, o que deixaria livres as tropas alemãs para poderem virar-se para Oeste. O *Kaiser* comunicara já ao rei da Dinamarca o seu parecer: qualquer ajuda à família Romanov, mesmo apenas de estrita natureza humanitária, poderia ser considerada como tentativa de restauração do czarismo, o que comprometeria irremediavelmente o processo de paz. Em Moscovo, o conde Mirbach repetia tal opinião a todos aqueles que, através do Centro-Direita, teciam os fios para libertar os Romanov. De momento, não se pensava no derrube dos bolcheviques; só mais tarde, depois de assinada a paz, os Alemães ajudariam porventura os monárquicos a organizarem-se e a preparar a restauração.

Contra ventos e marés, dadas as exigências da Alemanha e a oposição da grande maioria dos Russos a tais concessões, Lenine e Trotski, Kamenev e Ioffe assinaram por fim a paz de Brest-Litovsk em Março de 1918. Ao mesmo tempo, nos começos de Abril, os bolcheviques atingiam a maioria na comissão executiva do soviete do Ural. Dissolveram a Duma local e também os *zemstvos* e tomaram o poder. Os dois acontecimentos não tinham nenhuma relação aparente; contudo, ambos se relacionaram com o destino da família imperial, pois, no momento em que os monárquicos, com a ajuda dos Alemães, julgavam arquitectar com êxito uma operação para salvá-la, os bolcheviques do Ural pensavam ser necessário eliminar a ameaça permanente da fuga do ex-imperador. Desta vez, Pignetti e, em Moscovo, Sverdlov consideraram que tal problema estava na ordem do dia. A 2 de Maio, o *Praesidium* do Comité Central decidiu transferir os Romanov para Ekaterinburgo.

Tentativa intrigante: a missão de Iaroklev

Entrementes, verificou-se o primeiro dos inexplicáveis acontecimentos deste caso, ou seja, a missão de que foi incumbido Iaroklev, o mesmo homem que participara no encarceramento do czar em Tsarskoie Selo em conjunto com Mstislavski. Em Abril, encarregado dessa tarefa por Sverdlov, Iaroklev, com um grupo de trinta soldados e quatro metralhadoras, deslocou-se para Ufa, Ekaterinburgo e Tobolsk, encarregue de proceder à transferência da família Romanov. Não estava autorizado a dizer para onde seria levada e afirmou desconhecer tal pormenor pois as instruções ser-lhe-iam comunicadas *pari passu*.

Mas todos os géneros de contratempos dificultaram o plano previsto: o jovem Alexis teve uma crise de hemofilia, não podendo viajar de momento, reinava a insegurança na zona, onde as várias cidades disputavam entre si o domínio das comunicações, dos abastecimentos, etc., muitas vezes à mão armada, enquanto presença de tropas irregulares mais contribuía para a desordem. A partida efectuou-se assim em dois comboios, seguindo no primeiro o ex-imperador e no segundo Alexandra e restantes familiares. Esta movimentação suscitou a desconfiança dos diversos organismos e das forças militares estacionadas na região, provocando marchas e contramarchas, umas vezes em direcção a Moscovo, outras a Omsk, na altura parcialmente dominada pelos socialistas-revolucionários.

Ao fim e ao cabo, após uma aventura de cinco dias, V. Iaroklev atingiu Ekaterinburgo escoltando a família imperial e entregou-a a Beloborodov, a Golochtchekine e aos outros membros da comissão executiva do Ural. Sob vigilância aturada, o czar foi encerrado na casa que seria a sua última morada.

Tudo é confuso nesta história, conquanto certos pormenores estejam bem confirmados:

– A czarina, o czar e os filhos convencem-se de que os conduzem a Moscovo e daí para um local seguro na Escandinávia ou em Inglaterra. V. Iaroklev dera-lhes a entender tal coisa sem o dizer explicitamente.

– À chegada a Ekaterinburgo, V. Iaroklev garante (tendo provas disso) que sempre esteve em comunicação directa com Sverdlov (ou com Lenine) durante toda a operação, seguindo-lhes as instruções.

– A missão pode considerar-se um fracasso devido às condições locais que impediram Iaroklev de dirigir-se para um outro lugar e não para Ekaterinburgo, onde, com a concordância de Moscovo, entrega os Romanov ao soviete local.

– Iaroklev desaparece então e, em seguida, pretende juntar-se aos socialistas-revolucionários, sua família política de origem.

O caso obscurece-se assim, pois o desvio para Omsk, onde os brancos imperavam, permanece em parte inexplicável. A referência a Riga, feita por diversas vezes, deixa supor que a partida para a Escandinávia se faria através de um porto dominado pelos Alemães. Além disso, em viagem, a czarina escreve ter-se avistado com Sedov, um dos emissários de S. Markov e ligado a B. Solviev e a outros monárquicos. Para os Soviéticos, Iaroklev foi um traidor. Mas será assim tão simples como isso?

Adiantemos uma dupla hipótese que poderá conferir certa dose de inteligibilidade à aventura mal explicada e assaz estranha.

Em Abril de 1918, a seguir à paz de Brest-Litovsk, a pressão alemã torna-se bastante forte e, do mesmo modo que Guilherme II fez jogo duplo com monárquicos e bolcheviques, também Lenine, Trotski e Sverdlov jogaram com um pau de dois bicos com os Alemães e com os Aliados. A primeira interferência dos Ingleses em Murmansk não é apenas antibolchevique, pelo menos de início, tendo por fim impedir também que o poderio germânico se estendesse para norte e para a Finlândia. Trotski e Sadoul sabem-no e prestam bom acolhimento a essas tropas que desempenham o papel de contraforça. Promover a fuga do czar pelo norte, com passagem por Moscovo ou por outro local, não é uma hipótese inimaginável tratando-se de garantir o exílio no estrangeiro. Ninguém em Moscovo evocara verdadeiramente a execução de Nicolau, pensando-se, quando muito, em julgá-lo. Seria essa a incumbência de Iaroklev? Terá ele querido salvar-lhe a vida por todos os meios, mesmo por meios não previstos?

Uma segunda hipótese é a que, pelo contrário, Sverdlov, com a concordância dos Alemães, tenha arquitectado a fuga dos Romanov, passando por Riga e pela Escandinávia, para Inglaterra, o que escandalizaria menos a opinião pública – se acaso tomasse conhecimento do facto – e também o próprio czar, que pensava que queriam obrigá-lo a negociar com os Alemães, ideia a que se opunha. Via em Iaroklev um agente bolchevique e germânico. Talvez não errasse, aliás. Ignorava, porém, as relações que os Alemães mantinham com os seus próprios adeptos.

Seja como for, não existem provas, não há nenhuma certeza, são escassos os indícios. E Iaroklev conseguiu desaparecer.

O facto mais perturbador é que, aos poucos, à medida que a investigação prossegue, os vestígios se tornam cada vez mais incertos e impossíveis de discernir, achando-se o investigador como que perdido no meio de uma floresta enorme envolta em nevoeiro tão espesso que lhe impede a visão.

Os últimos escritos de Nicolau II

O ex-imperador relatou a chegada a Ekaterinburgo:

«*17 de Abril, terça-feira*: o dia foi quente e magnífico. Chegámos a Ekaterinburgo às oito e quarenta. Permanecemos três horas na estação. Os nossos e os comissários locais embrenharam-se em acalorada discussão. Por fim, estes últimos levaram a melhor e o comboio onde viajámos foi desviado para o cais das mercadorias. Através de ruas desertas, conduziram-nos à casa que nos foi destinada – a casa Ipatiev.

«É uma casa bonita e limpa. Reservaram-nos quatro grandes salas: um quarto de esquina, uma casa de banho, uma casa de jantar cujas janelas deitam para um jardinzito e de onde se avista a zona baixa da cidade e, por fim, um amplo salão (...) A revista da bagagem foi feita com extremo rigor, uma autêntica inspecção alfandegária. Examinaram tudo, até mesmo os mais insignificantes frascos da farmácia de viagem de Alexandra. Perdi as estribeiras e disse asperamente o que pensava ao comissário (...)

«*18 de Abril*: Dormimos muitíssimo bem... depois ouvimos passar um desfile com acompanhamento musical, desfile comemorativo do 1.º de Maio (o diário de Nicolau é datado ao estilo antigo, com treze dias de atraso relativamente ao calendário gregoriano). Não nos deixaram sair para o jardim. Tomámos ar através das persianas.

«*21 de Abril*: Sábado Santo (...) Autorizaram-nos a visita de um padre e de um diácono. As oito horas, estes disseram missa pascal, bem e rapidamente. Mesmo em tais condições, representou grande consolo a prece e ouvir as palavras "Cristo ressuscitou". Os soldados da guarda assistiram ao ofício religioso.

«*1 de Maio*: (...) Ao meio dia, substituíram a guarda, composta agora por russos e letões (...) Informaram-nos de que só poderíamos passear durante uma hora por dia "para que o regime se assemelhe ao de uma prisão" e depois um velho lambuzou com cal as vidraças de todas as divisões. Os comissários vigiam-nos enquanto passeamos».

O diário torna-se cada vez mais esporádico. No mês de Maio, pode ler-se ainda:

«*28 de Maio*: Dia quente. No alpendre, abrem a nossa bagagem proveniente de Tobolsk. Tiram dela os diversos objectos, o que faz supor que levarão para casa os que lhe agradem; e também que nunca mais veremos os nossos pertences – uma acção abominável.

«Também mudou a maneira como nos tratam; os carcereiros fazem questão em nos não dirigirem a palavra. Sentimo-los inquietos, receosos de qualquer coisa. Não se percebe (...)

«*21 de Junho*: A guarda mudou. Andreiev, tão desagradável, foi substituído por Iurovski. Tirou-nos as jóias e voltou a trazê-las dentro de uma caixa cujo conteúdo nos pediu que verificássemos, depois do que a selou; deu-no-la em seguida a guardar. Iurovski percebeu que as pessoas que nos cercavam ficavam com a maior parte das provisões a nós destinadas. Estou a ler o sétimo tomo das obras de Saltikov-Chtchedrine, que muito aprecio.»

A última anotação no diário tem a data de 30 de Junho:
«Alexis tomou o primeiro banho desde que viemos de Tobolsk. Está melhor do joelho, mas ainda não consegue dobrar a perna por completo. O tempo é suave e agradável. Nenhuma notícia do exterior».

Poucos dias depois, o ex-imperador era executado.

IV
ACONTECIMENTO HISTÓRICO OU PEQUENA NOTÍCIA – UMA MORTE ENIGMÁTICA

As peças do enigma

1989 – «Moscovo reza pelo czar inocente», «Os Russos devem saber a verdade sobre a morte do czar». Estes títulos de jornais soviéticos, inimagináveis há alguns anos atrás, dizem bem das exigências de conhecimento da verdade de um povo a viver agora sob o signo da *glasnost*. Todas as oportunidades são boas para erguer parte do véu que oculta a «história interdita», a dos primórdios do regime soviético.

Em Abril de 1989, nos *Moskovskie Novosti*, o escritor Gueli Riabov afirmava ter descoberto, dez anos antes, os cadáveres dos Romanov, os crânios pelo menos, garantindo não terem sido destruídos por meio de ácido, mas sim enterrados longe de Ekaterinburgo. É bem clara a conveniência de tal «descoberta»: tratando-se de facto dos corpos dos membros da família imperial, torna-se possível recuperá-los, dizer missa de defuntos e honrar-lhes a memória, como declararam o pope Vadim e Vladimir Anichenko, um dos dirigentes da comissão de reabilitação do antigo czar[*].

Em Maio de 1989, nos números 4 e 5 de *Rodina*, o referido Gueli Riabov publicou um extenso artigo citando excertos inéditos da confissão de Iurovski, o responsável pela execução dos Romanov e chefe da guarda da casa Ipatiev, a «casa de destino especial» onde aqueles foram mortos. A confissão parece ter sido redigida em Julho de 1920, ou seja, dois anos após o assassínio. Nos citados números de *Rodina*, o historiador G. Ioffe, especialista do período em causa, interroga-se demoradamente sobre as circunstâncias da execução, sobretudo quanto ao problema das responsabilidades – locais ou centrais.

---

[*] A 12 de Novembro de 1989, foi fundado o partido Ortodoxo Monárquico Constitucional da Rússia (o PKMPR) num mosteiro da região de Moscovo.

É certo que o desejo de conhecer a verdade, desejo inocente ou não, explica o reaparecimento de testemunhos e de documentos sobre o sucedido, de que os Russos se viram privados. Mas esses artigos sensacionais esclarecerão algo para além do que já se sabe, pelo menos no Ocidente? Além disso, poderá garantir-se que a versão do assassínio dos Romanov chegada ao mundo ocidental corresponde ao que de facto se passou? As confissões de Iurovski, por exemplo, conquanto figurem nos arquivos, serão mais dignas de crédito do que as outras de que a história russa está recheada? Neste enigma, testemunhos e depoimentos são por vezes rigorosamente contraditórios; e todos eles fazem parte dos arquivos.

Quais são ao certo, porém, as fontes informativas de que se dispõe? Sobre o assassínio propriamente dito, o documento principal foi durante muito tempo o inquérito publicado por N. Sokolov, um dos juízes incumbidos em 1919 de instaurar o processo, que veio a lume sob o título de *Inquérito Judicial sobre o Assassínio da Família Imperial Russa**. Anteriormente, o chefe de Sokolov, o general Dieterichs, publicara em 1922 o documento *Oubiistvo Tsarskoi Semi* (O assassínio da família imperial) e fornecera as conclusões da referida instrução num artigo da *Revue des Deux Mondes* em Agosto de 1920.

Do lado dos vermelhos, a peça mestra é constituída pelo artigo do opúsculo de P. Bikov intitulado *Robotchaia Revolioutsia na Ourale* («A Revolução Operária no Ural»), editado em Ekaterinburgo em 1922, depois refeito e ampliado em 1926 sob o título de *Poslednie dni Romanovykh*** («Os Últimos Dias dos Romanov»). P. Bikov foi um dos membros do soviete de Ekaterinburgo que ordenaram a execução aquando dos acontecimentos da Primavera de 1918.

Tal como se viu, estes dois conjuntos de textos apresentam pontos comuns e com eles se arquitectou ulteriormente a vulgata do caso.

Entretanto, o aparecimento de uma jovem que dizia ser Anastásia, filha do czar, «a única a fugir ao massacre», veio alimentar a crónica desses mortos sem sepultura. No entanto, peritos consagrados afirmam que as condições da execução foram de molde a não dar hipóteses de fuga a ninguém. Tida por impostora (sem que o admitisse, porém), o «caso de Anastásia» transitou dos acontecimentos políticos para a rubrica das pequenas notícias.

Era essa ainda a situação em 1975 quando dois jornalistas da BBC, Summers e Mangold, conseguiram apoderar-se do texto completo da instrução, de onde Sokolov extraíra o trabalho atrás referido. Analisando tais dados, os jornalistas demonstraram que o «Inquérito...» publicado em 1924 por Sokolov eliminara sistematicamente os documentos susceptíveis de apoiar a tese da sobrevivência das filhas e da

---
* Edições Payot, Paris, 1924, 324 páginas.
** Sverdlovsk, 136 páginas.

mulher do czar. Com efeito, omitira-se que o comunicado do anúncio da execução do czar acrescentava: «Sua mulher e filhas foram enviadas para local seguro».
Qual o valor de tais asserções?
Poder-se-á avaliá-lo melhor agora que o processo quase completo foi publicado na Alemanha por Nicolau Ross sob o título de *Guibel Tsarskoi Semi** («O Assassínio da Família Imperial»). Em volume, o inquérito publicado por Sokolov corresponde a cerca de um décimo do publicado por Ross, o que dá a medida do interesse desta última publicação, elaborada com enorme cuidado.

Estes documentos, tal como os anteriores, fornecem elementos para uma análise dos dados imediatos ao assassínio visto constituírem peças da instrução do processo; mas não permitem, por si sós, enquadrar politicamente o problema. Para tanto, tornam-se necessários outros testemunhos e a consulta de outros arquivos.

Mas vejamos em primeiro lugar os informes respeitantes ao fim que tiveram os Romanov e às circunstâncias que o envolveram.

Anúncio da morte de Nicolau II e suas circunstâncias

> «Na noite de 16 para 17 de Julho, em Ekaterinburgo, por decisão do *Praesidium* do soviete regional de deputados operários, camponeses e do Exército Vermelho da região do Ural, foi fuzilado o ex-czar Nicolau Romanov II; esse criminoso coroado vivera já demasiado graças à benevolência da revolução...»

Na página três do mesmo número de *Ouralski Rabotchi* de 23 de Julho de 1918, podia ler-se também na rubrica «Telegramas»:

> «Moscovo,
> «O presidente Sverdlov anuncia ter recebido por linha directa o telegrama informando-o da execução do ex-czar Nicolau Romanov. Recentemente, o perigo da aproximação das tropas checoslovacas constituía séria ameaça para Ekaterinburgo, capital do Ural vermelho. Ao mesmo tempo, descobrira-se nova conjura contra-revolucionária, que visava arrancar o czar das mãos daqueles que o detinham, ou seja, o soviete daquela região. Assim, o seu *Praesidium* decidiu executá-lo a 16 de Julho. A mulher e as filhas de Nicolau foram enviadas para local seguro e os documentos relativos à referida conjura remetidos para Moscovo por correio especial. Em data recente, fora proposto que se elaborasse o processo do czar respeitante a todos os crimes por ele cometidos, mas as circunstâncias impediram que o tribunal se reu-

---

* Edições Posev, 1987.

nisse. Depois de o *Praesidium* ter debatido os motivos que levaram o soviete do Ural a decidir o fuzilamento dos Romanov, o comité Central executivo considerou que o soviete do Ural agiu correctamente».

Em Moscovo, a 20 de Julho o *Izvestia* juntava à notícia o seguinte comentário: «por meio deste castigo revolucionário, a Rússia soviética fez um aviso a todos os seus inimigos que pensem restaurar o antigo czarismo ou que ousem mesmo ameaçá-la de armas em punho».

Como se viu, este primeiro texto relaciona a execução com a ameaça de uma conjura ou de um rapto (novas tentativas idênticas à de Iaroklev?). Menciona a chegada de tropas checas, mais ou menos ligadas aos brancos, que intentariam porventura raptar o ex-imperador. O texto está redigido de modo tal que a iniciativa e a modalidade de execução pareçam ter partido das autoridades locais: («o soviete do Ural agiu correctamente»). Há que verificar todos estes pontos.

Em 1930, o agente inglês Bruce Lockardt afirmou ter sido a primeira pessoa a tomar conhecimento do ocorrido por intermédio de Karakhan, vice-ministro dos Negócios Estrangeiros e adjunto de Tchitcherine, comissário do povo nesse ministério: «A primeira informação que recebi, na noite de 17 de Julho, referia-se à atitude oficial do governo acerca do crime. Foi minha impressão pessoal a de que, alarmado pela aproximação das tropas checas já em guerra declarada com os bolcheviques, o soviete local tomou o iniciativa da execução, atitude aprovada pelo governo central. O certo é que este não desaprovou nem censurou (...). Diante de nós, Karakhan patenteou a sua desaprovação, alegando circunstâncias atenuantes».

Tais circunstâncias eram de facto dramáticas para o governo e mais ainda para os bolcheviques da zona do Ural. Com efeito, em toda a sua história, nunca o poder comunista conheceu tamanho perigo, nem mesmo a seguir, em 1919, com as vitórias do almirante Koltchak.

Em Junho e Julho de 1918, os bolcheviques dominavam apenas uma área territorial semelhante à de antiga Moscóvia, escapando-lhes o resto do país. Desde Abril de 1918 que a Ucrânia se achava nas mãos do *hetman* Skoropadski, controlado pelos Alemães. Em Kiev, refugiavam-se inúmeros monárquicos russos, como P. Miliukov, antigo ministro dos Negócios Estrangeiros, que negociava com aqueles e também com o exército de voluntários dos generais Alekseiev e Denikine, assim como com o *ataman* Krasnov; em conjunto, estes imperavam em todo o sul do país até ao Cáspio. Na Sibéria Ocidental, abrira-se outra frente de guerra civil. Aí, os membros da antiga assembleia constituinte dissolvida por Lenine *manu militari* associavam-se aos contra-revolucionários de bom ou de mau grado e procuravam formar um exército clandestino. Fez nascer tal projecto um acontecimento imprevisto: a revolta dos soldados checos, ex-prisioneiros da guerra austro-húngara, autorizados por Trotski a deslocarem-se para Vladivostoque. Contudo, face à desordem geral e à má vontade e à desconfiança dos sovietes locais mais ou menos bolcheviques, os soldados tomaram Omsk auxiliados por ferroviários antibolcheviques. Pouco a pouco, esse exército checo do general Gaida tornou-se a única força verdadeiramente organizada nessa zona da Sibéria. No período que vai de fins de Junho a começos de Julho de 1918, os soldados checos, apoiados pelos Aliados a partir de Vladivostoque, não cessaram de fortalecer-se, ocupando aos poucos as diversas estações do Transiberiano. De Omsk, marcharam então para Ekaterinburgo, onde residia a família imperial.

Ao mesmo tempo, grupos clandestinos esparsos, também socialistas-revolucionários, travavam luta contra os «usurpadores» bolcheviques, actuando à semelhança do que haviam feito no período anterior a 1914: incursões punitivas e greves de massa – tal como em Ijevsk – com a ajuda dos democratas e da pequena burguesia, vítimas dos excessos dos guardas vermelhos. Nesses grupos, figurava Boris Savinkov, antigo terrorista dos anos de 1900 a 1905, depois ministro de Kerenski e aliado de Kornilov, que fundara a União para Defesa da Mãe-Pátria e da Liberdade. Mais ou menos ligado ao general Denikine, a sua rede cobria quase toda a Rússia e tinha o apoio dos serviços secretos franceses que, a partir de Arcangelsk, no Grande Norte, deveriam auxiliá-lo na projectada marcha sobre Moscovo. Mas, no momento próprio, a ajuda francesa falhou e Boris Savinkov, sozinho, apoderou-se de Iaroslav pela surpresa, operação essa sem continuidade. Os festejos organizados em sua honra e a consternação face à retomada da cidade pelos bolcheviques revelam a impopularidade do regime nas pequenas cidades da província.

No mapa, pode ver-se que as cidades de Iaroslav, de Ijevsk e de Omsk se situam na mesma área de Ekaterinburgo, onde estava presa a família imperial. Todos os acontecimentos em questão se verificaram no mês de Junho e no começo de Julho, sendo Iaroslav tomada a 6 de Julho de 1918. Nesse mesmo dia, os socialistas da esquerda revolucionária, participantes no golpe de estado bolchevique de Outubro e na dissolução da assembleia constituinte, mas hostis à paz de Brest-Litovsk – traição ao proletariado alemão, visto a paz reforçar o poder do *Kaiser* – perpetraram um atentado contra Mirbach, embaixador de Alemanha junto dos sovietes, lançando de seguida um ataque contra a Tcheca, com o objectivo evidente de renovarem a guerra revolucionária contra os Alemães, que restabeleciam o antigo regime nos territórios ocupados.

O conjunto de todas estas circunstâncias justifica a medida tomada pelo soviete de Ekaterinburgo, directamente ameaçado pelo avanço dos checos. O czar é executado a 16 de Julho e os vermelhos evacuam a cidade nos dias subsequentes, «sendo a comissão executiva do soviete a última a abandonar a cidade, tal como o comandante de um navio, na noite de 25 de Julho», rumo a Perm.

A região do Ural no Verão de 1918

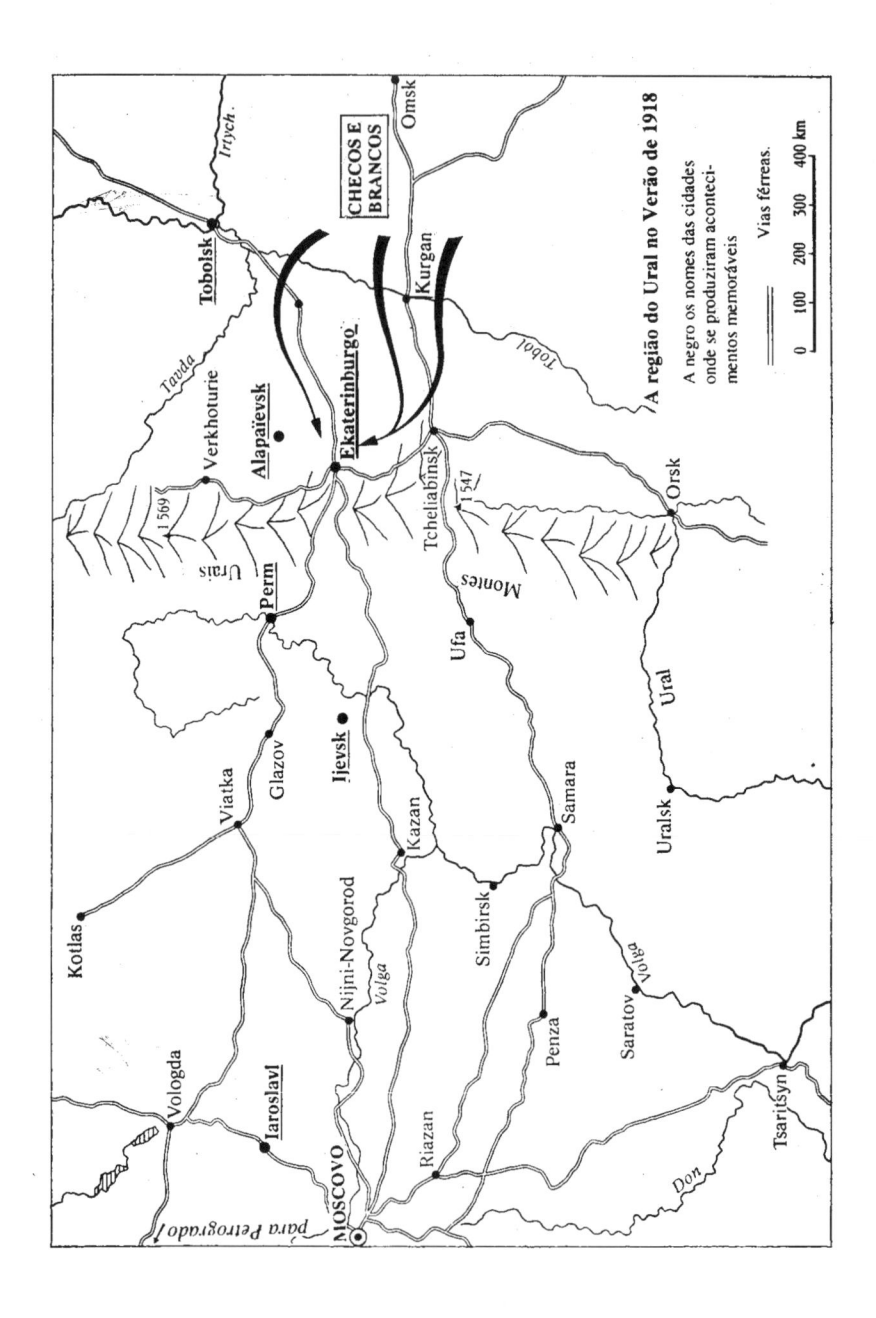

CHECOS E BRANCOS

A negro os nomes das cidades onde se produziram acontecimentos memoráveis

Vias férreas.

0 100 200 300 400 km

Mas, só por si, as circunstâncias desse mês de Julho não justificam o assassínio da família imperial; contudo, explicam duas facetas, pelo menos: a improvisação e o momento. Não há dúvida de que pairava no ar a ideia de abater os Romanov. No dia 4 de Março de 1918, por exemplo, «exigiram» a execução os bolcheviques da cidade de Kolonma, pois «as burguesias alemã e russa restabelecem o regime czarista nas zonas que ocupam». Também em Moscovo surgira por diversas vezes a ideia de instauração de um processo, cuja sentença não é difícil de imaginar. As autoridades de Ekaterinburgo estavam necessariamente a par de todos estes factos. O presidente do soviete, A. Beloborodov, era um indivíduo chegado a Trotski, que, segundo se comentava, seria um dos acusadores públicos. Na aparência, as circunstâncias levaram o soviete a agir e Moscovo aprovou a actuação. Tudo isto parece verosímil, mas não foi ainda provado.

Assim que tomaram Ekaterinburgo, os brancos encontraram os restos queimados do vestuário e de outros objectos pessoais pertencentes aos Romanov, descobertos no bosque dos Quatro Irmãos; a instrução do processo começou desde logo.

Na mesma altura, enquanto, na Rússia Vermelha – segundo Bruce Lockardt – «a população moscovita recebia a notícia da morte do czar com um assombro indiferente», o mundo ocidental tomava conhecimento dela no dia 22 por intermédio do *Times: Ex tsar shot. Official approval of crime* [Ex-czar morto. Crime sancionado oficialmente]. O título e o apontamento necrológico a acompanhá-lo preenchiam coluna e meia do jornal; não aludia ao destino da família visto a informação respeitar apenas à morte do imperador. O fim de Nicolau II era objecto dos comentários inseridos nas páginas quatro e cinco do *Times* e o editorial do dia 26 a ele consagrado referia-se, sobretudo, ao auxílio prestado pelos Checoslovacos à causa aliada. Com efeito, eles próprios haviam reconstituído uma espécie de segunda frente na retaguarda dos bolcheviques, «aliados» dos Alemães desde a paz de Brest-Litovsk, segundo a maneira de ver dos aliados. É certo que, à data, estes últimos estavam mais interessados na evolução da guerra do que no destino pessoal dos Romanov. Decorria então a segunda batalha do Marne – onde uma vez mais se jogava a sorte da guerra – e eram verdadeiramente simultâneos tais acontecimentos.

Mas, apenas terminou o conflito, a crónica da morte dos Romanov veio de novo a lume.

Boatos e rumores

Logo após o Armistício, na tribuna da câmara dos deputados de Paris, o ministro nos Negócios Estrangeiros, Stephen Pichon, fez o primeiro relato público da execução dos Romanov, notícia recebida do príncipe Lvov em pessoa, o primeiro presidente do governo provisório de Março de 1917.

«(...) O príncipe Lvov encontrava-se numa cela vizinha da dos membros da família imperial. Os bolcheviques reuniram-nos e, obrigando-os a sentarem-se, feriram-nos durante toda a noite a golpes de baioneta, para, no dia seguinte, acabarem com eles, um após outro, a tiros de revólver, de tal modo que, segundo me informou o príncipe Lvov, a sala se transformou em verdadeiro mar de sangue».

Este discurso público teve considerável repercussão, como é óbvio, pois tratava-se do relato de um ministro apoiado no testemunho do primeiro chefe do governo provisório.

Em boa verdade – o que só muito depois se saberia – o príncipe Lvov nunca esteve detido na casa Ipatiev, onde fora encarcerada a família imperial. Nem sequer nela entrara nem tão-pouco esta se compunha de celas, pois tratava-se de uma habitação burguesa. Stephen Pichon entendera mal as coisas; o príncipe Lvov estivera de facto preso, mas a quatro quilómetros de distância da casa Ipatiev e não testemunhara os acontecimentos por si relatados. Mas, depois disso, não quis esclarecer o assunto.

Seja como for, todos os dirigentes bolcheviques negaram o assassínio colectivo da família imperial. Fizeram-no sucessivamente Tchitcherine, no *New York Times*, a 20 de Setembro de 1918, em seguida Máximo Litvinov, seu sucessor, adstrito ao mesmo ministério, G. Zinoviev, a 11 de Julho de 1920, de acordo com o *San Francisco Sunday Chronicle*.

Mas a declaração mais explícita foi a constituída pela entrevista de Tchitcherine concedida ao *Chicago Tribune*, durante a conferência de Génova e publicada pelo *Times* em 25 de Abril de 1922:

«*Pergunta*: O governo soviético ordenou ou autorizou o assassínio das filhas do czar? Não sendo o esse caso, foram punidos os culpados?

«*Resposta*: Neste momento, desconheço o destino dado às filhas do czar. Li na imprensa que se encontravam na América. O czar foi executado por um soviete local sem conhecimento prévio do governo central. O acontecimento verificou-se na véspera da ocupação da zona pelos Checoslovacos. Acabava de ser descoberta uma conjura para libertar o czar e a família, que partiriam com os Checoslovacos. Mais tarde, após haver sido informada da essência dos factos relativos ao assunto, a comissão executiva aprovou a execução do czar. Não se fez referência às filhas. Tendo sido suspensos os contactos com Moscovo depois de os Checoslovacos haverem ocupado a zona, não foram esclarecidas as circunstâncias do caso.»

Destinar-se-iam tais declarações à imprensa estrangeira? A primeira delas verificara-se ainda em plena guerra, em data a que aludiremos mais adiante. A declaração de Zinoviev e a segunda de Tchitcherine são posteriores ao «reaparecimento» de Anastásia na Alemanha, em fins de 1919 e em Fevereiro de 1920.

Seja como for, o general Dieterichs refutou todas essas palavras e era um homem bem informado pois nomeara o juiz N. Sokolov para concluir a instrução do caso do assassínio dos Romanov. O artigo de sua autoria foi publicado em 1 de Agosto de 1920 na *Révue des Deux mondes* e só alude às duas primeiras declarações de Tchitcherine e à de Litvinov.

«Os bolcheviques anunciaram a morte do imperador, desmentindo a dos outros membros da família e do séquito. Tudo fizeram para iludir a boa fé do público. A 20 de Julho, por exemplo, três dias após o crime, um comboio deixou oficialmente Ekaterinburgo e noticiou-se com grande alarde terem viajado nele os prisioneiros imperiais. Na realidade, a leitora e amiga da imperatriz, Mademoiselle Schneider, a condessa Hendricov, o despenseiro Nargoni, os lacaios Volkov e Trupp foram os únicos a viajar nesse comboio, que seguia para Perm. Todos eles, salvo um criado que conseguiu fugir por acaso, foram fuzilados próximo de Perm, a 22 de Agosto de 1918.

«Que esta refutação possa fazer ruir de uma vez por todas os boatos e as histórias que não cessam de arquitectar-se e sempre de proveniência bolchevique segundo os quais o czar continua vivo. Um artigo deste género foi publicado em Moscovo em 17 de Dezembro de 1918. Litvinov (Finkelstein), em Copenhaga, confessa parte do assassínio e nega outra parte. Em Abril de 1920, um jornal germânico publicou correspondência de um pretenso prisioneiro de guerra alemão que dizia ter assistido em Ekaterinburgo ao assassínio de Nicolau II apenas (...)

«A razão destes boatos tendenciosos é mais do que evidente para quem conheça o espírito russo: gerar o máximo possível de confusões, de discussões, de receios e de esperanças supersticiosas numa mentalidade já profundamente abalada e ferida até ao âmago.»

Este testemunho é em grande parte contestado por documentos vindos a lume em data posterior. Segundo eles, A. Volkov estaria vivo em 23 de Agosto de 1919, pois foi interrogado por Sokolov em Omsk, constando dos arquivos o seu testemunho (*cf.* Ross, n.º 256); a menos que se trate de um depoimento forjado. K. Nagorni foi de facto fuzilado, mas em Maio ou princípios de Junho de 1918, antes da execução dos Romanov, portanto (cf. Ross, n.º 15).

A 11 de Julho de 1920, a condessa Radziwill, sabedora das declarações do general Dieterichs, respondeu a um jornalista do *San Fran-*

cisco Sunday Chronicle, que lhe pedira que relatasse os acontecimentos ocorridos na Sibéria no Verão de 1918, mostrando-lhes as primeiras fotografias das descobertas feitas no bosque dos Quatro Irmãos e garantindo: «Estas jóias não são as que a família imperial levou com ela; ficaram em São Petersburgo. Além disso, estão vivas duas das pessoas que o general Dieterichs diz terem sido executadas: a princesa Dolgorokov e a condessa Hendricov». Porém, por uma questão de segurança das pessoas em causa, a condessa Radziwill recusou-se a revelar onde se encontravam. Pensava que parte da família imperial se tinha salvo e que os bolcheviques haviam montado uma encenação.

O jornal americano fazia também a seguinte pergunta: *Was tzar's family really slain? Proofs of death ineffective* («Terá sido realmente assassinada a família do czar? As provas não são concludentes»).

Os boatos davam nessa altura a entender que toda a família imperial se salvara. Num trabalho redigido em 1920 e dedicado a G. Clemenceau, o comandante Lasies, pertencente à missão militar francesa na Sibéria, escrevia:

> «A 12 de Maio de 1919, deixei Ekaterinburgo juntamente com o general Janin e cheguei ao quartel-general do general Pepeliaiev. A um dos seus lugar-tenentes disse ter passado pela casa Ipatiev, onde me haviam contado a morte do czar e de toda a família, e que anotara no meu bloco-notas "o meu cepticismo quanto aos factos tal como me foram relatados."
>
> «O lugar-tenente observou: "Duvida da morte da família imperial e tem razão para fazê-lo."
>
> «Depois leu-me uma carta escrita por uma pessoa da sua família: "Abril de 1919. O imperador está aqui! como entender tal coisa? Penso que interpretarás o facto do mesmo modo que nós. Se a notícia se confirmar, a festa de Cristo será para todos nós uma festa de luz e de infinita alegria (...)"
>
> «Em seguida, mostrou-me outra carta, datada de alguns dias depois: "Nos últimos dias, tivemos a confirmação quanto à boa saúde daqueles que amamos... Deus seja louvado!"
>
> «No entanto, a 24 de Março de 1920, Bolifraud, subchefe da junta honorária do Conselho de Estado e ex-representante da missão militar francesa em Ekaterinburgo, escreveu-me: "Pede-me que recorde a conversa que tivemos, em *Maio de 1919*, na estação de Ekaterinburgo. Acreditei de boa fé no drama tal como me foi relatado, muito embora não dispusesse de nenhum testemunho directo. Só principiei a ter dúvidas quando li o relatório oficial do magistrado instrutor do processo".
>
> «Acredito finalmente na morte do czar (observa Lasies, após uma segunda estada em Ekaterinburgo). Numa parede, alguém escreveu em alemão as seguintes palavras: "O imperador foi fuzilado esta

noite". Se toda a família tivesse tido a mesma sorte, é muito provável que a inscrição o mencionasse*.

«(...) Não custa a crer que os assassinos tenham feito desaparecer um cadáver, mas é inconcebível que conseguissem fazer o mesmo a treze. Além disso, não acredito que os corpos das vítimas tenham sido enterrados, desenterrados e tornados a enterrar em diversos locais, tal como afirma Kuxtenkov. O juiz, porém, garantiu-me terem sido *queimados*.

No seu relatório, o magistrado instrutor afirmara que dentro em breve seria interrogado um dos autores do crime, um dos assassinos da família imperial, e eu disse-lhe: "Muito bem, aí está uma testemunha directa susceptível de fazer revelações importantes. Que disse ela?"

«O magistrado replicou em tom lúgubre: "Infelizmente, morreu de tifo sem *nada* ter revelado".»

Todos vivos? Todos mortos? Queimados? Decapitados? – Tal como afirma Essad Bey, que trouxe de Moscovo o seguinte testemunho prestado pelo monge Heliodoro:

«Certo dia, tive de deslocar-me ao Kremlin, para falar com Kalinine (presidente da comissão executiva dos sovietes) e discutir com ele uma importante reforma religiosa. Ao atravessar um corredor sombrio, o meu guia abriu de repente a porta de uma pequena câmara secreta. Penetrei nela. Em cima de uma mesa, estava a cabeça de Nicolau II sob uma campânula de vidro. Distingui um profundo ferimento sobre o olho esquerdo. Fiquei petrificado.

«Segundo me informou Essad Bey, por ordem do soviete do Ural, a cabeça cortada fora trazida para Moscovo pela prostituta Gussieva, amante de um dos pretensos assassinos. A viagem na companhia da cabeça do último czar abalou de tal maneira os nervos da jovem, um tanto simplória, que esta perdeu a razão. Durante o Inverno, de pés descalços, coberta de andrajos e de cabelos ao vento, a jovem errava pelas ruas de Moscovo reunindo a multidão para contar como transportara a cabeça coroada até à cidade da sagração. Foi fuzilada e com ela o último vestígio dessa lenda.»

---

* Em boa verdade, era a seguinte a inscrição mural: «*Bel satzar ward in selbiger Nacht von seinen Kuechten umgebracht*» («E nessa mesma noite, Belsatsar foi morto pelos seus escravos»). No verso original de Heine, figura o nome de Belsazar, convertido em *Bel satsar* na inscrição. O recurso a este verso sugere pelo menos que o autor da inscrição provinha da cultura alemã – um prisioneiro de guerra ou um letão. Evoca o assassínio do czar e apenas o dele. Significará que o autor soube que a execução se verificara? Ou que ia verificar-se? Provará o trecho que assinala a execução que os executantes procuraram ficar no anonimato? Provará que o czar foi assassinado nesse local?

Este trecho, que parece ter saído de uma crónica do tempo de Ivan, *o Terrível*, contém certos elementos característicos das narrativas lendárias: a cabeça decepada, o corredor sombrio, a prostituta, a caminhada errante, a loucura. Contudo, é corroborado por dois testemunhos, o do general Dieterichs e o do seu amigo Robert Wilton, correspondente do *Times*, que escreveram que «Iurovski levou consigo todas as cabeças quando partiu para Moscovo».

A morte da família imperial segundo os brancos

Em 1924, foram por fim publicadas as conclusões do juiz N. Sokolov sob o título de *O Assassínio da família imperial*, onde se menciona o nome do organizador do crime:

«O homem incumbido de organizar o massacre foi um judeu, Jacob Iurovski, fotógrafo, depois enfermeiro e membro do soviete do Ural. Os operários inicialmente previstos foram substituídos por homens da Tcheca, sobretudo letões».

O documento relata a execução a partir do testemunho de P. Medvedev, operário soldador e «única testemunha ocular». Será depois comparado com o relato feito pelos bolcheviques.

«Entrei de serviço na noite de 16 de Julho. Pelas oito horas, Iurovski ordenou-me que recolhesse todos os revólveres, de sistema Nagan. Tirei-os às sentinelas e aos outros guardas, doze Nagan ao todo, e levei-os para o gabinete do comandante. Nessa altura, ele comunicou-me: "Serão todos fuzilados hoje. Previne o destacamento para que se não alarme se ouvir tiros". Supus que Iurovski se referisse a todos os presos, mas não perguntei quando e quem tomara a decisão de executá-los. Devo dizer que, por ordem de Iurovski, o pequeno ajudante de cozinha fora levado de manhã para o corpo da guarda da casa de Popov.
«No rés-do-chão estavam aboletados os letões da "comuna letã", ali chegados após a nomeação de Iurovski como comandante. Eram dez, mas não sei o nome nem o sobrenome de nenhum deles.
«Às dez da noite, em conformidade com as ordens de Iurovski, disse aos homens do destacamento que não se alarmassem se ouvissem disparos.
«À meia-noite, Iurovski acordou os presos. Uma hora depois, toda a família estava pronta. Antes de esta acordar, porém, chegaram à casa de Lpatiev dois tchequistas. Ignoro o nome e o apelido de um deles; soube mais tarde que o outro se chamava Pedro Ermakov.

«Às duas da madrugada, todos os prisioneiros deixaram os quartos. O czar trazia Alexis ao colo e ambos usavam gorros e blusas. A imperatriz e as filhas não tinham posto os chapéus nem os mantos. O imperador e o filho abriam a marcha, seguindo-se-lhes a imperatriz e as filhas e depois o séquito. Acompanhavam-nos Iurovski, o seu ajudante e os dois tchequistas. Eu assisti à cena.

«Todos desceram para o pátio e entraram no rés-do-chão. Iurovski indicava o caminho. Conduziu-os à sala contígua à arrecadação e ordenou que trouxessem cadeiras. O ajudante trouxe três, que ele ofereceu ao imperador, à imperatriz e a Alexis. A imperatriz sentou-se junto da parede com janela, ao pé do pilar do arco, tendo atrás de si três das filhas. (Conhecia perfeitamente todas elas, pois via-as quase diariamente quando passeavam, mas não sei bem os respectivos nomes). O imperador e o filho sentaram-se perto um do outro, quase a meio do compartimento. Botkine encontrava-se de pé por detrás de Alexis. A criada de quarto (mulher alta cujo nome desconheço) achava-se de pé encostada ao alizar esquerdo da porta que dá para a arrecadação, tendo a seu lado a quarta grã-duquesa. Dois criados ocupavam o canto esquerdo da sala, em frente da porta, junto da parede-meia com a arrecadação.

«A criada segurava uma almofada e as grã-duquesas tinham também trazido pequenas almofadas, colocando uma delas na cadeira de imperador e outra na do *czarevitch*.

«Ao mesmo tempo que os prisioneiros, também penetram na sala onze homens: Iurovski, o seu ajudante, os dois tchequistas e quatro letões. Iurovski disse-me: "Vai à rua verificar se há alguém e se ouvem os disparos". Saí para o pátio e, antes de chegar à rua, ouvi tiros. Regressei de imediato (teriam decorrido dois a três minutos, ao todo). Vi o czar, a czarina, as quatro filhas e o *czarevitch* estendidos no soalho, com inúmeros ferimentos no corpo, de onde o sangue corria a jorros.

«Estavam também mortos o médico, os dois criados e a camareira. Quando cheguei, o *czarevitch* respirava ainda e gemia. Iurovski aproximou-se dele e disparou-lhe dois ou três tiros à queima roupa.

«Nauseou-me o espectáculo e o cheiro a sangue. Antes do assassínio, Iurovski distribuíra os revólveres, entregando-me também um deles, mas, repito, não participei na execução. Além do revólver, Iurovski dispunha de uma Mauser. Depois do assassínio, ordenou-me que fosse chamar homens para lavarem o chão. Quando cheguei à casa Popov, encontrei os comandantes de posto Starkov e Dobrinine, que acorriam. O segundo inquiriu: "Fuzilaram Nicolau II?" Depois acrescentou: "Conquanto que não tenham morto outra pessoa em vez dele! A responsabilidade é tua". Garanti-lhes que o czar e toda a família estavam mortos.

«Reuni entre doze a quinze homens, de cujos nomes me não recordo agora. Removeram os cadáveres em padiolas feitas com lençóis esticados em varais de trenó, depositando-os num camião estacionado diante da porta da casa. Os corpos foram envoltos em panos de uniforme retirados da arrecadação. O motorista do camião chamava-se Liukhanov, operário da fábrica Zlokazov. Pedro Ermakov e o outro tchequista tomaram lugar na viatura. Não sei para onde se dirigiram nem o que fizeram aos cadáveres.

«O sangue da sala e do pátio foi lavado, e posto em ordem tudo o mais; às três da madrugada, tudo terminara. Iurovski foi para o gabinete e eu juntei-me ao meu pessoal. Acordei às nove da manhã e dirigi-me ao gabinete do comandante. Encontravam-se nele Beloborodov, presidente do soviete regional, o comissário Golochtchekine e Ivan Starkov, o comandante de posto de serviço. Reinava enorme desordem em todas as salas: objectos dispersos por aqui e por acolá, malas e baús abertos e jóias de oiro e de prata espalhadas por cima das mesas.

«*Não me interessava saber a quem incumbia o destino da família imperial e em virtude de que direito; executava apenas as ordens daqueles a quem servia**.

«De entre os chefes bolcheviques, Beloborodov e Golochtchekine visitavam com frequência a casa Ipatiev».

Este testemunho bastante minucioso levanta, no entanto, a seguinte pergunta: Medvedev terá tomado parte activa no assassínio da família imperial ou foi apenas espectador, tal como pretende?

Ao sair de Ekaterinburgo com os vermelhos, Medvedev deixou a família em Sissert. Maria, a mulher, foi interrogada a 9 de Novembro de 1918, prestando o seguinte depoimento:

«A última vez que me encontrei com meu marido na cidade foi nos primeiros dias de Julho (pelo calendário antigo). Quando ficámos a sós, disse-me que, dias antes, o czar e seu séquito tinham sido massacrados, mas, na altura, não me forneceu pormenores do caso. À noite, fez embarcar o seu destacamento na estação e, no dia seguinte, partimos ambos para casa, pois ele tinha uma licença de dois dias para distribuir dinheiro pelas famílias dos guardas vermelhos.

«Quando chegámos a casa, Paulo deu-me pormenores do massacre. Disse que a família imperial fora acordada às duas da manhã, que os prisioneiros se ergueram, se prepararam, foram levados para o rés-do-chão e reunidos na mesma sala. Aí, foi-lhes lido um papel, que dizia: "A revolução vai fracassar, mas vós perecereis com ela".

---

* Sublinhado no texto.

«O tiroteio desencadeou-se de imediato e *meu marido também disparou*. Afirmou-me que, de todos os operários de Sissert, foi o único a participar na execução.

«Os cadáveres foram depois transportados para longe, para a floresta e atirados para valas.

«Meu marido relatou estes acontecimentos com ar tranquilo. Nos últimos dias, tornara-se difícil lidar com ele, recusava-se a falar com as pessoas e deixara mesmo de tratar bem a família».

O depoimento anterior foi recolhido três meses antes do de Paulo Medvedev. Note-se que, ao contrário do declarado pelo marido, a testemunha garante que ele também disparou, tal como os outros executores. Além disso, Medvedev afirma ignorar o destino dado aos corpos.

A secundar a hipótese do enterramento, há o testemunho de P. Kuxtenkov. A 13 de Novembro de 19 1 8, este último depõe perante o juiz Sergueiev:

«Trabalhava há dez anos na fábrica de Verkh-Issetski quando se deram os acontecimentos de Outubro. O engenheiro Dunaiev fora colocado à frente da fábrica e a comissão desta nomeou-me comissário com o encargo de fiscalizá-lo. Mas eu não tinha competência e, mês e meio depois, ingressei no Exército Vermelho, após ter aderido ao Partido Bolchevique em Janeiro de 1918. Na frente, fui enviado contra os exércitos do general Dutov, em Troits, e depois transferido para um hospital quando adoeci. Por fim, deixei o serviço militar (...) Em seguida, destacaram-me para o clube do Partido, mas os seus membros nunca o frequentavam. Em vez deles, faziam-no, sobretudo, os membros do *Praesidium*: Paramonovitch (ou Parmenovitch), Sibrine, I. Frolov, A. Kustuzov e outros. Por vezes, pernoitavam no clube, que dispunha de um corpo de guarda.

«A 18 ou 19 de Julho, pelas quatro da madrugada, chegaram o presidente do soviete, Malskin, o comissário militar Ermakov e outros conhecidos membros do Partido. Quando eu passava para apagar as luzes, um deles disse-me: "Sai Kuxtenkov. Temos de falar de assuntos de trabalho". Saí para dar algumas voltas, pois habitava ao lado. Quando regressei, já eles tinham partido.

«No dia seguinte, às quatro horas, compareceram no clube as mesmas pessoas, excepto Malskin, como se tivessem determinado fim em vista. Isso deu-me que pensar e quis saber de que se tratava. Amanhecera já, aproximei-me para apagar a luz eléctrica e ouvi que diziam: "... ao todo, são treze". Quando me viram, um deles ordenou: "Sai...não, deixa-te estar. Nós vamos para o jardim e poderás pôr tudo em ordem". Fiz menção de arrumar a sala, mas depois passei à casa de banho e, pelo galinheiro, atingi um jardinzito existente por detrás daquele onde eles se tinham reunido e de onde poderia escutar o que diziam. A. Kovtovcov comentava: "Segundo dia de maçadas... ontem enterrava-se, hoje desenterra-se". Não percebi as palavras seguintes, mas compreendi que haviam participado no massacre, pois disseram: "Os corpos ainda estavam tépidos. Apalpei o da czarina, ainda quente". Depois um deles observou: "Todos eles vestiam calças... um disse que o *czarevitch* morreu em Tobolsk... outro afirmou estarem presentes Nicolau, Sachka, Tatiana, o herdeiro, Virubova..."

«Dias depois chegavam os Checos. Eu saíra da cidade para ir buscar leite e fui então preso».

(*in* Ross, documento 65)

No depoimento, salta à vista em primeiro lugar o percurso deste operário, típico de 1918, época em que, de facto, certos operários foram nomeados para cargos fiscalizadores que não sabiam desempenhar. Mas, quanto aos factos narrados, estes deixam-nos perplexos pois os nomes referidos não são citados em outras fontes, salvo o de Ermakov que, de acordo com outro testemunho, terá sido executado em Odessa. Ora, também Medvedev morreria antes de ser ouvido pelo juiz Sokolov.

A morte de Nicolau II segundo os bolcheviques de Ekaterinburgo

Comparemos estes testemunhos com o relato feito pelos componentes do soviete de Ekaterinburgo, relato que alimentou o depoimento de Bikov, ele próprio membro da comissão executiva.

Esta versão ignora por completo as afirmações de Tchitcherine, de Zinoviev e de Litvinov. Afirma que todos os Romanov foram executados, e concorda, na essência, com a versão de Sokolov, embora divergindo dela em certos pontos significativos. Data de 1921, sendo assim contemporânea da intrução do processo, pelo menos anterior à sua publicação:

«O caso dos Romanov e da sua execução foi debatido na reunião do soviete no fim do mês de Junho. V. Xotinskij, N. Sakovitch e outros membros do soviete pertencentes aos socialistas da esquerda revolucionária pronunciaram-se pela execução imediata. O assunto foi verdadeiramente decidido logo nos primeiros dias de Julho e o dia da execução marcada pelo *Praesidium* do soviete, executando-se a sentença na noite de 16 para 17 de Julho.

«Na reunião do *Praesidium* do *Tsik** de 18 de Julho, Sverdlov fez saber que Nicolau II fora executado. Tendo-se inteirado de todos os motivos que levaram o soviete do Ural a fuzilar o ex-impe-

---
* O comité central executivo.

rador, o *Praesidium* deu por bem fundamentada a decisão desse soviete. A montagem da execução e a subsequente destruição dos cadáveres foi confiada a um revolucionário com boas provas dadas, que combatera na frente contra o general Dutov, operário da fábrica Verkh-Issetski, de nome P. Ermakov. A execução deveria efectuar-se em condições tais que tornasse impossível a interferência dos partidários do regime imperial; por isso se seguiu esta via.

«Disse-se à família imperial que descesse dos quartos ocupados no andar superior para o rés-do-chão. Desceram todos os Romanov, ou seja, o ex-czar, a mulher, o filho, as filhas, o médico da família, Botkine, "Diadka", médico do herdeiro e a dama de companhia que estava com eles. Eram cerca de dez horas da noite e todos envergavam trajes de trazer por casa, pois deitavam-se sempre mais tarde.

«Numa das salas da cave, os prisioneiros foram encostados às paredes. O comandante leu-lhes a sentença da pena de morte, acrescentando ser vã a esperança de que os libertassem, pois todos deveriam morrer.

«A notícia inesperada deixou-os aturdidos e só o ex-imperador conseguiu articular, como se fizesse uma pergunta: "Quer dizer que não vão conduzir-nos a parte alguma..."

«A sentença foi executada a tiros de revólver. Cumpriram-na quatro dos homens que haviam sido incumbidos da tarefa.

«À uma da manhã, os corpos foram transportados para a floresta, na zona da fábrica Verkh-Issetski, próximo da aldeia de Palkina, e lá foram queimados no dia seguinte.

«O tiroteio passou despercebido, muito embora ocorresse no centro da cidade. Não foi ouvido graças ao barulho do motor do automóvel estacionado junto das janelas da sala onde teve lugar a execução. O próprio guarda não se apercebeu do que se passou, regressando ao seu posto dois dias depois.

«Foi infrutífero o inquérito ulterior conduzido pelos militares que pretenderam recuperar os cadáveres.

«Os Romanov estavam vestidos quando foram fuzilados, mas despiram-nos para queimar os corpos. Algumas jóias estavam cosidas ao vestuário e parte delas caiu assim na fogueira».

Bikov declara em seguida que Miguel Alexandrovitch – irmão do czar – também fora fuzilado e refere-se à execução dos grão-duques que se encontravam em Alapaievsk. E acrescenta: «Note-se que, nos documentos da época, não foram publicadas informações completas sobre a execução da família Romanov. Só se falou da execução do czar; os grão-duques, de acordo com os informes fornecidos, teriam fugido ou sido levados para longe, não se sabe por quem. O mesmo se disse quanto à mulher, o filho e as filhas, postos a salvo em lugar seguro. Isso não sucedeu em resultado de uma qualquer indecisão dos poderes locais, em Perm ou em Alpaevski, pois eles tinham resolvido suprimir claramente tudo quanto se ligasse ao trono autocrático».

Variações sobre a vulgata

Entre a versão dos brancos e a dos bolcheviques, notam-se em boa verdade mais semelhanças do que diferenças. Em ambas, toda a família é assassinada durante a noite e, em seguida, os despojos são levados para longe. Nas duas, Ermakov desempenha um papel fulcral, pelo menos como agente executor. Mas, ao passo que, no texto «branco», Ermakov é secundado pelo «judeu Iurovski», este não aparece no texto «vermelho». Além disso, o documento publicado no próprio local do assassínio alude a quatro executores e não a onze, tal como o de Medvedev. Evoca, sobretudo, a influência da esquerda revolucionária no desenrolar das operações, não citando o presidente do *Praesidium*, A. Beloborodov.

O texto de 1926, um pouco mais desenvolvido, refere-se explicitamente a Leão Trotski como procurador num processo que não pôde concretizar-se. F. Golochtchekine, simultaneamente membro do *Praesidium* da comissão executiva do soviete do Ural e da comissão militar, teve no caso um papel de relevo, segundo parece, ao deslocar-se a Moscovo em Junho de 1918 para, entre outras coisas, abordar o problema do destino de Nicolau II; estava de regresso a 14 de Julho dois dias antes do massacre – e também esteve presente aquando das incinerações, nos dias 18 e 19.

O referido texto torna mais suspeita a hipótese de uma decisão tomada de improviso e de maneira autónoma pelas autoridades locais de Ekaterinburgo. Alude também à nomeação de J. Iurovski e de G. Nikline para a Tcheca local e faz recair parte da responsabilidade dos actos cometidos sobre os socialistas-revolucionários e sobre os anarquistas, dizendo: «Estes, não sabendo ao certo se os bolcheviques fuzilariam o ex-czar, decidiram agir por sua iniciativa e pelos próprios meios». Mas nem os comandos dos brancos nem os socialistas-revolucionários nem os anarquistas puderam actuar e, por fim, «após análise de situação militar, o soviete decidiu não aguardar que se instaurasse um processo e executar Nicolau II». Note-se que o extracto do jornal *Ouralski Rabotchi* de 23 de Julho, publicado na referida brochura, apenas fala da execução de Nicolau, enquanto o texto menciona explicitamente a execução de toda a família.

Suscitam alguns problemas certos pontos dos textos publicados em Ekaterinburgo-Sverdlovsk. Em primeiro lugar, no livro de 1926, o do emprego como fonte informativa do livro branco de Dieterichs, que é várias vezes citado.

Em seguida, a total ausência de referências às declarações de M. Litvinov, de G. Zinoviev e de Tchitcherine sobre a sobrevivência da mulher e das filhas de Nicolau. Contudo, a edição de 1921 dá a entender ter-se feito supor que parte da família «fora posta em segurança»; tratar-se-ia de um gesto de prudência para não se noticiar de chofre que toda a família fora assassinada. N. Sokolov sustentou tal tese com base num segundo telegrama que terá comunicado a Moscovo «que as princesas foram mortas ao procurarem evadir-se». Ora, tal como o demonstraram Summers e Mangold, tratou-se de um telegrama falso.

Mas é sobretudo surpreendente a insistência em pôr em cheque os socialistas-revolucionários, visto os bolcheviques terem conseguido o que queriam. Terá Bikov querido demonstrar que os socialistas da esquerda revolucionária não desapossaram do poder os bolcheviques, que Roma ficou em Roma e que foram de facto os bolcheviques e só eles que decidiram e actuaram?

Além disso, não se percebe por que motivo só o destino de Alexandra e das filhas nunca foi evocado quando se tornou pública tanto a execução do czar como as verificadas em Alapaiev dos grão-duques e das grã-duquesas Sérgio Mikhailovitch, Isabel Fedorovna, Constantino Constantinovitch, Igor Constantinovitch, Vladimiro Pavlovitch Palei (oficialmente perpetradas por bandos de insurrectos) ou ainda a de Miguel, irmão do czar; o destino daquelas não foi evocado de facto, salvo para dizer-se que se encontravam em segurança ou, tal como no referido telegrama, para noticiar a morte de toda a família, telegrama que se provou ser falso...

O papel exacto desempenhado pelo poder central suscita ainda outro problema. Os textos bolcheviques de 1922, e de 1926, emitidos em Ekaterinburgo, atribuíram parte da responsabilidade à iniciativa local e outra parte às instruções emanadas de Moscovo, não lhes citando porém o conteúdo.

Conhecemos o propósito de instaurar um processo a Nicolau II, a proposta de Trotski para que este fosse público e para que o seu desenrolar chegasse a toda a Rússia transmitido por altifalantes (sem dúvida por meio de cilindros gravados). Mas Lenine pensava haver coisas mais urgentes a tratar nesse Verão de 1918. Segundo Trotski, que cita uma conversa tida com Sverdlov, a decisão de executar Nicolau II terá sido tomada em Julho. Sverdlov ter-lhe-á dito: «Decidimo-la aqui. Ilitch argumentou que não devíamos permitir que os brancos se apossassem de um símbolo ainda vivo, sobretudo nas circunstâncias actuais». Significaria isso que foi transmitida ordem explícita de executar o imperador ou que se deu ordem de matá-lo se as circunstâncias assim o exigissem? «Tiveram razão em agir como agiram» – dizia o telegrama de Sverdlov ao soviete de Ekaterinburgo.

Em todo o caso, tratava-se apenas da pessoa de Nicolau II.

Quanto a Lenine, este aludiu publicamente à morte do czar num discurso do mês de Novembro dirigido aos camponeses pobres. Entretanto, mais precisamente nos meses de Julho e de Agosto, acusava os socialistas da esquerda revolucionária de *pretenderem* restabelecer o czarismo (*sic*) aliados aos Checoslovacos e aos imperialistas. Acrescentava que, pensando bem, contra eles preferiria aliar-se aos Alemães (22 de Agosto de 1918) – afirmação deveras surpreendente.

A hipótese inconfessável e sacrílega

Uma hipótese a considerar será a de os bolcheviques de Ekaterinburgo terem agido de facto, mas a fim de evitar precisamente aquilo que os socialistas-revolucionários se preparavam para fazer sozinhos. Assim, os bolcheviques teriam executado o czar, Alexis e algumas outras figuras e poupado as mulheres, *antes* que os socialistas-revolucionários procurassem abater toda a gente. Esta hipótese – que procuraremos desenvolver – justificaria o empenho em noticiar a execução de todos. A mensagem transmitida significa, claro, que «os Romanov deixaram de existir», mas também tem por objectivo desmobilizar a esquerda revolucionária, cujos membros, aliás, seriam presos dentro em breve. Dois deles, Xotimski e Sakovitch, foram fuzilados pelos brancos, segundo informações dos vermelhos. Vejamos em que circunstâncias.

A 6 de Julho, Mirbach era assassinado pelos socialistas da esquerda revolucionária e os bolcheviques tinham razão para crer que também executassem a esposa alemã de Nicolau II, assim como as filhas, todas elas ligadas à família de Hesse. O irmão da ex-imperatriz, Ernesto de Hesse – o tio Ernie – tinha na Rússia uma outra irmã, a viúva do grão-duque Sérgio, assassinado em 1905. Irene, irmã de Alexandra, desposara o irmão de Guilherme II, Henrique Alberto da Prússia e o *Kaiser* era padrinho de uma das filhas de Nicolau II.

Assim, é fácil imaginar que Berlim não se desinteressasse da sorte das «alemãs». Compreende-se igualmente que a sua morte, caso fosse reconhecida, faria perigar a paz assinada em Brest-Litovsk, possibilidade a que o embaixador Mirbach já aludira. Ora, a 4 de Julho, na qualidade de embaixador, este comparecera no congresso dos sovietes e fora apupado pelos socialistas-revolucionários. Para Lenine e para Sverdlov, o seu assassínio constituía uma catástrofe e ambos multiplicarem os pedidos de desculpa junto das autoridades berlinenses. Os membros da família imperial ligados ao *Kaiser* não podiam ter o mesmo destino que Mirbach.

A hipótese «inconfessável» seria assim a de que os bolcheviques terão querido efectivamente executar o imperador, poupando porém a imperatriz e a filhas para satisfazer os Alemães. Esse projecto só poderia realizar-se em segredo para que o caso não chegasse aos ouvidos da esquerda revolucionária, sendo preciso agir com redobrada prudência visto o papel de Iaroklev ter suscitado já grandes suspeitas.

A hipótese, fundamentada ou não, deixa por deslindar o enigma do desaparecimento dos corpos da vítimas, assunto a que nos referiremos mais adiante. Na altura e a propósito deste ponto, o comissário Voiekov vangloriava-se de que «ninguém jamais saberia o que fora feito deles», afirmação insólita, terá de admitir-se, mas que não leva em conta o número de cadáveres desaparecidos.

Para os vermelhos, eram consideráveis os benefícios de tal segredo, o que torna possível a hipótese. Para os brancos, porém, ela constituiria um sacrilégio. Com efeito, na época, confirmaria todos os pretensos vínculos que continuavam a ligar a czarina aos Alemães; após a derrota de Guilherme II, uma família salva pelo *Kaiser* e pelos bolcheviques, «os dois inimigos do género humano», representaria um opróbrio aos olhos dos vencedores.

Esta hipótese, inconfessável para uns e sacrílega para outros, possui todos os condimentos para despertar a curiosidade.

Como é natural, só fará sentido e só será verificável obedecendo-se a duas condições: descobrir o que sucedeu aos sobreviventes e saber como morreu Nicolau II, visto que, de acordo com ela, o czar teria sido executado de maneira diferente da que nos diz a vulgata, quer sozinho quer em conjunto com Alexis e com os elementos da sua comitiva.

1. Coincidência verdadeiramente perturbadora

A primeira pessoa a emitir tal hipótese foi o capitão Malinowski, logo após a descoberta do crime e ao fazer as observações iniciais no local. Em primeiro lugar, relembremos a situação:

A 25 de Julho de 1918, tropas checas e contingentes russos sob o comando do general S. Voitsekovski entravam em Ekaterinburgo. Os vermelhos tinham evacuado a cidade e levado para Perm arquivos e documentos. A comissão executiva do soviete do Ural e a Tcheca haviam também partido para Perm. Em Ekaterinburgo, constituiu-se então o poder de múltiplas cabeças: o poder militar, uma comissão nacional checa e um poder civil tendo a chefiá-lo o antigo presidente da Bolsa, P. Ivanov, pertencente ao KD.

Os novos ocupantes sabiam que a família imperial se encontrava na cidade, o que apressara a ofensiva dos brancos nessa direcção; chegaram, porém, tarde de mais. Foram informados e souberam através dos jornais que *o czar fora fuzilado e que a família desaparecera*. Estava vazia a casa Ipatiev onde haviam permanecido reclusos. Vizinhos e oficiais brancos acorriam já ao local em busca de recordações.

No dia 27 de manhã, um certo tenente apresentou-se ao capitão V. Gires, comandante de sector, para lhe comunicar que, a cerca de dezoito quilómetros da cidade, perto de um lugar denominado Quatro Irmãos, os vermelhos tinham sido vistos queimando diversos objectos. O comandante da guarnição pensou tratar-se de bens pertencentes à família imperial e pretendeu investir-se de poderes judiciais; sem ordem do procurador, porém, ninguém concordou em secundá-lo. Impacientes, os oficiais dos brancos, sob a responsabilidade do capitão Malinovski, não esperaram a autorização do procurador e obrigaram o seu substituto, A. Nametkine, a redigir o auto relativo ao que descobriram próximo do bosque dos Quatro Irmãos, onde o conduziram à força: tratava-se de facto de diversos objectos e de restos de vestuário pertença da família imperial.

O capitão Malinovski conduziu o inquérito durante seis dias e fez um relatório em que concluía haverem sido fuziladas diversas pessoas na casa Ipatiev para *simular* o morticínio dos Romanov, que estes tinham sido conduzidos pela estrada de Koptiaki e que haviam sido despidos e o vestuário queimado. «Foi essa a impressão que me deu – afirmou ele – e achei que a casa imperial alemã jamais teria permitido tamanha perversidade». Este texto, constante dos arquivos, apenas foi publicado por Summers e Mangold. Não figura no trabalho de Sokolov e, curiosamente, no de Ross, o testemunho de Malinovski é interrompido antes de concluir como o fez atrás.

O segundo facto insólito é o caso de o seu assistente civil, A. Nametkine, que tirou do assunto as mesmas ilações, haver sido acusado de cobardia e incompetência e seguidamente executado.

Vem depois um terceiro facto perturbador: Sergueiev, o primeiro juiz incumbido do inquérito pelo procurador, foi logo de seguida desligado do caso pelo general Dieterichs por alegada falta de convicção. Sergueiev não afastava a hipótese do assassínio colectivo, mas encarava as coisas de maneira diferente. Depois de ter ouvido inúmeras testemunhas, entre as quais Medvedev, pensava que a imperatriz e as filhas não tinham sido executadas, mas sim conduzidas para local desconhecido.

Porém, antes de ser afastado do caso, em Janeiro de 1919, o juiz Sergueiev concedeu uma entrevista a Herman Bernstein do *New York Tribune*, publicada a 5 de Setembro de 1920, na qual dizia:

«Depois de analisados os vários pormenores, não creio que todas essa pessoas o czar e a família tenham sido executadas aqui. Estou convencido de que a imperatriz, o *czarevitch* e as grã-duquesas não foram mortos na casa Ipatiev. Penso, no entanto, que o czar, o doutor Botkine, médico da família, dois criados e a camareira foram de facto abatidos neste local.»

Um mês depois de ter dado a entrevista, em 23 de Janeiro de 1919, o juiz Sergueiev morria igualmente por fuzilamento; segundo o general Dieterichs, executado «pelos bolcheviques»...

Assim, as mortes suspeitas são já em números de cinco: V. Xotimski e N. Sakovitch, executados pelos brancos, de acordo com informações dos vermelhos; Medvedev, vítima de tifo entre dois interrogatórios, segundo N. Sokolov e o comandante Lasies; N. Nametkine e o juiz I. Sergueiev, abatidos pelos vermelhos, no dizer dos brancos.

2. Em Perm, os vestígios dos sobreviventes

O afastamento do juiz Sergueiev foi feito para colocar em seu lugar o juiz Sokolov, este último persuadido da morte de todos os Romanov. Tal convicção, porém, não era perfilhada pelos inquiridores militares, os primeiros a chegarem ao teatro dos acontecimentos, em Julho de 1918. Não era também o parecer da contra-espionagem que, independentemente do inquérito judicial, conduziu em Perm as suas próprias investigações, uma vez ocupada a cidade em Dezembro de 1918 pelas tropas do general Pepeliaiev. O homem que dirigiu tal inquérito, A. Krista, fê-lo durante os meses de Janeiro a Abril de 1919; subsequentemente, porém, por ordem do general Dieterichs e do almirante Koltchak, N. Sokolov e apenas ele passou a dirigir o inquérito do assassínio dos Romanov. Ora, nas conclusões publicadas em 1924, Sokolov também não levou em conta o parecer dado pelos serviços de A. Kirsta. Na verdade, este descobrira em Perm o rasto de parte dos elementos da família imperial.

Em primeiro lugar, vejamos três documentos que constituem apenas testemunhos indirectos, mas que suscitam o problema da deslocação dos Romanov e da identidade daqueles que os acompanhavam; todos eles são imediatamente contemporâneos das ocorrências a que se referem.

O primeiro, descoberto por Summers e Mangold, provém de um agente inglês que se achava em Ekaterinburgo; os outros dois, que constam do volume editado por Ross, pertencem ao processo instruído e elaborado pelo juiz Sergueiev antes de ser desligado do caso.

Os três documentos dão notícia de uma transferência de prisioneiros, sem que se saiba de quem, no entanto, e todos eles deixam em aberto a hipótese de apenas o czar ter sido executado, em conjunto com algumas pessoas da comitiva, mas não com a mulher e as filhas. Segundo o primeiro testemunho, os cabelos dos prisioneiros foram cortados como que no propósito de lhes modificar a aparência. Preparar-se-iam para partir? Recorde-se segundo a informação dos bolcheviques que Nicolau II terá exclamado: «Quer dizer que não vão conduzir-nos a parte alguma».

Eis o testemunho descoberto por Summers e Mangold nos arquivos britânicos, depoimento proveniente de sir Charles Eliott, alto-comissário para a Sibéria:

«A posição das balas encontradas permite crer que as vítimas foram abatidas de joelhos e que houve outros disparos quando jaziam por terra; terão querido ajoelhar-se antes de morrer. É de supor que tenham sido cinco as vítimas, entre as quais o czar, Botkine, a criada da czarina e dois criados. Não se descobriu nenhum corpo, apenas um dedo do doutor Botkine dentro de um poço. No dia 17, partiu de Ekaterinburgo com destino desconhecido um comboio levando as cortinas fechadas. Pensa-se que nele viajavam os sobreviventes da família imperial. Na ausência de provas, não se exclui a hipótese de o imperador ainda estar vivo. Contudo, é opinião dominante em Ekaterinburgo que a imperatriz, o filho e as quatro filhas não foram assassinados, tendo partido rumo ao norte ou a oeste. O boato que corre de terem sido queimados os corpos não passa de fábula resultante da descoberta de cabelos de uma das princesas e de vestuário queimado, tendo uma das peças de roupa um diamante cosido na orla. É provável que tenham disfarçado os membros da família imperial antes de os deslocarem. Não me foi possível obter um só indício sobre o destino que lhes deram em Ekaterinburgo, mas aquilo que se diz sobre a morte dos grão-duques e das grã-duquesas é de molde a deixar-nos apreensivos.»

O segundo documento é contraditório e impreciso pois dá a entender que só o czar foi morto e que uma certa testemunha pensa não ser digno de crédito o cartaz anunciando a sua morte. No entanto, refere-se com clareza a uma deslocação de comboio.

Depoimento de Fedor Ivanovitch Ivanov, em 13 de Dezembro de 1918
«Sou dono de um salão de cabeleireiro localizado na estação nova de Ekaterinburgo. Lembro-me muito bem de, um ou dois dias antes de os bolcheviques anunciarem a morte de Nicolau II, o comissário da estação, Guliaiev, comentar acerca do muito trabalho a fazer.
— Que trabalho? – perguntei.
— Nicolau vai ser transferido hoje.
Como estavam presentes outras pessoas, não me atrevi a perguntar-lhe para onde. A noite, voltei a tocar no assunto, pois não estava nenhum comboio na estação. Respondeu-me que partiria de Ekaterinburgo II, mas não adiantou pormenores.
No dia seguinte, encontrando Kutcherov, comissário do Exército Vermelho, perguntei-lhe:
— É verdade que o czar partiu da estação número dois?
— É – confirmou ele.
— Para onde?
— Em que é que isso te diz respeito?
«Voltando a encontrar-me com Guliaiev, quis saber qual o destino dado a Nicolau.
— Está já *xalimuz* (*Kaputt* ?).
— Que quer isso dizer?

— Acabou-se – replicou ele e, da sua resposta, depreendi que o tinham morto.
Dois dias depois, encontrei ambos no refeitório e perguntei-lhes que significava o cartaz.
— Ora, escreve-se seja o que for – disseram.
Perguntei ao marinheiro Grigori, com quem me avistava com frequência:
— E verdade que o fuzilaram?
— Duvido.
— Levaram-no então daqui?
— Saiu da cidade vivo – garantiu ele, sem, no entanto, me dizer para onde.
«As pessoas calavam-se sobre o caso, ninguém se referia à família imperial e receei fazer demasiadas perguntas».

F. I. Ivanov desconhecia o destino do comboio.

O terceiro testemunho, que também não figura no trabalho de Sokolov, indica esse destino e fala da morte do czarevitch:

«Era bastante íntima a minha relação com K. Konevcev da Tcheca. Não gostava dele, mas entregava-me fisicamente. Como me não interessassem os seus assuntos bolcheviques, não lhe fazia perguntas a respeito de segredos. Recordo-me de que, um ou dois dias antes da notícia do assassínio do czar, cerca das quatro horas, esteve em minha casa e comunicou-me que o bolcheviques haviam morto o czar. Tinha lágrimas nos olhos e desviava o olhar do meu.
Às perguntas que lhe fiz, respondeu que fora enterrado fora da cidade, com o corpo trespassado por cinquenta e duas balas. Disse também que a família imperial partira para Nev'jansk. Constava que o herdeiro morrera. No dia seguinte, Konevcev partiu para Perm, tal como dissera, para ir buscar o oiro.»
Assinado por Zinaida Andreievna Mikolovta, cerca de 9 de Agosto de 1918.

Os testemunhos seguintes dão conta da presença da família imperial em Perm e evocam de passagem a fuga de Anastásia:

Depoimento de Natacha Vassilievna Mutnikn (8 de Março de 1919):
«Soube por acaso que a família do antigo czar – a mulher e as quatro filhas – fora levada para Perm em grande segredo e metida na cave da casa de Beriozine, na qual existia uma oficina. No mês de Setembro, uma das filhas evadiu-se dessa mesma cave e foi apanhada algures para além de Kama, sendo a família transportada para outro local (...)

«Como é óbvio, interessava-me a presença da família do czar em Perm. Fazendo meu irmão parte da sua guarda, pedi-lhe que me levasse até lá para conhecê-la; concordou e fomos. Passou-se isso em Setembro e, na casa Beriozine, numa sala fracamente iluminada, pude distinguir a czarina e as quatro filhas. Encontravam-se em estado deplorável, mas reconheci-as bem. Acompanhava-me Ana Kostina, secretária de Zinoviev, que, em seguida, partiu para Petrogrado. A família do imperador foi depois escondida numa caserna situada algures no campo.»

(Cfr. Ross, doc. 116)

A tentativa de fuga de Anastásia desencadeou uma batida. Apanharam-na, foi espancada, por certo violada e reconduzida à cave. Eis o testemunho do médico chamado de urgência pela Tcheca:

Depoimento do doutor Utkine (10 de Fevereiro de 1919)
«Em fins de Setembro de 1919, eu morava na esquina da rua de Petrogrado com a de Ovinski, no edifício do Banco Camponês que na altura albergava a Comissão Extraordinária de Luta contra a Contra-Revolução, a Especulação e a Sabotagem (a Tcheca).

«Eu, doutor Utkine, fui chamado de urgência à tarde, entre as cinco e as seis horas, a fim de prestar assistência médica. Penetrando na sala, vi estendida sobre um divã, meio inconsciente, uma jovem de boa carnadura e de cabelos *rapados*. Junto dela, achavam-se vários indivíduos, entre os quais Vorobtsov, Malkov, Trofimov, Lobov e outros que não conhecia. Havia também uma mulher de cerca de vinte e dois a vinte e quatro anos, loira e moderadamente nutrida. A meu pedido, todos os homens se afastaram, mas a mulher ficou, pretextando que, como mulher, não incomodaria, senti que desempenhava o papel de espia.

«À minha pergunta "quem é a senhora?", a doente ergueu a cabeça e, respondeu em voz fraca: "Sou Anastásia, filha do soberano". Depois desmaiou.

«A enferma apresentava as seguintes características: toda a zona circundante do olho direito tumefacta e com um ferimento de dois a dois centímetros e meio de comprimento. Não tinha ferimentos na cabeça nem no peito. Principiei a examinar-lhe o corpo mais abaixo, mas fui impedido de o fazer. Depois coloquei-lhe uma ligadura e prescrevi-lhe um medicamento. Em seguida, convidaram-me a sair.

«À noite, pelas dez horas, por iniciativa pessoal, fui ver a doente. Delirava, dizendo palavras a frases desprovidas de sentido. Depois desta segunda visita, nunca mais a vi. Na altura em que lhe pensei o ferimento, ela lançou-me um olhar de reconhecimento, dizendo: "Estou-lhe muito grata, doutor".

O pormenor dos cabelos rapados corrobora o que se sabe sobre a operação nesse sentido a que as filhas do czar foram submetidas. Mais adiante, o médico alude ao seu desejo de examinar o baixo ventre e os órgãos genitais da jovem, o que se viu impedido de fazer pela acompanhante. Terá sido violada, sem dúvida; regressaremos a este ponto mais adiante.

Nos arquivos, figura um outro testemunho do doutor Utkine.

Depoimento do doutor Utkine (14-15 de junho de 1919)
«Após o interrogatório (de Fevereiro, MF), desloquei-me à farmácia onde preparava os medicamentos. As receitas encontravam-se na farmácia e tinha-as recebido do gerente Korepanov. Lembro-me de que, ao passar a receita, me interroguei se deveria ou não escrever nela o nome de Romanov. Quando fiz a pergunta aos bolcheviques, ordenaram-me que inscrevesse nela uma letra qualquer; assim, escrevi a letra N. Por isso a receita ficou, não sendo reproduzida no livro».

Em seguida, apresentou-se ao doutor Utkine uma série de fotografias e o médico identificou Anastásia e a agente secreta. «Eu sei, nós temos todos os fios da meada» — comentaram. No momento de assinar o depoimento, o doutor Utkine assinalou a existência de um erro no auto: a jovem doente não dissera «sou Anastásia, filha do imperador», mas sim, «sou Anastásia, filha do soberano» (*Gosoudaria*). Numa outra passagem do depoimento, o médico julga-a mentalmente desequilibrada. Tal não é de admirar se foi de facto espancada, chicoteada e violentada, se não mesmo violada; não tinha ainda dezoito anos. Este testemunho não foi levado em conta por Sokolov e por Dieterichs, que consideraram o médico muito nervoso e pouco digno de crédito. Estaria sem dúvida nervoso pois começaram por perguntar-lhe por que motivo se não apresentara de imediato a relatar a história assim que os brancos procederam à libertação.

Ainda de acordo com o testemunho de Natália Vassilievna Mutnikn, um mês depois, Anastásia – ou Tatiana, a deponente não está certa quanto a isso – foi seguidamente conduzida a Glazov e depois na direcção de Kazan. De acordo com o irmão Vladimiro, inteirou-se de que os corpos do czar e do herdeiro tinham sido queimados em Ekaterinburgo.

«Ela morreu em seguida, dos ferimentos ou das sevícias sofridas, desconheço; mas sei que se efectuaram as suas exéquias à uma da manhã, perto do hipódromo; os bolcheviques fizeram tudo isso no meio de um grande segredo.»

Este testemunho fornece algumas indicações sobre o fim de Alexis e sobre aquilo que poderá ter sido a segunda morte de Anastásia. Ora, tais exéquias à uma da madrugada evocam, pelo contrário, grande movimentação próximo de Ekaterinburgo. A fragilidade de depoimento, nos termos em que é feito, exige prudência.

Nota-se, sobretudo, que, segundo os inquiridores, os militares, os juízes Sergueiev e Sokolov ou a polícia criminal as orientações e os depoimentos pendem quer para um lado quer para outro.

Contudo, a «hipótese inconfessável» torna-se mais consistente a partir de Perm, pois os documentos susceptíveis de apoiá-la não provêm apenas de um dos processos do inquérito, mas também de outras fontes que, ao confluírem, possibilitam sustentar melhor a referida hipótese

3. Partida para Moscovo e Kiev

Os documentos da instrução indicam que, em conformidade com o testemunho de Evguenia Sokolova, professora em Perm, «a imperatriz e suas três filhas deixaram Perm, de comboio, depois de Setembro» (depoimento de 17 de Março de 1919). O ponto de interesse neste caso é o facto de se aludir a três filhas e não a quatro, o que corrobora outras informações.

O principal documento em apoio deste dado provém de Alexis de Durazzo, príncipe de Anjou, neto de uma princesa que se dizia uma das filhas do ex-czar, Maria. Esta deixou um depoimento manuscrito, datado de 10 de Fevereiro de 1970, «para só ser aberto depois de dez anos» e que Alexis de Durazzo publicou em 1982.

> «Na manhã de 6 de Outubro de 1918, na cidade de Perm onde nos encontrávamos desde 19 de julho, minha mãe e minhas três irmãs (*sic*, refere de facto *minhas três irmãs* – MF), fomos separadas e metidas em comboios. Cheguei a Moscovo a 18 de Outubro (*sic*), onde G. Tchitcherine, primo do conde Tchupski, me confiou (*sic*) à guarda do representante ucraniano (...) para partir para Kiev».

Este texto manuscrito, redigido em 1970 pela mão trémula de uma mulher de setenta e um anos, proviria assim, segundo o neto que o publicou em 1982, de Maria, que terá afirmado ser uma das filhas de Nicolau II. Alexis acrescenta-lhe o testemunho oral da avó, que, «por razões de segurança», se mantivera em silêncio. Fornece informações sobre a estada em Perm e sobre a separação da imperatriz e das quatro filhas em dois grupos, ela própria, Maria, ficando alojada em casa de Beriozine juntamente com Anastásia, «esta fugiu em 17 de Setembro e desapareceu», tendo-se escapado pela segunda vez, por consequência. Mas, depois disso, não há mais notícia dela.

Houve de facto negociações entre bolcheviques e Alemães.

O testemunho de «Maria» liga entre si os diversos fios da trama. Alguns dias depois da retirada de Ekaterinburgo para Perm, Beloborodov informou-a de que «iam partir para Moscovo» e que deveria aprontar-se para a viagem. Seriam conduzidas em pequenos grupos. «Preparai-vos, mas sem muita bagagem, apenas uma maleta ou uma trouxa». A 6 de Outubro, levaram-nas a pé à estação de Perm. Os bolcheviques anuíram ao desejo da imperatriz de ficar na companhia de Tatiana. Olga dirigiu-se a Maria, dizendo-lhe em inglês: «Nesta altura, que nos importa? Já não poderá acontecer-nos nada de pior. Seja feita a vontade de Deus!» Subiu para um comboio e Maria para outro. Maria relatou que, durante a viagem, um brutamontes ordenou-lhe que tirasse os brincos; não conseguindo ela fazê-lo, o indivíduo arrancou-lhos à força, gesto que lhe deixou uma cicatriz. Chegou a Moscovo no dia 18 e alojaram-na na antiga residência de Bruce Lockardt, recebendo-a aí a mulher de Lunatcharski... G. Tchitcherine foi logo visitá-la, beijou-lhe a mão com modos corteses e comunicou-lhe que «as embaixadas estrangeiras tratavam da sua partida e da de sua família». Ela própria seguiria para Kiev. «Nós, os comunistas, abatemos a tirania da vossa família, mas sabemos respeitar a vida humana». Acrescentou que ela seria entregue ao governo ucraniano, «governo fantoche, naturalmente, mas é em Kiev que se encontram os representantes da vossa família alemã e teremos assim de seguir para lá».

Dia mais tarde, o general Skoropadski enviou um comboio especial em que Maria viajou, detentora de passaporte em nome da condessa Szapska, familiar do conde polaco Czapski, primo-direito de Tchitcherine (*Moi, Alexis...*, páginas 180-183).

Nessa mesma semana, mais precisamente no dia 22 de Outubro de 1918, Karl Liebknecht saía da prisão por ordem de Guilherme II e do chanceler Max de Bade. Em seguida, era posto em liberdade Jogisches, outro espartaquista de origem polaca. Terão sido pura coincidência as duas libertações? Ou ter-se-á tratado do primeiro caso de troca de reféns entre o Leste e o Oeste? Pelo menos, sabe-se ao certo que, durante o Verão, em Berlim, Karl Radek, representante do poder bolchevique em conjunto com Ioffe, tomou a iniciativa de propor a libertação da imperatriz e das filhas contra a de prisioneiros da ultra-esquerda detidos pelo *Kaiser*, garantindo aos Alemães que a imperatriz e as filhas se achavam em segurança...

O testemunho de Maria e o de Sokolova são os únicos que se referem explicitamente à partida de Perm e depois à transferência para Kiev, na Ucrânia. Tais depoimentos corroboram outros documentos de origem espanhola, alemã e do Vaticano, *respeitantes às negociações* relativas à transferência, unicamente àquelas e *não ao facto real da transferência*. Todos esses documentos datam dos meses de Agosto e de Setembro de 1918, na altura em que foi oficialmente divulgada a execução do czar, bem como a de todos os grão-duques, detidos em Alapaievsk, a norte de Ekaterinburgo.

Não será difícil imaginar a emoção que tais notícias provocaram nas cortes europeias – na de Berlim, de Copenhaga e de Westminster. A corte de Madrid, neutral, procurou intervir para obter dos bolcheviques a libertação da imperatriz e das princesas, se acaso estivessem ainda vivas. Nisso se empenhou sobretudo o rei de Espanha.

Afonso XIII, o monarca espanhol, estava directamente ligado pelo casamento à rainha Vitória e, deste modo, a Alexandra.

Consultando os arquivos espanhóis, o historiador Carlos Seco Serrano verificou que, na data de 4 de Agosto de 1918, a corte espanhola considerava que o czar fora assassinado, estando vivas a mulher e filhas. Eis o texto em causa, a carta do embaixador de Espanha em Londres, Alfonso Merry del Val, dirigida a Eduardo Dato, ministro dos Negócios Estrangeiros, datada de 4 de Agosto de 1918:

«Tendo sido interrompida a conversa que tivemos, isso impediu-me de submeter Vossa Excelência certa ideia, assaz importante e premente, relacionada com as diligências por vós empreendidas a favor da imperatriz viúva (*sic*) e das filhas do desventurado ex-imperador da Rússia. Não haverá possibilidade de incluir o caso desta augusta senhora nas negociações projectadas? Como sabeis, ela é irmã da rainha Alexandra, mãe do rei Jorge V, e a intervenção em seu auxílio tornaria mais aceitáveis, tanto para a família real britânica como para a opinião pública inglesa, as diligências em curso para libertar a imperatriz Alice. Esta (...) é muito mal vista, sendo tida por agente, consciente ou não, da Alemanha e considerada a principal responsável – mesmo que involuntária – pela revolução, devido aos maus conselhos que dispensou ao marido, totalmente dominado por ela (...) É tal o ressentimento contra a imperatriz Alice que se exclui qualquer possibilidade de ela fixar residência no Reino Unido...»

O segundo texto, o telegrama número 858, datado de um mês mais tarde (6 de Setembro de 1918) refere-se às negociações havidas com Tchitcherine. Incumbido por Madrid de negociar a transferência da imperatriz e das filhas, Fernando Gomez Contreras viajara para Moscovo a partir de Petrogrado na companhia do encarregado de negócios dos Países Baixos, avistando-se com Tchitcherine por duas vezes, a 5 de Setembro de 1918.

«O comissário do povo recebeu-nos uma hora depois da hora aprazada, num local imundo que serve de ministério dos Negócios

Estrangeiros, *estando também presente um outro israelita*, seu adjunto* (este último dado apenas figura no telegrama em espanhol: *accompanado de otro israelito es su adjunto*). Expus-lhe o propósito humanitário do nosso soberano e o seu desejo de não se imiscuir nos assuntos internos da Rússia e disse-lhe que a família imperial permaneceria confinada à Espanha e longe de quaisquer práticas políticas. O comissário principiou por mostrar-se descontente pelo facto de intercedermos a favor daqueles que tantos malefícios tinham causado ao povo. Em termos agrestes, exigiu-me o reconhecimento oficial do poder dos sovietes, acrescentando que, para discutir o assunto em causa, seria necessário o reconhecimento recíproco das duas partes. Disse também que, por esse mesmo motivo, punha em dúvida a validade da nossa garantia de mantermos afastada a família imperial de todos os movimentos contra revolucionários. Aludindo à detenção (1915) de Trotski em Espanha (*aludo a detencion de Trota ou Trots em Espana*) sustentou que nosso país se transformaria em local de acolhimento da reacção e da contra-revolução contra o proletariado internacional.»

Argumentei que o martírio inútil dessa mulher indefesa atrairia sobre eles a censura do mundo inteiro. Depois de penosa discussão e de esforço aturado, consegui que o nosso pedido fosse objecto de análise na próxima reunião do comité executivo central.

Referindo-se a Tchitcherine (e a Karakhan), Gomez Contreras, acrescenta ainda:

«A 15 de Setembro, alegando instruções do respectivo ministro fornecidas em 22 de Agosto, instruções para "solicitar a transferência da família imperial para Espanha", disse que "providenciaria no sentido de solucionar o caso das damas imperiais no sentido de uma libertação".»

Alguns dados provenientes quer de fontes russas quer alemãs dão conta destas negociações.

Nas suas *Memórias*, o antigo ministro dos Negócios Estrangeiros, Miliukov, que se encontrava em Kiev no Verão de 1918, relata ter tido conversações com os Alemães, e, de fonte ucraniana, sabe-se que procurou casar Olga ou Tatiana, a filha mais velha de Nicolau II, com Dmitri Pavlovitch, a fim de fundar um Estado ucraniano «protegido» pela Alemanha e pela Rússia. Estas conversações ocorrerão em Agosto de 1919, cerca de dois meses após a pretensa morte das princesas imperiais. Será possível que Miliukov ignorasse, em Kiev, cidade

---

* Tratava-se de Karakhan que, na realidade, não era judeu, mas sim arménio. Karakhan foi executado durante o período estalinista.

dominada pelos Alemães na época, tudo quanto dizia respeito à família de Nicolau*?

Seja como for, os Alemães dizem ter conhecimento do caso. Nos arquivos de Berlim, Summers e Mangold descobriram provas dos projectos do conde Alvensleben, figura central das negociações ocorridas entre Alemães, Russos e Ucranianos. Alvensleben foi o «olho de Guilherme II», conforme observava Jean Pelissier, jornalista francês presente em Kiev. «Entre 16 e 20 de Junho, correu de novo o boato da morte de Nicolau II, o que é falso» – disse Alvensleben ao general Dolgorokov no dia 5 desse mesmo mês. E assim que o comunicado surgiu, rezou-se missa de Requiem em Kiev e também outra em Copenhaga, onde, tenho sabido da notícia divulgada naquela cidade russa, o embaixador da Rússia na Dinamarca comentou para o embaixador de França tratar-se de um artifício destinado a salvar a vida do imperador.

Esperariam os Alemães, tal como o *Kaiser* desejava, salvar toda a família imperial, inclusive o czar? Pode supor-se que sim mas, em Ekaterinburgo, os bolcheviques haviam decidido executá-lo e evacuar apenas as alemãs, valendo-se do disfarce já referido para que os socialistas da esquerda revolucionária julgassem morta toda a família. O irmão da imperatriz, Ernesto de Hesse, encontra-se com Guilherme II e, em conformidade com o que N. Mikhailovitch diz na sua carta de 26 de Junho/1 de Julho, «tinham chegado ordens de Berlim para Lenine e Trotski a propósito do soberano e respectiva família». Posteriormente, Ernesto de Hesse que, como é natural, procurava saber notícias, dirigiu uma mensagem à corte inglesa por interposta pessoa, que rezava assim: «Ernie telegrafou dizendo saber de duas fontes seguras que Alice e todos os filhos estão vivos». Este telegrama, descoberto por Sumers e Mangold, tem a data de 27 de Setembro de 1918, ou seja, mais de dois meses após a presumível morte de todos os elementos da família imperial.

Mas existe ainda uma outra fonte, a dos *Arquivos do Vaticano.*

Uma carta do ministério dos Negócios Estrangeiros de Berlim, datada de 21 de Setembro de 1918 e dirigida a Sua Eminência o cardeal von Hartmann, arcebispo de Colónia, atesta que «os Russos deram a saber (aos Alemães) que não interfeririam nos seus assuntos, que protegeriam as grã-duquesas da cólera popular e que planeavam transferi-las para a Crimeia».

Com efeito, o Vaticano e a Igreja desempenharam também o papel de intercessores na difícil tarefa de salvar as filhas e a mulher do ex--czar. Ora, em 10 de Outubro de 1918 – após a transferência, portanto, se acaso esta se verificou de facto – os bolcheviques responderam pela

---

* Em carta datada de 26 de Junho/1 de Julho de 1918, expedida de Vologda, o grão-duque N. Mikhailovitch (executado em 28 de Janeiro de 1919) escrevia a Frédéric Masson que a imperatriz-mãe fora libertada pelos Alemães entre 1 e 14 de Maio da prisão em que os bolcheviques a mantinham. Recusara-se a partir para a Dinamarca sob custódia alemã, declarando que preferia ser morta pelos Russos.

primeira vez à Santa Sé, por intermédio do cônsul austro-húngaro em Moscovo, que «ignoravam o local de paradeiro da czarina e das filhas». Mentira diplomática, pois, se elas se encontravam na Ucrânia, os bolcheviques podiam declarar desconhecer o seu paradeiro.

Um outro documento inédito muito curioso evoca a partida de toda a família, que terá deixado a Ucrânia em 1919. O documento dirigido ao rei de Inglaterra refere-se ao czar como tendo sobrevivido – a menos que se trate de um erro de transcrição. O seu interesse reside no facto de Olga, Tatiana e Maria serem explicitamente mencionadas como havendo feito a viagem, mas não Anastásia:

From Lord Hardinge of Penhurst, Permanent Under-secretary for the Foreign Affairs (handwritten date) Third of Fifth June 1919. The King.

Your Majesty,
In response to your Majesty's enquire, I have ascertained from the Chargé d'Affaires in Vienna that the route taken by His imperial Majesty the Csar and the Grand Duchesses Olga, Tatiana and Marie was as you were informed by Her Majesty the Queen Mother from Odessa – Constantinople arriving February 26th.

From Constantinople by train arriving Sofia February 28th. From Sofia to Wien on March 3rd arriving Wien March 7th. From Wien to Linz by car arriving 8th. From Linz to Wroclau or Breslau on May 6th arriving Wroclau May 10th.

I am your Majesty's obedient servant

Hardinge.

De Lord Hardinge de Penhurst, subsecretário permanente do ministério dos Negócios Estrangeiros. 3 ou 5 de Junho de 1919 (data manuscrita). Ao rei:

Majestade,
Em resposta às perguntas feitas por Vossa Majestade, informou-me o encarregado de negócios de Viena de que o percurso da viagem de Sua Majestade Imperial o Czar e das grã-duquesas Olga, Tatiana e Maria foi aquele de que vós tomasteis conhecimento através de Sua Majestade a Rainha-Mãe, isto é, de Odessa a Constantinopla, com chegada no dia 26 de Fevereiro; por comboio de Constantinopla a Sófia, chegando a 28 de Fevereiro; desta cidade para Viena em 3 de Março, com chegada no dia 7 desse mês; de Viena a Linz de automóvel, com chegada a S; de Linz a Wroclau ou a Breslau em 6 de Maio, atingindo Wroclau no dia 10 desse mesmo mês.

O súbdito obediente de Vossa Majestade,

Hardinge.

É estranha a referência ao czar. Como se viu, por várias vezes se supôs que também ele deixara Ekaterinburgo, sendo transferido para Perm. Ignoraria ainda o Foreign Office tudo o que Berlim e Moscovo tramavam? Constituiria a citada carta um artifício? Seja como for, suscita o problema de Anastásia.

Hipótese sobre o destino de Anastásia

No que se refere a Anastásia, se acaso a rede entre Perm e Kiev funcionou de facto, uma das hipóteses possíveis seria a seguinte:

Levada para Perm em conjunto com as irmãs, Anastásia foge com um guarda jovem e depois é recapturada, sujeita a sevícias ou mesmo a violação por parte dos soldados, reconduzia e observada pelo doutor Utkine. Em seguida, desaparece novamente sem que se saiba como. Em todas as referências, não se alude ao seu transporte até à estação de Perm e, a partir do mês de Setembro, as outras irmãs desconhecem o que lhe sucedeu.

Ignorando a partida das irmãs no dia 6 de Outubro de 1918, Anastásia afirma ser a única «que se salvou». Contudo, repete que «o que aconteceu em Ekaterinburgo não foi o que se relatou». Nada mais pode dizer a seu respeito porque, em nossa opinião, com apenas dezoito anos, traumatizada pela violação e pelas sevícias sofridas, não lhe foi possível referir-se ao acontecimento, «confessá-lo», contida por uma espécie de culpabilidade, culpabilidade exacerbada pela educação vitoriana e pela categoria a que pertencia. E talvez tenha tido também certa vergonha por haver «abandonado» (*sic*) os seus, fugindo sozinha.

Seria alemão ou austríaco o jovem que a acompanhou na fuga? Anastásia surge de novo na Alemanha, grávida. Quando reaparece em 1919, está gravemente enferma e é reconhecida e identificada por vários membros da família, nomeadamente pelas duas tias, Olga Xénia, irmãs de Nicolau II, assim como parentes. Mas quem saberia do paradeiro das irmãs nessa altura? Talvez Ernesto de Hesse, irmão de Alexandra, que, em 27 de Setembro de 1918, enviou um telegrama garantindo estarem vivas. Contudo, não existem informes provenientes de outras fontes. Ora, enquanto terá sido possível dominar as irmãs em Kiev ou na Polónia, Anastásia é uma figura incómoda. Contra todas as expectativas, recupera a saúde; torna-se a senhora Tschaikowski e, julgando-se a única sobrevivente da família, reivindica os seus direitos à herança dos Romanov, herança de que Cirilo e as tias Olga e Xénia pretendem apoderar-se. Os argumentos de Gleb Botkine são bastante convincentes quanto a este ponto. Filho do doutor Botkine, o médico do czar assassinado em Ekaterinburgo, conheceu de perto as quatro irmãs e foi delas companheiro de infância durante vários anos até à detenção em Ekaterinburgo. Reconheceu de imediatamente Anastásia sob os traços de senhora Tschaikowski. E, segundo ele, as tias Olga e Xénia inverteram o seu parecer a partir do momento em que, depois de curada, Anastásia fez valer as suas pretensões, declarando só reconhecerem Anastásia como tal se a justiça assim o decidisse. Apoiadas por Cirilo e por Ernesto de Hesse, principiaram a falar de impostura. Interrogada, Anastásia recordou que Ernesto se avistara com a imperatriz em plena guerra, sendo na altura oficial alemão, uma pessoa inconveniente.

As outras irmãs mostraram-se mais discretas; mais temerosas, sobreviveram por isso mesmo. Além disso, o trauma sofrido, a insegurança reinante em toda a Europa Central em 1919, o medo de serem descobertas pelos bolcheviques e assassinadas tal como sucedera a grande parte da família, esse conjunto de circunstâncias explica bem que se tenham mantido escondidas. Maria só decidiu revelar a «sua» verdade algumas dezenas de anos depois. Segundo Alexis de Durazzo, Anastásia foi sacrificada aos imperativos dinásticos: Cirilo apresentava-se como chefe da casa Romanov e Anastásia tornava-se assim uma figura incómoda. Principiava a murmurar-se que as quatro irmãs tinham sido violadas, uma verdadeira desonra. As outras três irmãs foram ajudadas, nomeadamente pela rainha da Roménia e pelo *Kaiser*, durante o exílio deste na Holanda.

Todos estes factos se encadeiam em maior ou menor grau. É certo que, como se viu, Maria evoca as três irmãs no depoimento escrito, aludindo, além disso, ao desaparecimento de Anastásia, no testemunho oral. Mas vimos também que os chefes bolcheviques ligados ao caso são precisamente aqueles que se referiram de modo explícito à sobrevivência da czarina e das quatro filhas: em primeiro lugar, G. Tchitcherine, que desempenhou um papel fulcral no assunto, o que as respectivas funções em 1918 lhe permitiam fazer; em seguida, G. Zinoviev, visto que a sua colaboradora terá estado em Perm, em missão secreta, no momento das transferências; e também M. Litvinov, colaborador de Tchitcherine, que, a partir de Dezembro de 1918, a seguir ao Armistício, sustenta as declarações quanto à sobrevivência, muito embora deixasse de ser necessário iludir os Alemães quanto ao caso das filhas e da mulher de Nicolau II.

É importante este dado, pois suspeitou-se – o historiador russo antibolchevique Melgunov, em particular – constituírem um ludíbrio tais negociações entre bolcheviques a Alemães, fingindo os primeiros tratar da libertação das filhas do czar quando sabiam perfeitamente estarem mortas.

Dispõe-se de informes seguros sobre Anastásia e Maria. Esses informes conciliam-se bastante bem, o que não constitui prova irrefutável no entanto, pois o testemunho de Maria só foi divulgado muito mais tarde. Alexis de Durazzo publicou tais provas depois de ler o trabalho de Summers e Mangold, que lhe desobstruíram o caminho; não lera, porém, o *Guibel Tsarskoi Semi*, publicado em 1987*. No entanto, a escassez de informações sobre a imperatriz e sobre Tatiana torna hipotéticas as alegações de sobrevivência. Alexis escreve que Alexandra foi encerrada num convento da Podólia; mas nada diz sobre Tatiana, salvo ter-se correspondido com a avó. É certo que se dispõe de informes inéditos sobre Maria e sobre Anastásia. Em primeiro lugar, existe o testemunho directo do príncipe Ghika, atestando que, em 1920, tomou conhecimento do matrimónio da grã-duquesa Maria com o príncipe Dolgoruki. Testemunha, sobretudo, que o grão-duque Cirilo pediu à rainha Maria da Roménia – neta de Alexandre II e de Vitória – «que deixasse de falar da passagem das duas grã-duquesas (Maria e Anastásia) por Bucareste» em 1919, «por razões de ordem familiar». Nesse mesmo ano, no livro *Maria da Roménia*, Hanna Pakula diz que a corte de Inglaterra comunicou à rainha da Roménia que Maria Nicolaievna, a filha do czar, não seria bem recebida se acaso tencionasse exilar-se em Londres, o que se explicaria pelo facto de a corte inglesa não querer reavivar a recordação do comportamento de Jorge V entre 1917 e 1918, muito embora, depois disso, o rei contribuísse para o financiamento dos projectos de fuga pela Europa Setentrional. Terá constituído isto um indício da aliança da corte de Inglaterra ao outro ramo dos Romanov, derradeiro avatar da revolução palaciana abortada em 1917?

«Todos decidiram comportar-se como animais ferozes» – comentava a rainha da Roménia. O mesmo disse um diplomata soviético ao doutor Botkine (filho do já mencionado médico do czar), que então se encontrava nos Estados Unidos – os Romanov mostraram-se mais cruéis para Anastásia do que os próprios bolcheviques.

Além disso, existe uma fotografia de Maria e Olga juntas, tirada em 1957. Tratar-se-á delas realmente? E outro testemunho do ano de 1983: a irmã Pasqualina Lehnert, criada de Pio XII, atesta que o papa viu no Vaticano as duas princesas Olga e Maria – «eram de facto elas» – em data que não lhe foi possível precisar, entre 1939 e 1957, portanto.

Todos os testemunhos antes referidos suscitam o problema da verdade da morte de Nicolau II e da conveniência do silêncio que a rodeia.

Um género de morte diferente?

A «hipótese inconfessável» pressupõe outro género de morte para Nicolau II. Regressemos, pois, a meados de Julho de 1918. A versão dada por Alexis de Durazzo, príncipe de Anjou, de acordo com o depoimento de sua avó, indica os acontecimentos da seguinte maneira:

---

* Interrogámo-lo demoradamente em Madrid, em Março de 1989.

«No dia 23 de Junho de 1918 (ou seja, 6 de Julho), Iurovski levou o imperador da casa Ipatiev a fim de entabularem conversações (...) Encontrou-se com duas pessoas chegadas de Moscovo (...) e foi-lhe proposta partida para o estrangeiro sob ressalva de aceitar certas condições de ordem diversa. Para salvar a família, o imperador acedeu (...) Regressou no dia 9 de Julho. A 12, Iurovski informou os membros da família imperial de que deveriam preparar-se para uma longa viagem, a efectuar no mais completo segredo. Com essa finalidade, comunicou-lhes que teriam de mudar de aspecto (...) No dia 15 de Julho, disse ao imperador que seria o primeiro a ser transferido, separadamente dos restantes familiares, apenas acompanhado por Alexis. A minha avó (Maria) foi formal quanto a este ponto. Levaram-nos na noite de 15 de Julho (...) Mas minha avó não soube para onde os conduziram».

Corroboram este testemunho os cabelos cortados e os pêlos da barba que terão sido descobertos na casa Ipatiev. A jovem examinada pelo doutor Utkine também tinha cabelos curtos, o que constitui nova confirmação, conquanto já anteriormente tivessem rapado os cabelos às quatro filhas do czar, sem dúvida um ano antes, como se vê numa fotografia.

Que se passou em seguida? Apenas o testemunho de Tchemodurov – tratar-se-ia do criado fugido ao massacre que figura no *Guibel Tsarskoi Semi* – fornece um relato pormenorizado dos acontecimentos seguintes. Publicado com a assinatura de K. Akkerman, correspondente do *New York Times*, no número trinta e um do *Vestnik Mandtchourii*.

Eis o depoimento de Parfen Alekseievitch Domnine, aliás Tchermodurov Terenti Ivanovitch:

«Nos primeiros dias de Julho, aviões principiaram a sobrevoar a cidade em voos rasantes, lançando bombas que não provocaram estragos. Ao mesmo tempo, cresciam os boatos de que os Checoslovacos se preparavam para tomar a cidade. Numa dessas noites, regressando do habitual passeio no jardim, Nicolau dir-se-ia mais perturbado do que de costume, pois ajoelhou-se diante do ícone do taumaturgo Nicolau, deitando-se depois na cama sem se despir; nunca assim procedera.

— Permiti-me que vos dispa – disse eu.

— Não te preocupes. Estou triste e sinto que não viverei muito mais tempo. Talvez hoje...

Mas o ex-czar não terminou a frase.

— Que Deus vos acompanhe – repliquei.

Depois contou-me que, durante o passeio, recebera informações sobre a reunião da comissão de cossacos e de soldados do Ural, que deveria decidir o seu destino. Nessa reunião dissera-se que ele se propunha fugir para os Checoslovacos ou que estes pretendiam arrancá-lo às mãos dos sovietes. "Não sei que irá suceder" – concluiu Nicolau.

«O czar encontrava-se sob vigilância apertada; não lhe era permitido ler jornais nem sair, excepto para um curto passeio (...) Durante todo esse tempo, o *czarevitch* não deixara de estar doente. Nesse dia, precipitou-se para o quarto do pai, desfeito em lágrimas e, soluçando, lançou-se-lhe ao pescoço, dizendo:

— Eles querem fuzilar-te, papá!
— Sossega – respondeu Nicolau. — Que Deus te abençoe. Que faz tua mãe?
— A mamã está a chorar.
— Então vai confortá-la.

Depois o czar ajoelhou-se, principiando a rezar.

Nessa noite de 15 de Julho, o comissário da guarda entrou e disse:
— Acompanhai-me à reunião do soviete, cidadão Nicolau Alexandrovitch Romanov.
— Dizei-me abertamente, levais-me para ser fuzilado... – disse o czar.
— Não, não receeis tal coisa – replicou o comissário, sorrindo.
— Exigem a tua presença no soviete.

Nicolau levantou-se da cama, envergou o uniforme, calçou-se, pôs o cinturão e saiu na companhia do comissário.

(...) Regressou ao cabo de duas horas e meia, de rosto lívido, o queixo tremendo nervosamente.
— Dá-me um copo de água – pediu.
Trouxe-lho e ele engoliu-o de um trago.
— Que aconteceu? – inquiri.
— Comunicaram-me que me fuzilariam dentro de três horas».

Mais adiante, Tchemodurov explica:

«Na reunião em que Nicolau II participou, foram lidos todos os pormenores relativos à conjura contra-revolucionária, fomentada por uma organização secreta denominada Defesa da Pátria e da Liberdade. Foi dito que esta procurava abafar a revolução operária e camponesa, incitar as massas contra o poder dos sovietes e acusá-los de todas as desgraças que aconteciam na altura, até mesmo do avanço das tropas alemãs. Essa organização agrupava todas as facções não soviéticas, dos socialistas aos monárquicos. À sua frente achava-se um amigo do czar, o general Dogert e pertenciam também a ela os denominados círculos operários do príncipe Kropotkine, o general Sukart e o engenheiro Il'inski. Pensava-se que Savinkov estivesse relacionado com a organização e que seria colocado à frente do governo como ditador militar (...) Disse-se também que, nos últimos tempos, se formara nova conspiração para libertar o imperador, tendo à cabeça o general Dutov, etc, etc.

«Perante todos esses factos e face à decisão de evacuar Ekaterinburgo, o soviete decidiu executar Nicolau II sem mais delongas.

— Cidadão Nicolau Romanov – disse o presidente – informo-vos de que dispondes de três horas para regularizar os vossos assuntos. A guarda não deixará de estar de olho em vós.

«Quando Nicolau regressou, Alexandra e o *czarevitch* foram ter com ele, desfeitos em lágrimas. A czarina desmaiou e chamaram um médico. Quando voltou a si, lançou-se aos pés dos soldados, pedindo clemência. Estes, porém, responderam não ter poder para tanto.

— Por Jesus Cristo te peço, Alice, acalma-te – tranquilizou-a Nicolau em voz doce. Beijou a mulher e o filho, chamou-me, beijou-me também e disse:

— Meu velho, não abandones Alexandra Fedorovna nem Alexis. Não tenho mais ninguém e não terão quem os ajude quando me levarem.

«Além dos referidos, ninguém mais se despediu do czar. Ficaram a sós com ele até à chegada do presidente do soviete acompanhado de cinco soldados e de dois operários.

— Põe o capote – recomendou o presidente ao czar.

«Com total domínio dos nervos, Nicolau principiou a vestir-se. Beijou uma vez mais a mulher, o filho e o criado e, dirigindo-se aos recém-chegados, informou:

— Estou ao vosso dispor.

«A czarina e Alexis tiveram uma crise de histeria e quando me precipitei a socorrê-los o presidente disse:

— Fareis isso mais tarde, não agora.

— Permiti-me que acompanhe o meu senhor.

— Não, ninguém pode acompanhá-lo.

«Conduziram-no não sei onde e foi fuzilado por solados do 20.º batalhão.

«Antes da alvorada, isto é, ainda na noite de 15 de Julho, o presidente do soviete regressou acompanhado de alguns soldados, do médico e do comissário da guarda. Foram ao quarto do czar e o médico prestou assistência à czarina e ao *czarevitch*, que estavam inconscientes. Depois o presidente perguntou ao médico:

— Já podemos levá-los?

— Já – disse ele.

— Vamos levar-vos – comunicou o presidente. — Preparai as vossas coisas, o indispensável, apenas uns quinze a dezoito quilogramas de bagagem.

«(...) Enquanto faziam os preparativos, o presidente disse-me:

— E tu, velho, desaparece. Não ficará aqui ninguém. Já não és preciso.

«Levaram a czarina e o filho num carro, não sei para onde».

Neste testemunho, o mais estranho é que o seu autor, Parfen Alekseievitch Domnine, não existe; esse nome seria o pseudónimo de Tchemodurov, e ter-lhe-à sido atribuído pelo jornalista americano por uma questão de segurança. É esta pelo menos a hipótese proposta por Summers e Mangold. Seja como for, o relato, datado de Março de 1919, encaixa-se bastante bem nas outras peças da engrenagem. Aliás, os dois jornalistas apresentam outros testemunhos que corroboram o anterior. É certo que o velho criado do czar – se acaso se trata dele de facto – estaria doente, em princípio, e em tratamento no hospital da prisão há várias semanas. Portanto, não poderia encontrar-se no local dos acontecimentos, a menos que tivesse saído a passeio e regressado depois ao hospital, escapando assim à sorte dos outros servidores do czar. Mais tarde, perante o juiz Sergueiev, testemunhou que os cabelos encontrados na casa Ipatiev pertenciam às quatro princesas, cujas cabeças tinham sido rapadas; assim como também reconheceu a barba do czar, que ele cortara curta – como se toda a família tivesse querido modificar a aparência. Ora, nem o juiz Sergueiev nem o juiz Sokolov registaram tal testemunho. Terá sido pelo facto de pressuporem que o deponente não estava presente quando foi cometido o crime? Mas o seu depoimento é corroborado por um texto do *Pravda*, no qual se lia que o czar foi fuzilado *fora da cidade* por dez guardas vermelhos, o que condiz com o texto de Bikov.

Causa espanto que Ross, sempre tão rigoroso nas observações, apenas afirme que Domine não existe sem sequer aludir aos argumentos de Summers e de Mangold, apresentados para demonstrar que se tratava de Tchemodurov, figura que aquele conhece e cita, aliás. Destrói a validade de tal testemunho, limitando-se a precisar que, à data, não havia na Sibéria aviões checoslovacos ou russos. Também rejeitara já a hipótese do capitão Malinovski e afirmara que o juiz Sergueiev acreditava na tese do assassínio colectivo. Além disso, tendo interrompido a publicação dos documentos em 21 de Fevereiro de 1920, não alude às afirmações de Alvensleben feitas a Dolgorukov, a que se atribui a data de 5 de Fevereiro de 1921. Por fim, Ross não dá a mínima importância ao conjunto de depoimentos relativos a Perm. Nota apenas que o doutor Utkine foi a única pessoa que pretende ter falado com a suposta Anastásia.

Em resumo, ao mesmo tempo que publica os textos que Sokolov pusera de parte, Ross considera-os pouco significativos e insuficientemente fundamentados para permitirem a contestação da vulgata.

Ora, são contraditórios todos os textos relativos ao assassínio da família inteira. Nenhum dos testemunhos concorda. Tão depressa os corpos são queimados, como enterrados, como se lhes cortaram as cabeças; hoje em dia, propõe-se mesmo que se fotografem todos os crânios... Os assassinos são quer da Tcheca, quer militares, sendo quatro às vezes, outras onze. As vítimas também não penetram na sala pela mesma ordem, etc, etc.

Além disso, é de admirar que, num crime cometido com tamanho segredo, tenham sido convocadas cerca de duzentas testemunhas, numa zona dominada pelos brancos, quando os vermelhos haviam retirado para oeste e, de acordo com a lógica, encontrando-se entre eles os executores. Grande número de depoimentos fornece informações concretas e precisas, como se as testemunhas se achassem no cenário dos acontecimentos, testemunhos contraditórios, de resto, que, em certos casos, argumentam a favor do assassínio de toda a família e que, em outros, atestam a sobrevivência de parte dela; ou ainda a sobrevivência de todos os seus elementos, incluindo o czar.

Como vimos, os primeiros inquiridores julgaram estar perante uma encenação. Também o juiz Sergueiev pensou que apenas o czar e o filho tivessem sido executados. Em Perm, por ordem dos Checos, a polícia militar recolheu provas da sobrevivência das princesas Romanov, mas os investigadores foram afastados do caso pelo general Dieterichs. Ora, se este substituiu Sergueiev por Sololov, sendo o primeiro, presumivelmente, socialista-revolucionário e de pouca confiança por causa das conclusões que tirou, também A. Kirsta foi afastado por entrar em conflito com o seu chefe, o general Gaida. Vimos também como tiveram morte trágica todos aqueles cujos testemunhos refutaram em maior ou menor grau a tese do assassínio colectivo.

Contudo, também não pesam grandemente as provas demonstrativas do contrário, que deixam sem resposta o problema da morte de Alexis; não obstante isso, possuem a vantagem da coerência. Têm contra elas, porém, o poder dos «aparelhos», tanto dos brancos como dos vermelhos.

Nesse caso, qual o proveito tanto para uns como para outros?

Quais os objectivos da conjura do silêncio?

O empenho dos brancos em afirmar o assassínio de todos os membros da família imperial explica-se por um motivo aliado ao interesse dinástico, mas independente dele.

Os Romanov reunidos à volta de Cirilo, o autoproclamado chefe da casa Romanov, não suportavam a ideia da sobrevivência de Anastásia ou das suas irmãs, que comprometeria o futuro daquele ramo da família. Mas as razões dos brancos, nomeadamente Koltchak, eram distintas. Tal como Kornilov, também Koltchak não era monárquico desde 1917. É verdade que desejava regressar à antiga ordem, mas sem czarismo. Muito embora uma certa ala do sector militar e dos outubristas ou KD tivesse em mente, desde os finais de 1916, uma revolução palaciana a favor de outro Romanov, o quadro modificara-se por completo com a revolução de Fevereiro e, excepto Miliukov e alguns outros, esses contra-revolucionários haviam abandonado a ideia da monarquia constitucional, fosse qual fosse o ramo dos Romanov a imperar. Eram antibolcheviques, mas tinham-se tornado hostis à restauração, contando instaurar em vez dela uma ordem militar ou mesmo um regime de tipo «fascista»*, como atrás se disse.

Dado o descrédito de Alexandra, a sua presença far-lhes-ia perder toda a credibilidade e entravá-los-ia na luta contra o bolchevismo.

E, sobretudo, a ex-czarina alienar-lhes-ia os governos de Paris e de Londres, que lhes prestavam enorme apoio. «Mesmo que estejam vivos, é preciso dizer que morreram» – repetia R. Wilson, antibolchevique e ex-correpondente do *Times*. Às ordens de Koltchak, Sokolov teria pois de provar que todos os Romanov tinham morrido; terá acabado por fazê-lo, sem dúvida, e por acreditar nisso. Mas o seu militantismo tornou-o odioso a alguns Romanov, que lhe criticavam severamente o empenhamento e que depois se recusaram mesmo a recebê-lo.

Depois disso, sendo considerado como facto o crime colectivo, tido como impostura o caso de Anastásia e, entretanto, havendo sido assassinados outros membros da família Romanov, tanto a razão dinástica como a razão antibolchevique não podiam pôr em dúvida, sem se anularem, a versão tradicional dos acontecimentos. Contudo, isso não sucedeu no caso de Marina Grey, filha do general Denikine, que duvidou de tal versão**.

A característica paradoxal predominante desde há meio século é o facto de tudo se passar como se a razão bolchevique andasse de mãos dadas com a razão dinástica. Ainda hoje, na URSS, as revelações consistem em reproduzir a versão dos brancos adicionado-lhe novos condimentos para realçar o sabor. Como explicar tal coisa?

A primeira razão, já aduzida – se acaso se tratou do assassínio de toda a família – seria o facto de já não ser necessário iludir os Alemães, dada a saída dos Hohenzollern da cena política a partir de 1918. De seguida, tornou-se desnecessário fazer boa figura aos olhos dos Ingleses porque, após a conferência de Génova, a URSS entrara para o restrito clube das grandes potências, e as dimensões do extermínio deixaram de construir um trunfo.

Na Rússia, onde se desconheciam as afirmações de Zinoviev, de Tchitcherine e de Litvinov, era mais conveniente dizer que todos os Romanov tinham sido mortos do que divulgar a realização de negociações – se acaso aconteceram – concluídas com a libertação de Alexandra e das filhas, consideradas alemãs, quando o czar, um russo, fora executado. O regime nada ganharia em revelar as negociações que de facto se efectuaram, qualquer que tenha sido o seu desenlace.

Num país onde a História está sob vigilância mais do que qualquer outro, até à data nenhum historiador profissional teve a ideia de interrogar-se sobre o «porquê» e o «como» dos informes que apoiam a hi-

---

* Ver p. 187
** Crê terem sido também fuzilados, mas em data posterior, os membros da família conduzidos a Perm. (Cf. página 224)

pótese da sobrevivência de Alexandra e das filhas; por exemplo, analisar de perto as negociações havidas entre bolcheviques e Alemães de Abril a Novembro de 1918, de estudar o papel desempenhado por Radek, por Tchitcherine, etc. Quanto a isto, apenas se dispõe de fontes alemãs e espanholas.

No momento presente, momento em que a *glasnost* exige maior transparência, dir-se-á encontrarmo-nos no mesmo ponto. As discussões versam os dados materiais do crime, a cremação, a inumação, etc. Em resumo, há controvérsia quanto aos dados e quanto aos pormenores técnicos já inseridos em maior ou menor grau nos trabalhos publicados pelos brancos. A confissão de Iurovski tem curiosa semelhança com o testemunho deixando por Medvedev. O objectivo é neste caso a revalorização do regime czarista e assim por diante. Reapareceu o nome de Iurovski – era judeu e, na URSS, não figurou no texto de Bikov de 1926; ressurgiu, com toda a justiça, aliás, para reavivar, se acaso isso fosse necessário, a corrente anti-semita. Na época de Nicolau II, tal como se viu, todos os terroristas eram considerados judeus. O texto de Riabov, publicado por *Rodina*, é significativo, deixando implícito que o assassínio do czar russo foi perpetrado por dois judeus, Sverdlov e Iurovski – o nome de Lenine desapareceu.

Não são estes arquivos que permitirão verificar a hipótese da sobrevivência, pois mentem tanto quanto as instituições ou as autoridades que os mantêm secretos. Em quem acreditar? Em Medvedev, em Iurovski, em Utkine ou em Maria Nicolaievna? Também não podemos fiar-nos no exame dos objectos, dos dentes ou dos crânios, pois sabe-se desde há muito como uma técnica pericial pode anular outra.

Apenas a total comparação dos arquivos russos com os arquivos estrangeiros permitirá ser-se mais conclusivo quanto ao que se passou em Ekaterinburgo do que sobre a realidade da papisa Joana. Os Ingleses e os Dinamarqueses poderão sem dúvida ajudar nessa tarefa, pois devem dispor de elementos e de informações que conservam em poder deles; os Soviéticos também, aliás.

Mas de que meios dispõem os que pretendem levar por diante o assunto? E em que mundo a história «do que aconteceu» será relatada sem entraves, não pelo tribunal ou pelo poder político, mas sim pelos historiadores?

Não acontecimento ou pequena notícia

Enquanto as mortes de Carlos I e de Luís XVI, por exemplo, representaram importantes acontecimentos históricos, a de Nicolau II constituiu o exemplo acabado da notícia insignificante, do «não acontecimento». A história soviética mantém sobre ela o silêncio. Quando aos historiadores ocidentais que a abordaram – de acordo com mais do que uma corrente, entenda-se – fizeram-no apenas para retomar a versão de Sokolov ou para contestá-la e não para integrar esse acontecimento nos anais da história russa.

É significativa a maneira como Lenine evoca a morte de Nicolau II, ou seja, entre parênteses. Ao mesmo tempo, relembra que a Rússia estava atrasada em relação ao Ocidente, onde, tanto a Inglaterra como a França, há muito tinham executado os seus monarcas. Sem resultados práticos, aliás, pois a monarquia fora seguidamente restaurada. O essencial – explicava Lenine – era destruir os proprietários fundiários, os *Kulaks*. A morte de Nicolau II não merecia ser mencionada, explicada ou justificada. Lenine referia-se-lhe como informação sobre algo a que era alheio, ocorrência de tão pouca monta que não era digna de comentários.

No entanto, tal não o impediu de negociar com os Alemães o destino da imperatriz e das filhas. Mas essas negociações secretas, ainda na véspera condenadas, mantiveram-se no maior segredo sob a capa de uma teoria da História que dizia ignorar os indivíduos, reconhecendo apenas as classes e os modos de produção. Foi dentro deste espírito que se transformaram em não acontecimentos e se fizeram desaparecer da História as negociações e a execução.

Constitui sem dúvida um paradoxo o facto de o mesmo se ter passado no campo adverso. A sorte da família imperial não representou um trunfo político para os brancos pois estes sabiam que a impopularidade do czarismo seria prejudicial à sua causa. Bastava-lhes sublinhar os crimes cometidos pelos vermelhos e acrescentar-lhes o assassínio dos Romanov. Mantiveram-se alheias a este acontecimento as próprias cortes europeias, só nele intervindo por razões humanitárias e nunca políticas, excepto a dos Hohenzollern. Não acontecimento para os vermelhos e não acontecimento para os antibolcheviques, o crime de Ekaterinburgo inseriu-se apenas na crónica das pequenas notícias.

É certo que entre a ideia que se fez da revolução, a partir de textos sagrados e sacralizados, e a realidade dessa mesma revolução vai uma distância tão grande como a que existe entre a realidade da Idade Média e as vidas dos santos. Face aos discursos dos dirigentes bolcheviques sobre a marcha triunfal do poder, o quadro da nova sociedade dir-se-ia uma imagem invertida: todas as cidades querem ser senhoras do seu caminho-de-ferro, os ferroviários constituem-se em força autónoma; os prisioneiros de guerra ditam a lei, o partido comunista não está em parte alguma; apenas a Tcheca e o soviete recordam que foi a revolução que conferiu o poder a Lenine. Nas áreas dominadas pelos brancos, nem sequer se sabe quem detém o poder, se as autoridades militares, se as civis. Quatro instâncias partilham entre si o inquérito judicial sobre o fim do Romanov, sendo mais exacto dizer que se ignoram ou que se digladiam. Neste contexto, o destino dado aos Romanov não só se insere na rubrica dos pequenos acontecimentos, como também se reveste dessa aparência.

Assim que se torna conhecida a notícia da execução do czar em Ekaterinburgo, logo revistam a casa Ipatiev os oficiais brancos que acabam de tomar a cidade e logo os habitantes nela comparecem em busca de recordações ou, simplesmente, para tocarem nos objectos pertencentes às vítimas. Tal como num vulgar caso criminal, as várias instâncias do Estado disputam entre si os louros da investigação e um juiz sucede-se a outro juiz. Cada uma delas tem os seus métodos pessoais, escolhe as suas próprias testemunhas e propõe as respectivas conclusões, todas elas diferentes. Desaparecem as testemunhas mais importantes, executadas ou assassinadas, sempre em misteriosas condições. Não se sabe quem morreu ou quem escapou. Também se desconhece a quem cabe a responsabilidade das execuções, se à Tcheca, se ao soviete, se à segurança militar. Ignora-se por que motivo o testemunho dos dirigentes se opõe ao dos participantes o que, aliás, ninguém parece notar. Em resumo, cinquenta anos depois, tal como no caso do assassínio de Kennedy, a abundância de testemunhos faz que seja impossível concluir de que género de crime se trata.

De resto, o crime em si nunca foi explicitamente reivindicado; justifica-o o comunicado emitido, mas ninguém assume a responsabilidade dele. *Vós* fizesteis bem em agir *assim* – diz Moscovo. Mas quem ordenou que se passasse aos actos? O soviete, a Tcheca, o poder central ou todos eles? Para os bolcheviques, o crime foi cometido pelos socialistas da esquerda revolucionária, pelos Checoslovacos e pelos imperialistas; pelos brancos, é imputado aos judeus e aos prisioneiros de guerra austro-húngaros; ou, ainda, tanto para brancos como para vermelhos, o crime é de autoria dos Letões. E, na opinião de toda a gente, é impossível dever-se aos bons Russos, aos «verdadeiros» Russos; os operários de Sissert não participaram nele, excepto um, que nega tal participação.

Este quadro não se modificou actualmente. Destaca-se o nome de Iurovski, um judeu, e, como Beloborodov o não era, Riabov cita uma testemunha de 1918 que terá dito: «Ah, não é judeu? Pensei que todos os bolcheviques o eram!» É óbvio que, tanto para os brancos como para aqueles que hoje exaltam a memória do czar assassinado, este não foi morto por Russos autênticos, esquecendo-se que foram verdadeiros Russos os que o cognominaram de «sangrento» e que foram também Russos autênticos esses trezentos mil operários que, em Janeiro de 1917, comemoraram o massacre do Domingo Vermelho. Ainda agora, na emissão de «A Quinta Roda», um participante situava o início do terror contra os *Russos* a partir da morte do czar, constituindo assim o seu ponto de partida. Esta datação esquece que o terror vermelho principiou bastante tempo antes, contra Russos e não Russos e também o terror branco, aliás.

Tem bastante interesse esta fórmula que associa a revolução bolchevique a um movimento anti-russo. Na hora da *glasnost*, seria paradoxal que o falseamento da História caminhasse porventura mais rapidamente do que a pesquisa daquilo que de facto se passou; a pretexto de que, durante muito tempo, a História foi manipulada na URSS, qualquer afirmação – mesmo que absurda – poderá ser recebida como um pássaro livre, com amor e com respeito.

BIBLIOGRAFIA *

Arquivos (URSS)
CGAORSSR: os fundos 130, 398, 406, 1244
CGAORSSS Mo: os fundos 1, 3, 66, 914
GAORSS Lo: os fundos 6384, 7384
CGIAL: o fundo 1278
Ver também os documentos publicados por Solokov, Ross, A. Durazzo, príncipe de Anjou, Seco Serrano, bem como as principais colectâneas de arquivos indicados em Ferro, *op. cit.*, tomo 1, p. 561 e seguintes.
Actes du Colloque 1905, organizado por F. X. Coquin e C. Gervais-Francelle, Publications de la Sorbonne et de l'Institut d'Études Slaves, 1984 (1-2).
Akashi M., *Rakka Ryusmi* (*Relatório secreto sobre as relações entre os japoneses e os revolucionários russos*), Helsínquia, 1988.
Alexandrov V., *La fin des Romanov*, Paris, Alsatia, 1968 (4).
Anweiler O., *Les soviets en Russie*, 1905-1921, trad. fr., 1972 (2-3).
Archives secrètes de l'empereur Nicolas II, Paris, Payot, 1928 (2).
Avrekh A., *Stolypin i Tretia Duma* (*Stolypine e a terceira Duma*), Moscovo, 1968 (2).
Baynac J., *Les socialistes-révolutionnaires*, Paris, Laffont, 1979 (1-2).
Berard V., *L'Empire russe et le tsarisme*, Paris, 1906 (1-2).
Botkine G., *The Real Romanov*, Fleming H. Revell Co, Londres, 1927 (4).
Bruce-Lockhart, *Mémoires d'un agent britannique*, Paris, 1930 (4).
Buchanan G., Sir, *My Mission to Russia*, Londres, 1923 (3-4).
Buchanan M., *La dissolution d'un Empire*, Paris, Payot, 1933 (2-3).
Buxhoeveden, baronesa, *Left behind. Fourteen months in Siberia during the revolution*, Londres, 1928 (4).

---

* Indicamos aqui os livros, artigos e outros documentos que foram utilizados na redacção desta obra. Os mais essenciais ao nosso tema são precedidos por um asterisco (*). Os algarismos mencionados à frente indicam a que parte do livro se referem (l, 2, 3, 4).

Bykov P., Niporski N., *Rabotchaïa Revolioutsia na Ourale* (*A revolução operária nos Urais*), Ekaterinburgo, 1921 (4).
Bykov P., *Poslednie dni Romanovykh* (*Os últimos dias dos Romanov*), Sverdlovsk, 1926 (4).
Cantacuzène-Speransky, princesa, *Revolutionnary days*, Nova Iorque, 1919 (2-3).
Chamberlin W., *The Russian Revolution*, 2 vol., 1935 (3-4).
Charques R.,*The Twilight of Imperial Russia*, Oxford,1958 (1-2).
Cherniavsky M., *Prologue to Revolution*, Prentice Hall, 1967 (3).
Cherniavsky M., *Tsar and People*, Yale, 1961 (1).
Chmielewski E., «Stolypin's Last Crisis», in *California Slaviv Studies*, Berkeley, 1964, p. 95-127 (2).
La chute du régime tsariste, Paris, Payot, 1928.
Cinéma russe avant la révolution, le, colectivo, Paris, Ramsay, 1983.
Coquin F. X., *La révolution russe manquée, 1905*, Bruxelas, Complexe, 1988 (1-2).
Correspondance entre Nicolas II et Guillaume II, 1894-1914, Plon, 1924 (1-2).
Debo R. K., *Revolution and Survival, The foreign Policy of Soviet Russia 1917-1918*, Liverpool Univ. Press, 1979 (4).
Dehn L., *The real tsarina*, Londres, 1922 (2).
Dictionary of the Russian Revolution, George Jackson e Robert Devlin orgs., Greenwood Press, Nova Iorque, 1989 (2-3).
Dieterichs Gl., *Ubijstvo carskoj Semji* (*O assassínio da família imperial*), 2 vol., Vladivostoque, 1922 (4).
Essad Bey, *Devant la Révolution. La vie et le règne de Nicolas II*, Paris, 1935 (4).
Fedyshyn O. S., *Germany's Drive to the East and the Ukrainian Revolution*, Rutgers Univ. Press, 1971 (3-4).
Ferro M., *La Révolution de 1917, février-octobre*, 2 vol., Paris, Aubier-Montaigne, 1967– 1976 (3).
Field D., *Rebels in the name of the Tsar*, Houghton Mifflin Cy, 1976 (2).
Freeze G. L., «A national liberation movement and the shift in Russia Liberalism, 1901-1903», *Slavic Review*, Março 1969 (1).
Gaida R., *Mje Pameti*, Praga, 1924 (4).
Geyer D., *Der Russische Imperialismus*, Göttingen, 1977 (1 -2).
Gilliard P., *Le tragique destin de Nicolas II et de sa famille*, Paris, Payot, 1921 (4).
Girault R., *Emprunts russes et investissements français en Russie*, Paris, 1973 (1).
Girault R., *Diplomatie européenne et impérialisme, 1871-1914*, Paris, Masson, 1979 (2).
Grey M., *Enquête sur le massacre des Romanov*, Paris, Perrin, 1987.
Grunwald C. de, *Le tsar Nicolas II*, Paris, 1965 (1-2).

Harcave S., *The days of golden Cockerel*, Londres, 1963.
Hasegawa T., *The February Revolution,* Seattle, 1981 (3).
Haimson L., «Changement démographique et grèves ouvrières à Saint-Pétersbourg 1905-1914» in *Les Annales* n.º 4, 1985.
Histoire de la littérature russe, sob a direcção G. Nivat *et al.*, Paris, Fayard, 1987-1988.
Hosking G. A., *The Russian constitutional Experiment, Government and Duma, 1907-1914*, Cambridge Univ. Press., 1973 (3).
Ingerflom S. C., «Les socialistes russes face aux pogroms, 1881-1883», Paris, *Les Annales* n.º 3, 1982 (1).
Ioffe G. Z., *Velikii Oktjabr i epilog carizma* (*O grande Outubro e o epílogo do czarismo*), Moscovo, 1987 (4).
Journal de la Générale Bogdanovitch, Paris, 1928 (1).
Katkov G., *Russia 1917, The February Revolution*, Oxford, 1967 (3).
Kerensky A., *La vérité sur le massacre des Romanovs*, Paris, 1928 (3-4).
Koefold C. A., *My Share in the Stolypin Agrarian Reforms*, Odense Univ. Press, 1985 (2).
Kokovtsov, conde «La vérité sur la tragédie d'Ekaterinbourg», *Revue des deux mondes*, oct 1929 (4).
Kondratieva T., *Bolchevicks et Jacobins*, Paris, Payot, 1989 (1).
Kyril Vl., *My Life in Russia's Service*, Londres, 1939 (3-4).
Laran M., Van Regenmorter J. L., *Russie URSS, 1870-1984*, Masson, 1986 (1-2).
Lasies J., *La tragédie sibérienne*, Paris, 1920 (4).
Legras J., *Mémoires de Russie*, Paris, 1921 (3).
Lénine, *Oeuvres complètes*, Paris, Ed. Sociales, 1973.
Leontovitch V., *Histoire du Libéralisme russe*, 1957 em alemão, ed. fr. 1986 (1).
Leroux G., *L'agonie de la Russie blanche 1905*, paris, reed. 1978 (2).
* Leroy-Beaulieu A., *L'Empire des tsars et les Russes*, 3 vol., Paris, 1898 (1).
Leyda J., *History of the Russian and Soviet Film*, George Allen & Unwin, Londres, 1960-1973.
Löwe H. D., *Antisemitismus und reaktionäre Utopie. Russischer Konservantismus im Kampf gegen den Wandel von Staat und Gesellschaft*, 1890-1917, Hamburgo, 1978.
Maklakov V. A., *The First State Duma*, ed. Belkin, Indiana Univ. Press, 1964, 252 p. (2).
Manning R. T., *The crisis of the old order in Russia*, Nova Iorque, Columbia, 1982 (2).
Marcadé J.-C., *Le Futurisme russe*, Dessain et Tolra, Paris, 1989 (2).
Markov V., *Russian Futurism: a History*, Berkeley, 1968 (2).
Massie R. K., *Nicholas and Alexandra*, Atheneum, 1967 (1-2).
Max, príncipe de Baden, *Erinnerungen und Dokumente*, Estugarda, 1928 (4).

Melgounov S., *Sud'ba Imperatora Niloja II posle otrecenija*, (*O destino de Nicolau II após a sua abdicação*), Paris, 1951 (4).
Mikhaïlovitch Nicolas, grão-duque, *La fin du tsarisme*, Paris, Payot, 1968 (3).
Miklhaïlovitch Alexandre, grão-duque, *Quand j'étais grand-duc*, Paris, Payot, 1928 (3).
Milioukov A. N., *Dnevnik-peregovory s nemcamy v 1918, Novy Zurnal* («Diário; negociações com os Alemães»), 1961 (4).
Monas S., *The Third Section*, Harvard Univ. Press, 1961 (1).
Musée pittoresque du voyage du tsar, Paris, 1986 (1).
Nicolaïevitch Nicolas grão-duque, *Quand j'étais grand-duc*, Paris, Payot, 1928 83).
Nicolas II, *Archives secrètes*, Paris, Payot, 1928 (3).
Dnevaik imperatora Nikolaja II, (1890– 1906) Berlim, 1923 (1 -2).
Nicolas II, *Journal*, org. A. Pierre, Paris, 1925 (1-3).
Nicolas II, *Journal intime, 1914-1918*, Paris, Payot, 1934 (3).
Nicolas II, *Lettre à sa mère et de sa mère*, Paris, 1928 (2).
Nivat G., «Aspects religieux de l'athée russe»; in *Cahiers du Monde Russe et Soviétique*, 1988, p. 415-427 (2).
Noguez D., *Lénine dada*, Paris, R. Laffont, 1989.
* Oldenbourg, S. S., *Carstvovanie Imperatora Nikolaja II* (*O reinado do imperador Nicolau II*), 2 vol., Belgrado, Munique, 1939-1949 (1-2).
Oukhtomsky, príncipe, *Voyage en Orient de S.A.I. Ie tsarevitch*, Paris, 1895 (1).
Palat M., «Police Socialism in Tsarist Russia, 1900-1915», *Studies in History* n.º 2, Nova Deli, 1986, pp. 71-136.
Paléologue M., *la Russie des tsars pendant la Grande Guerre,* Paris, Payot, 1928.
Pamjatnaja Kniga na 1900, C-Peterbourg (*Agenda Ano 1900*), 1900 (2).
Pares B., *The Fall of the Russian Monarchy*, Londres, 1961 (1-2).
Pellissier J., *La tragédie ukrainienne*, Paris, 1919, reed. 1988.
Philippot R., *La modernisation inachevée, 1855-1900,* Paris, Hatier, 1974 (1).
Pierson R., *The Russians moderates and the crisis of tsarism*, 1914--1917, Londres, 1977 (3).
Pipes R., P. Struve, *Liberals on the Left*, Harvard, 1970 (1).
Proyart J. de, «Le Haut Procureur du Saint Synode Pobiedonostsev et le coup d'Etat du 29 avril 1881», *Cahiers du Monde Russe et Soviétique,* III, 3 (1).
Prozektor, 4, 1929 (4).
Radziwill Pr., «Was tsar's family really slain?», *San Francisco Sunday Chronicle,* 11 Julho 1920 (4).
Renouvin P., *La question d'Extrême-Orient*, Paris, 1940 (1-2).

Riabov G., Ioffe G., «Prinuzdeny Bac Rasstreljat'» (É necessário fuzilar-vos), *Rodina* n.º 4-5, 1989 (4).
Rodzianko M. V., *Le règne de Raspoutine*, Paris, Payot, 1927 (2-3).
* Rogger H., *Russia in the age of modernisation and revolution, 1881--1917*, Londres, 1983 (1-2).
Rogger H., «The formation of the Russian Right, 1900-1906», in *California Russian Studies*, 1964, p. 66-95 (2).
* Ross N., org., *Guibel Tsarskoï Semi* (*O Assassínio da família imperial*), Francoforte, Posev, 1987 (4).
S.A.R. príncipe Alexis de Durazzo, príncipe de Anjou, *Moi, Alexis, arrière peti-fils du tsar*, Fayard, 1982 (4).
Sazonov S., *Les années fatales*, Paris, 1927 (3).
Seco Serrano C., *Vinetas Historicas*, Madrid (4).
Serebnikov A., *Ubijstvo Stolypina*, (*O assassínio de Stolipine. Testemunhos e documentos*), Nova Iorque, 1986 (2).
Seton-Watson H., *The decline of Imperial Russia*, Londres, 1952 (1-2).
Shavel'skii pai, *Mémoires*, Paris, Pub. Paris IV, 1989.
Sokolov N., *Enquête judiciaire sur l'assassinat de la famille imperiale russe*, Paris, Payot, 1924 (4).
Solovev Ju. B., *Samoderzavie i dvorjantsvo v konce 19 veka* (*A autocracia e a nobreza no final do século XIX*), Moscovo, 1973 (1).
Speranski V., *La maison à destination spéciale*, Paris, 1929 (4).
Spiridovitch A., *Les dernières années de la Cour à Tsarskoïe Selo*, Paris, 1928-1929, 2 vol. (1 -2).
Staryi, Professor, *Imperator' Nikolaj II i evo carstvovanie, 1894-1917*, (*O imperador Nicolau II e o seu reinado*), Nice, 1928 (l-2).
Stavrou G. T., *Russia under the last tsar*, Minnesota Univ. Press, 1969, nomeadamente os estudos de T. Riha and D. W Treadgold (2).
Surgevic, Ilja, *Detstvo Imperatora Nikolaja II* (*A juventude do imperador Nicolau II*), Paris, 1953 (1).
Stone Norman, *The Eastern Front, 1914-1917*, Oxford, 1975 (3).
*Summers A., Mangold T., *The File on the Tsar*, Londres, 1976 (4).
Testimoni Silenziosi, Film Russi 1908-1919, pesquisa de Yuri Tsivian, ed. Biblioteca dell'imagine, 1989.
Trotski L., *1905*, nova ed., Paris (2).
Vernadsky G. org., *A source book for Russian History, from early times to 1917,* 3 vol., Yale Univ. Press. 1972 (1-2).
Vyroubova A, *Journal de ma vie*, Paris, Payot, 1927 (3-4).
Vyroubova A., *Journal secret, 1909-1917*, Paris, Payot, 1928 (3)
Walicki A., *A history of Russian Thought, from the time of Enlighment to Marxism*, Stanford Univ. Press, 1979 (1).
Waters W.H.N., *Secret and Confidential*, Londres, 1926 (2).
Wildman A. K., *The end of Russian Imperial Army*, 2 vol., Princeton, 1979 (2-3).
Wilton R., *The last days of the Romanov*, Londres, 1920 (3-4).

Witte S., *The Memoirs of Count Witte*, Londres, 1921 (1-2).
Wortman Richard, «Moscow and Petersburg: The problem of political Center Tsarist Russia, 1881-1914», in *Rites of Power since the Middle Ages*, Sean Wilentz, org., Univ. of Pennsylvanya Press, 1985, p. 245-271 (1).
Youssoupov, príncipe, *la Fin de Raspoutine*, Paris, 1927 (3).
Zenkovsky, A. *Stolypin, Russia's last great reformer*, reed. Princeton, 1986 (2).

AGRADECIMENTOS:

Esta obra não teria chegado a bom termo sem o encorajamento que me foi dispensado, encorajamento de que destaco o dos membros desse pequeno seminário a quem submeti as minhas conclusões iniciais: S. C. Ingerflom e T. Kondratieva, V. Garros e M. Ferretti, A. Salomoni e J. Scherrer, M.-H. Mandrillon e A. Berelovitch. Martine Godet e Daniel Milo acompanharam também de perto a elaboração deste trabalho. Como sempre, Vonnie leu-o e corrigiu-o e C. Murco decifrou-o e reviu-o.

Héléne Kaplan de BDIC e respectivos colegas informaram-me acerca dos livros acabados de publicar e J. Grivaud e J. Catteau referiram-me esta ou aquela leitura útil; para eles os meus agradecimentos. Fico igualmente grato a Claude Durand e a Marcel Laignoux, que me ajudaram nas pesquisas feitas em Madrid, assim como a Alexis de Durazzo, príncipe de Anjou, que me autorizou a consultar alguns dos documentos em sua posse e que respondeu às perguntas que lhe fiz.

ÍNDICE

Prólogo 9

A SOCIEDADE CONTRA A AUTOCRACIA
NICOLAU, «O DESAFORTUNADO» 13

Primeiro Encontro com a História 13
A Rússia, Primeiro Estado Policial da História 15
«Um Pai Incomparável» 17
Uma Paixão: a Ópera. Os Primeiros Amores 20
Outras Paixões: a Caça e as Paradas 23
Alexandre III: «Nicolau?! Não passa de uma Criança...» 27
Pobiedonostov a Nicolau:
 «A França Demonstra Aonde Conduz a Democracia» 28
O Amor Transfigura o Inconstante Nicolau 29
O casamento do Czar 30
A Sagração em Moscovo,
 Rejeitando-se São Petersburgo 33
As Cerimónias da Coroação. A Catástrofe 35
Nicolau Diz aos Russos:
 «Haveis Formulado Sonhos Insensatos...» 37
Que a palavra «Intelligentsia»
 Seja Banida dos Dicionários 38
A Oposição Organiza-se e Radicaliza-se 40
Conflitos Familiares 42
Os Tios 43
Nicolau na Vida Quotidiana 47
O Segredo de Alexandra 49
Uma *Saison* em São Petersburgo 51
A grande família de Nicolau 52

O Urso e a Baleia 54
O Rancor contra Willy 55
Quando o Autocrata Priva com a Prostituta 55
O Grande Desígnio 56
Nicolau II, Promotor da Conferência de Haia
  para a Paz Mundial 57
A Grande Ideia do Reinado:
  Nicolau, Almirante do Pacífico 59
Porto Artur: O Fatalismo Místico de Nicolau II,
  o «Desventurado» 61
Nicolau II Desconfia dos Ministros 62
Uma Advertência de Leão Tolstoi 66
Aumenta o Descontentamento 67
Uma Outra Grande Ideia do Reinado 69
Os Efeitos Perversos da *Zubatovchtchina* 71
De Zubatov ao Padre Gapone 72
1905. A Grande Petição: «Sire, Ordena e Jura...» 72
O Domingo Vermelho, 9 de Janeiro de 1905 76

A AUTOCRACIA CONTRA A SOCIEDADE
NICOLAU, «O SANGRENTO» 79

O Mito do Czar *Batiuchka* (paizinho) 79
A Revolução e a Derrota, Fevereiro-Maio de 1905 80
O Manifesto de 17 de Outubro 83
Nicolau II: «Respondei ao Terror com o Terror» 86
O Erro de Witte 88
A Culpa dos Judeus 89
Ortodoxia, Autocracia, Pátria, União do Povo Russo 91
Aparecimento dos Partidos Políticos 93
1906: «Poder Supremo ou Poder Limitado?» 95
A Abertura da Duma 97
Stolipine e a Dança das Dumas 99
Nicolau II: «Mas Quando se Calarão Eles?» 100
Terrorismo e Repressão 103
«Czar, Espera-te a Hora do Castigo!» 106
O Despertar Revolucionário e o Aviso da Duma 108
As Reformas de Stolipine 110
... e as Reacções Políticas de Nicolau 111
Stolipine Enriquece os Mujiques, mas Não Todos 112
Um Balanço 114
O Esplendor de São Petersburgo 115
O Assassínio de Stolipine 117

O Czar Enclausurado 119
Os Círculos Místicos em Redor de Alexandra 121
Boatos e Escândalos Envolvendo Rasputine 122
Isolamento Familiar 125
Ruptura com Willy a seguir à Conferência de Björkö
  (23 a 25 de Julho de 1905).......................... 127
Da «Pequena» à Grande Guerra 130
A Rússia por Fim Unida 133

A DERROTA. O CZAR ANIQUILADO 135

«Sou um Czar sem Sorte» 136
Guerra e Revolução: «Eles Enlouqueceram!» 137
O Czar e o seu Exército 139
Um Espantoso Conselho de Ministros 140
«Sire, É do Nosso Conhecimento...» 142
Alexandra, «dona» do palácio 146
Sacrificar o Czar para Salvar o
  Czarismo – a Primeira Tentativa 147
Dupla Trama para Evitar a Revolução 149
O Reinado de Rasputine 150
O Assassínio de Rasputine 153
Conluio contra Alexandra,
  Conluio contra o Imperador 155
Fevereiro de 1917:
  Cinco Dias para Derrubar o Czarismo 159
A Reacção de Nicolau II 165
As Três Fases de uma Agonia 166
1. A Odisseia do «Ditador» 167
2. Os Militares Impacientam-se 168
3. O Czar Abdica 172
Um Olhar sobre a Abdicação 173
A Simbólica do Czar Abatido 174
Segunda Tentativa:
  Salvar a Dinastia Sacrificando o Czar 177
A Ilusão do Estado-Maior 178
O Czar Privado de Liberdade 180
Kerenski Tenta Salvar a Vida de Nicolau Romanov 181
O Czar Abandonado por Todos
  Menos pela Imprensa Francesa 183
Salvar o Imperador ou Salvar o Antigo Regime 185
Em Tobolsk Não Houve Revolução de Outubro 189
Os Alemães entre Monárquicos e Bolcheviques 192

Tentativa Intrigante: a Missão de Iaroklev 193
Os Últimos Escritos de Nicolau II 195

ACONTECIMENTO HISTÓRICO OU
PEQUENA NOTÍCIA. UMA MORTE ENIGMÁTICA .. 197

As Peças do Enigma 197
Anúncio da Morte de Nicolau II
   e suas Circunstâncias 199
Boatos e Rumores 203
A Morte da Família Imperial Segundo os Brancos 208
A Morte de Nicolau II Segundo
   os Bolcheviques de Ekaterinburgo 212
Variações sobre a Vulgata 214
A Hipótese Inconfessável e Sacrílega 216
1. Coincidência Verdadeiramente Perturbadora 217
2. Em Perm, os Vestígios dos Sobreviventes 219
3. Partida para Moscovo e Kiev 224
Houve de Facto Negociações entre
   Bolcheviques e Alemães 225
Hipótese sobre o Destino de Anastásia 230
Um Género de Morte Diferente? 232
Quais os Objectivos da Conjura do Silêncio? 237
Não Acontecimento ou Pequena Notícia 239

BIBLIOGRAFIA 243

AGRADECIMENTOS 249

Impressão Papelmunde
Paginação e acabamento Inforsete
para
EDIÇÕES 70, Lda.
Novembro 2002